| 흉노와 훈 |

흉노와 훈

서기전 3세기부터 서기 6세기까지,
유라시아 세계의 지배자들

김현진 지음
최하늘 옮김

책과함께

한국의 독자들께

흉노와 훈은 오랜 기간 서방과 중국의 역사학자들 사이에서, 또한 대한민국에서도 오랑캐 또는 야만적인 존재로 오해를 받아왔습니다. 심지어는 일정 지역을 비하하는 용어로 흉노라는 명칭이 국내에서 사용되고 있다는 괴이한 소식을 전해 들으며 역사학자로서 의아함과 탄식을 금할 수 없었습니다. 같은 맥락으로 어떤 이들은 흉노와 훈이 한韓민족의 일원이라는 근거 없는 낭설을 마치 사실인 양 말하는 이상한 현상을 보기도 합니다.

이 책을 읽는 분들은 이런 배타적이고 시대착오적인 민족주의에 입각한 해석들이 얼마나 현실과는 괴리가 큰 것인지 금방 깨달을 수 있을 것입니다. 흉노의 드넓은 제국의 분열 후 유라시아 대륙 곳곳에서 일어난 여러 훈계 제국들은 감히 말하건대 우리에게 잘 알려진 중국의 한나라나 서방의 로마 제국과 어깨를 나란히 할 만한 고대와 중세의 군사적·문화적 대세력이었습니다. 유럽과 아시아를 제패한 여러 훈 제국은 지금 우리가 아는 동서양 문명들과 지금 우리가 살고 있는 세계의 출현에도 지대한 영향을 미쳤으며, 책에서는 언급되지 않았으나 우리 대한민국의 역사와 문화에도 훈-흉노-유연-몽골 등으로 대표되는 내륙아시아 문화권의 영향이 생각보다 컸다고 말할 수 있습니다.

저보다 더 유능한 학자가 이 매우 중요한 주제를 다루어야 마땅하지만, 혹여 독자들 중에 미래의 위대한 역사가가 있어서 이 책을 통해 영감을 받을 수 있지 않을까 기대하며, 그 미래의 역사 연구에 조금이라도 보탬이 되길 희망하며 이 글을 씁니다. 우리가 평소에 잘 들어보지 못했을, 유라시아 대륙을 망라한 흉노와 훈의 그 웅장하고 장엄한 역사의 현장으로 여러분을 초청합니다.

마지막으로 이 책을 한국어로 옮긴 최하늘 선생과 편찬 과정을 잘 인도해 준 도서출판 책과함께의 이은진 선생께 깊은 감사의 마음을 전합니다.

김현진

일러두기

- 이 책은 Hyun Jin Kim, *The Huns* (Routledge, 2016)를 우리말로 옮긴 것이다.
- 외국 인명·지명 등의 한글 표기는 주로 국립국어원의 외래어표기법에 따르되 경우에 따라 관행화된 표기나 원발음에 가까운 표기를 하기도 했다.
- 각주와 〔 〕는 옮긴이가 덧붙인 것이다.

훈족Huns!* 이 고대 종족의 이름은 (거의 모두 부정적이겠지만) 다양한 반응을 불러일으킨다. 서구 유럽에서는 전통적으로 훈족을 이루 말할 수 없이 흉포하고 파괴적이며 야만적인 존재로 여겨왔다. 서유럽에서 '훈Hun'이라는 말은 오용되어 제1차 세계대전 기간 미국과 영국의 언론이 독일 제국을 '훈족'이라 부른 경우와 같이, 외국의 적을 가리키는 멸칭으로 쓰이기도 했다. 훈족은 뿌리부터 '야만적인' 민족으로서는 전설적인 경지에 오른 상태로, 현대의 한 역사가는 이들을 "보호금을 갈취하는 기생충 같은 무리"라 말하기도 했다. '잔혹한 야만족'이라는 상想은 학계에서도 예외가 아니다. 일부 학자들이 공공연하게 훈 제국이 유럽 문명에 공헌한 바는 단 하나도 없다고 주장한

●　　흉노匈奴 내지 훈Hun에 '족族'을 결합시킨 '흉노족', '훈족'과 같은 용어는, 뒤에 저자도 지적하겠지만 민족적 또는 인종적 접근을 시도한 기존 접근방식의 문제와도 밀접하게 연관된다. 이후 본문에서는 책명이나 종래의 편견에 대한 언급이 아니라면 '흉노족', '훈족'과 같은 표현은 사용하지 않았다.

것이 그리 오래 전 일이 아니다. 훈족이 한 일이라고는 파괴와 약탈밖에 없었다는 것이다.

그러나 내륙아시아 전문가들의 심화된 연구를 통해 훈 집단과 그들이 세운 제국에 관한 더 많은 증거가 밝혀지면서 훈에 대한 학계의 시각도 차츰 객관적으로 변해가고 있다. '악명 높은' 훈 제국을 비롯한 내륙아시아의 유목민들은 분명 전설 속에 존재하는 단순한 '야만족'이 아니었고, '유럽'뿐만 아니라 '아시아'에서도 아주 중요한 역사적 역할을 수행한 집단이었다. 훈 제국과 같은 범汎유라시아적 현상을 논의하는 데 있어 아시아와 유럽을 지리적으로 구분하는 것은 현실적으로 불가능하다. 여기에는 '아시아'와 '유럽'의 역사를 별개의 것이 아니라 하나의 전체로 보는 유라시아적 접근이 필요하다. 이런 시각을 통해서만이 유라시아 대륙 대부분에 걸쳐 일어났던 훈계 제국의 확장이 가져온 놀라운 지정학적 변화를 명확하게 파악할 수 있다. 따라서 이후 훈 집단의 정치·사회적, 역사적, 지리적 배경을 검토하는 데 있어 이러한 시각을 항상 견지해야 할 것이다.

내륙아시아: 훈의 고향

실제의 훈 제국을 파악하기 위해 가장 먼저 고려해야 하는 것은 이들이 기원한 지역, 즉 내륙아시아다. 내륙아시아는 현대 역사가들이 만들어낸 용어로 (배타적인 용어는 아니지만) 일반적으로 '초원 유목민'이라 불린 이들이 주로 살아간 역사적 지리를 지칭한다. 그러나 내류아시아가 순전히 푸른 초원으로 구성되었다거나, 모든 내륙아시아 사람이 '유목민'이었으리라 생각하는 것은 큰 실수다. 데니스 사이노어Denis Sinor나 피터 골든Peter B. Golden 등 역사학의 대가들이 내륙아시아를 정의한 바는, 오늘날 중앙아시아Central Asia(5개 중앙아시아 공화국과 아프가니스탄)라 불리는 방대한 지역과 서부 시베리아부터 극동의 태평양에 이르는 러시아 남부 전체, 현대 몽골 공화국 전체 및 중국의 북부와 서부 대부분 지역을 합친 것이다. 이 광대한 지역에서는 기후도 극단적으로 갈리고 생태계나 지형도 아주 다양하다. 내륙아시아에는 거의 북극에 가까운 기후권도 있고 세계에서 가장 뜨겁고 혹독한 사막도 있다. 내륙아시아는 오아시스와 사막, 세계에서 가장 높이 솟은 산맥, 온대림, 북방침엽수림, 초원으로 구성된다.

역사적으로 내륙아시아를 고향으로 삼은 사람들의 삶의 방식도 매우 다양하다. 내륙아시아는 목축민(유목민이라고 잘못 분류되는 경우가 잦다), 농경민(농민), 수렵민, 도시민이 살아간 터전이었다. 이 네 종류의 사람들이 복잡한 공생 체제를 이루어 동일한 지역이나 아주 가까운 지역에서 살아간 경우도 많다. 삶의 방식이 어느 하나로 정해지지 않고, 한 종류에 속하는 사람이 살아가면서 다른 종류의 방식으로 전환하는 일도 부지기수였다. 또한 이들 중 대다수는 최소한 알타이어족*(튀르크어와 몽골어, 퉁구스어로 구성되나, 각 계통의 언어가 서로 통하지는 않았을 것이다)과 인도유럽어족(대개 이란어와 토하르어), 예니세

● '알타이어족Altaic languages' 가설은 튀르크어, 몽골어, 만주-퉁구스어 등이 하나의 공통 조어祖語에서 파생되어 서로 연결되어 있다는 주장을 말한다. 오늘날 대부분의 학자들은 알타이어족을 입증할 수 없는 가설로 여기고 있다.

이어족(현재는 거의 남아있지 않은 시베리아 중부의 케트어가 대표적이다)의 세 개 언어군에 노출된 다중언어 사용자였을 것이다. 이 세 개 어족의 화자들은 또한 내륙아시아와 이웃한 다양한 언어를 사용하는 집단들과 접촉했다. 내륙아시아의 남동쪽에는 중국티베트어(중국어의 비중이 가장 높았겠지만) 사용자들이 있었다. 내륙아시아의 남서쪽에는 중동의 이란계 언어와 셈계 언어를 사용하는 사람들이 있었고, 시대에 따라서는 여기에 남아시아(인도아대륙)의 인도이란어군도 추가되었을 것이다. 북서쪽으로 나아간 사람들은 유럽과 시베리아 서부에서 인도유럽어족이나 우랄어족 사람들을 만날 수 있었을 것이다. 이 모든 집단과 언어가 내륙아시아 사람들에게 영향을 주었고, 또 내륙아시아 사람들의 영향을 받았다.

이 복잡한 세계에서 언어가 반드시 종족 정체성과 일치한 것은 아니었다. 많은 내륙아시아 사람들은 다층적인 정체성을 보유하고 있었다. 예를 들어 5세기에 현 우즈베키스탄의 도시 중심지인 사마르칸트나 부하라 인근 초원에 살던 목축민들은 다른 목축민들과 대화할 때는 주로 튀르크어를 사용했겠지만, 도시로 가서 가축을 팔고 생필품을 구매할 때는 소그드어(동부 이란어군) 실력을 뽐냈을 것이다. 어쩌면 이 목축민은 인생의 어느 단계쯤 도시 상인으로 정착하는 것을 선택하거나, 토착 도시 통치자의 아래에서 용병의 길을 찾을 수도 있었을 것이다. 물론 그 반대의 경우도 충분히 빈번했을 것이다. 부하라나 사마르칸트 태생의 소그드 상인은 이웃한 목축 집단과 자주 교류했을 것이며 교역 상대와 혼인을 할 수도 있었는데, 이런 경우에는 모어인 소그드어만큼 인척姻戚의 언어인 튀르크어를 잘 알았을 것이다. 도시에 정착한 목축민도, 초원에 집을 마련한 도시 거주민도 인근 주민들의 눈에 특별히 이방인으로 여겨지지는 않았다. 실제로 5세기 목축민과 도시 거주민 모두가 같은 정치체에 속했기에 다면적인 종족 및 언어 정체성을 가지고 있으면서도 '훈'이라 불렸을 것이다. 하나의 정체성에서 다른 정체성으로의 변화하거나 다양한 정체성으로 융합하는 일도 드물지 않았다.

더 나아가 도시 거주민이 된 목축민과 목축민이 된 도시 태생 상인은 다양한 신앙에 노출되었다. 고향에는 튀르크·몽골계 무속 신앙이나 이란의 조로아스터교가 있었다. 남쪽에는 인도에서 출발한 불교가 있었다. 중동과 지중해에서는 네스토리우스파 기독교와 마니교가 수입되었다. 심지어 동쪽에서는 중국의 비전 신앙(예컨대 도교)이 도입되기도 했다. 이들은 필요하다면 다양한 신앙 체계를 넘나드는 실용주의자가 되었는데, 이는 다른 세계에서 여러 신앙 체계들이 피비린내 나는 싸움에 휘말렸던 것과는 아주 대조적이다. 더 놀라운 점은 지리적으로 유라시아의 모든 지역과 접했던 만큼 내륙아시아 사람들은 다른 지역 태생들과 달리 각 신앙과 사상이 시작된 곳을 직접 방문할 수 있었다는 사실이다.

요컨대 훈 시대 내륙아시아는 사회적으로 다원적이었고, 지리적으로 중심에 위치해 있었다. 내륙아시아는 인도, 중국, 이란, 지중해 세계 등 유라시아의 대문명권을 잇는 연결고리였다. 즉 내륙아시아에서 어떤 사건이 생기면 그 여파는 당연히 유라시아의 주변부로 퍼져나갔다.

앞서 설명한 내륙아시아의 복잡성과 중요성은 모든 시대의 내륙아시아에 동일하게 적용할 수 있으나, 이 책은 주로 대략 서기전 3세기부터 서기 6세기까지 훈 시대와 훈 계승 제국이 존재한 그 직후의 시기를 다룬다. 이 시기 내륙아시아와 인접 지역의 훈 제국의 역사와 여파를 이후 상세히 논증할 것이다.

유목민? 농경·목축이 혼재되었던 훈 사회

훈 사람들은 내륙아시아 출신이므로 이들을 내륙아시아인이라 불러도 좋을 것이다. 그런데, '내륙아시아인'이란 정확히 무엇을 의미하는 것일까? 훈족이라는 말을 들으면 흔히 '낙후'된 내륙아시아 초원에서 나온 가죽옷을 입은 미개한 유목민 종족(대개 '몽골로이드'인)이 떠오를 것이다. 실제로 내륙아시아에 머물던 시절의 훈인들은 대부분 목축민이었으며, 적어도 초기에는 부분적으로 혹은 전반적으로 '몽골로이드'의 외양이었을 것이다. 그러나 '유목민'이라는 말이 영토 의식 없이 떠돌아다니는 사람들을 가리키는 것이라면, 훈 집단 전체에 이를 적용할 수는 없다. 유라시아 초원의 소위 '유목민'들은 모두 명확한 영토 관념을 가지고 있었고, 목축민으로서 고정된 초지를 오가며 생활했다. 유라시아 초원의 '유목민'들이 정해진 영토나 정치적 통제가 전혀 없는 삶을 살았다고 여겨서는 안 된다. 훈 집단과 같은 '유목민'들은 오히려 엄격한 정치 조직에 소속되어 있었으며, 다른 내륙아시아 집단과 마찬가지로 생활양식이나 종족 구성이 동질적인 사회가 아니었다.

유라시아사의 초원 연맹체와 '유목' 국가 또는 초기 국가 대부분은 목축민과 농경민 인구를 보유했는데 훈 제국 역시 예외가 아니었다. 앞서 지적했듯이 이 내륙아시아인들은 종족적, 언어적으로 매우 혼종적이었다. 훈 제국이 내륙아시아에서 유럽으로 처음 진입했을 때 이미 이들은 다양한 튀르크어와 이란어를 사용하는 종족으로 구성된 다종족, 다언어 집단이었다. 따라서 훈을 하나의 민족이나 종족 집단으로 파악해서는 안 된다. 오히려 이 집단은 종족과 민족, 종교적으로 다양한 부류가 함께 소속된 복잡한 정치체로, 그 안에서는 매우 다양한 생활 양식과 관습으로 인한 문화적 융합과 변용이 끝없이 일어나고 있었다. 즉, 훈 집단은 단순하고 원시적인 인종이나 부족, 씨족 집단이 아니라 내륙아시아만의 특색을 갖춘, 제국이라 불리기에 부족함이 없는 국가 또는 초기 국가였다. 실제로 현대 고고학은 훈 제국의 발흥 이전에 내륙아시아에 눈부실 정도로 세련된 문명이 존재했음을 밝혀낸 지 오래로, '후진적'인 유라시아 초원은 사실 '미개'나 '후진'과는 거리가 멀었다.

훈 제국의 역사는 고대 그리스나 로마의 '위대'하고 '문명화'된 사람들에 관한 역사만큼이나 흥미롭고 복잡하다. 내륙아시아의 훈 집단의 문명은 종래 역사가들에게 상대적으로 주목받지 못했고, 세계사에 이들이 기여한 바는 간과되고 평가절하되어 왔다. 이 책은 신화나 전설, 상상 속의 훈족이 아닌 역사적·고고학적인 훈 집단의 역사와 문화를 폭넓은 독자들, 특히 훈인에 대해 처음 배우거나 내륙아시아 또는 고대 후기와 중세 초기 유럽에 대해 잘 알지 못하는 학부생에게 소개하는 것을 목표로 한다. 따라서 책의 내용이 훈 제국과 관련된 복잡한 문제와 논쟁 모두를 체계적으로 다루지는 못할 것이다. 주석 또한 처음 공부하는 사람들을 배려하여 최소한으로만 제공하기에 더 전문적인 독자들은 이를 통해 저자나 다른 전문가가 발행한 연구 성과를 확인해야 할 것이다. 그러나 그럼에도 불구하고 이 책은 아주 혁신적인 시각을 제시하고자 하는 만큼 필요한 경우 이를 뒷받침하는 핵심적인 참고 문헌과 주석을 제공할 것이다.

종족과 기원: 훈은 누구인가?

훈인과 같은 집단의 역사를 서술할 때 발생하는 어려움 중 하나는 이들이 실제로 누구였느냐에 관한 복잡하고 끝이 없어 보이는 논쟁이다. 이들은 어디서 왔으며, 역사적으로 어떤 집단 또는 어떤 국가와 동일하거나 관련이 있을까? 이 거대한 물음 앞에서 과거 수없이 많은 학자들이 설명을 시도했고, 또 좌절했다. 다행히 지난 60여 년간 축적된 문헌사학의 발전과 고고학적 발견은 훈인들에 대한 시각을 혁명적으로 바꾸어서, 이들의 종족적·정치적 기원과 소속에 대한 답을 내놓기가 더 쉬워졌다.

18세기 예수회 신부 조제프 드 기네Joseph de Guignes는 이제는 전설의 반열에 오른 저작《훈족과 몽골족, 투르크족 및 서방 타타르족 통사Histoire generale des Huns, des Mongoles, des Turcs et des autres Tartares occidentaux》(1756~1824)에서 직감에 근거하여 놀라운 가설을 제기했다. 그는 서기 4세기와 5세기에 세력을 떨친 유럽의 훈 제국이 중국 한漢나라(서기전 206~서기 220)의 사료에 등장하는, 오늘날의 몽골고원에 강력하고 정교한 제국을 세운 흉노匈奴와 동일한 존재라고 생각했다. 이 가설은 즉각적으로 엄청난 논쟁을 일으켰고, 이는 거의 2세기 동안 이어졌다. 훈과 내륙아시아에 정통한 역사학자들(대표적으로 오토 맨헨헬펜 Otto J. Maenchen-Helfen과 사이노어 같은 대가들)은 훈-흉노 동일론을 공개적으로 비판했다. 이들에 따르면, 만약 훈 집단과 흉노 집단 사이에 어떤 관련성이 존재한다면 그것은 혈연적인 것이 아니라 문화적인 것일 가능성이 높았다. 그러나 훈과 흉노의 관계에 관한 논쟁은 훈 집단과 흉노 집단이 특정한 인종이나 종족으로 구성되었다는 그릇된 가설에 기반을 두고 있었다. 앞서 설명했듯이 훈 집단이나 흉노와 같은 다른 내륙아시아 초원 집단들은 동질적인 종족으로 구성된 집단이 아니라 혼종적인 정치체였다. 흉노와 훈 사이의 관계를 이해하는 데 핵심이 되는 것은 두 집단 사이의 '유전적' 연결고리가 아니라 문화적·정치적 유산의 전달이다.

에티엔 드 라 베시에르Étienne de La Vaissière를 비롯한 여러 학자들의 훌륭한 연구 덕분에 훈Hun이라는 이름 자체가 고대 흉노에서 나왔다는 것이 분명하게 밝혀졌다. 시작은 나나이반데Nanai-vande란 이름의 소그드 상인이 서기 313년에 쓴 편지를 1948년에 발터 브루노 헤닝 Walter Bruno Henning이 출간한 것이었다. 이 편지는 중국 서부의 감숙성에서 작성되었는데, 그 내용은 311년에 남흉노가 당시 중화 제국 수도 낙양을 점령한 사건에 관한 것이었다. 이 편지에서 나나이반데는 명확히 흉노를 훈Xwn이라 불렀다. 라 베시에르는 보다 최근에 중앙아시아 박트리아 출신 이주민을 선조로 둔 중국 서부 둔황 출신 승

려 축법호쓰法護가 번역한 《점비일체지덕경漸備一切智德經》과 《보요경普
曜經》을 통해 이러한 동일성을 재확인했다. 서기 280년에서 308년 사
이(나나이반데의 편지와 거의 동일한 시기)에 두 법경을 번역한 축법호는
모호한 표현이나 일반화 없이 중국 인근의 정치체인 흉노를 '후나Hūṇ
ₐ'(인도 사료에 기록된 '훈'의 다른 표기)라 불렀다.[1] 따라서 몽골과 중국에
군림했던 흉노 제국과 유럽-중앙아시아의 훈 제국이 같은 이름을 집
단명으로 사용했다는 것에는 이론의 여지가 없다.[2]

　　민족 집단을 기준으로 고고학 문화를 식별하는 과거의 관행이
완전히 타당하다고 볼 수 없기 때문에 고고학적 증거를 해석하는 일
은 더욱 어렵다. 그럼에도 활용이 가능한 자료들은 유럽과 중앙아시
아의 훈 집단이 흉노의 옛 영토와 강력한 문화적 연결고리를 가지고
있음을 뒷받침한다. 대다수의 내륙아시아 학자들은 훈 집단의 존재
를 밝혀주는 핵심적 고고학 표지인 훈식 가마솥이 결국 내몽골 오르
도스 지역의 흉노식 가마솥에서 유래했다는 데에 동의한다.[3] 종교적
기능을 가졌음이 분명한 이 가마솥들이 시기적으로 앞선 흉노나 뒤
의 훈의 경우 모두 강의 유역에서 발견된 점으로 볼 때, 같은 방식으
로 활용되었을 확률이 높다. 따라서 몽골고원의 흉노와 중앙아시아
및 유럽의 훈 사이에 문화와 종교의 연속성도 입증된 것이다. 물론
훈과 흉노의 민족 또는 정치적 명칭이 같고, 종교와 문화 관습이 아
주 유사하다 하여 훈 집단과 흉노가 유전적으로 연관이 있다고 확신
할 수는 없으나, 그럴 개연성이 높다고 추정할 수는 있다. 그러나 유
전/인종적 친연성을 너무 엄격히 따지는 것은 흉노와 훈 집단을 구성
한 인구 집단들의 특성과는 맞지 않다.

흉노의 옛 영토는 매우 다양한 종족과 언어 집단이 함께 사는 곳이었다. 중국 사료들에 따르면, 흉노 제국은 동쪽으로는 몽골어를 사용한 동호東胡부터 서쪽으로는 인도유럽어를 사용하던 월지月氏, 月支(오늘날 중국의 서부에 거주하던 토하라인과 관련이 있을 수 있다)까지 북아시아의 다양한 집단들을 흡수했다. 또한 튀르크어군이나 이란어군에 속하는 큰 규모의 인구가 흉노 내부에 존재했던 것도 확인되었다. 한 사료에 따르면 흉노에 속한 일부, 특히 광의의 흉노 연맹에 속했던 갈羯인들이 예니세이어족 언어를 사용했음을 보여준다. 7세기 편찬된 중국 사료 《진서》95권의 불도징佛圖澄조는 흉노 갈부의 노래를 옮겨 적은 귀한 구절*을 포함하고 있는데, 많은 학자들이 이를 예니세이어족과 관련된 것으로 보고 있다. 때문에 에드윈 풀리블랭크Edwin G. Pulleyblank와 알렉산더 보빈Alexander Vovin을 위시한 학자들은 흉노의 핵심 부락 엘리트층은 예니세이어족 계통의 언어를 사용했고,[4] 이들이 다양한 토하르어와 이란어, 알타이어족(튀르크·몽골) 언어를 사용하는 집단을 지배했다고 주장했다. 그러나 갈인들의 언어가 흉노 제국의 핵심 지배 엘리트층을 대변한다고 볼 수 없으며,[5] 지배층의 언어에 대해서는 튀르크어나 몽골어, 심지어 이란어를 사용했다고 보는 학자들이 더 많다.

---

* 　불도징佛圖澄이 말하길, "탑 상륜相輪의 방울소리가 '수지체려강, 복곡구독강秀支替戾岡, 僕穀劬禿當'이라 하였습니다. 이는 갈어羯語로, 수지秀支는 군대란 뜻입니다. 체려강替戾岡은 나간다는 뜻입니다. 복곡僕谷은 유요劉曜가 오랑캐에 있을 적 벼슬 이름입니다. 구독강劬禿當은 사로잡는다는 뜻입니다. 이는 군대가 나가면 유요를 사로잡을 수 있음을 말한 것입니다."(澄曰: "相輪鈴音云: '秀支替戾岡, 僕穀劬禿當.' 此羯語也, 秀支, 軍也. 替戾岡, 出也. 僕谷, 劉曜胡位也. 劬禿當, 捉也. 此言軍出捉得曜也."―〈藝術〉, 《晉書》卷95, 2486)

흉노의 핵심 언어로는 튀르크어 또는 예니세이어(내지 두 언어 모두)가 사용되었을 가능성이 높아 보인다. 그러나 어떤 언어 집단이 흉노 제국의 고위 엘리트층을 구성했는지 확고한 결론을 내릴 수는 없다. 기실 이 시도 자체가 부적절할지도 모르는 것이, 흉노는 다언어·다종족의 혼합 집단이었음이 확실하기 때문이다. 한 가지 측면만을 강조하는 주장은 흉노 제국의 복잡성과 이질성을 이해하지 못한 것이다.

유럽의 훈 제국 또한 몽골고원의 흉노만큼이나 이질적 요소로 가득했다. 이들의 핵심 언어는 오구르 튀르크어였을 가능성이 매우 높다. 한 예가 훈 제국 왕공들의 이름인데, 대부분 어원이 오구르 튀르크어이다.

1. **문주크Mundzuk**: 훈의 아틸라의 아버지. 튀르크어 문추크munčuq는 '진주' 또는 '보석'을 뜻한다.

2. **옥타르Oktar 또는 웁타르Uptar**: 아틸라의 삼촌. 튀르크어 욀태르 öktär는 '용감한' 또는 '강력한'을 뜻한다.

3. **오이바르시우스Oebarsius**: 아틸라의 또 다른 삼촌. 튀르크어 아으바르스aïbars의 아으aï는 '달', 바르스bars는 '호랑이'를 뜻한다.

4. **카라톤Karaton**: 루가Ruga 이전 훈 제국의 대왕. 튀르크어 카라qarä는 '검은색'을, 톤ton은 '망토'를 뜻한다.

5. **바시크Basik**: 5세기 초 활동한 훈의 왕족. 튀르크어 바르시그Bärsig는 '우두머리'를 뜻한다.

6. **쿠르시크Kursik**: 훈의 왕족. 튀르크어에서 '용감한' 또는 '고귀함'

을 뜻하는 퀴르시그kürsig 또는 '허리끈 운반자'를 뜻하는 쿠르시크 quršiq에서 나온 이름이다.[6]

또한 아틸라의 아들들 가운데 기록으로 남은 세 사람, 엘라크Ellac 와 뎅기지흐Dengizich, 에르나흐Ernakh/헤르나크Hernak의 이름도 모두 튀르크어로 보인다. 아틸라의 부인이자 엘라크의 어머니인 헤레칸 Herekan도 튀르크어식 이름이었고, 또 다른 아내 에스캄EsQām도 튀르 크어식 이름을 가지고 있다.[7] 훈 집단이 유럽과 중앙아시아 방면으로 대규모 확장을 펼치기 이전에 머물렀던 지역은 튀르크어 사용자 다수가 거주했던 곳이었고, 이 때문에 유럽의 훈 집단 사이에서는 튀르크어가 지배적인 언어가 된 것으로 보인다. 예를 들어 중국의 사서 《위략魏略》에 따르면,[8] 서기 3세기 정령丁令(고대 튀르크어 사용 집단)의 주된 거주지는 지금의 카자흐 초원으로, 강거康居(오늘날 우즈베키스탄 동부 타슈켄트 인근에 위치)의 북쪽, 오손烏孫(오늘날 카자흐스탄 동부와 키르기즈스탄에 위치)의 서쪽이었다.

그러나 서기 4세기 중반 유럽에 진입하기 이전 중앙아시아에서의 훈 집단 종족 구성이 오로지 튀르크계로만 이루어졌던 것은 아니다. 이들 사이에는 이란계 요소도 상당한 비중을 차지했는데, 이는 중앙아시아의 훈인과 이란계 언어를 사용한 알란Alan인들이(4세기 중반 훈이 서쪽의 유럽 방면으로 확장할 당시에는 적으로 기록되었다) 물질문화에서 아주 유사했던 점에서도 확인된다. 두 집단 모두 편두 풍습을 실행하기도 했다(풍습의 기원은 알려지지 않았다). 훈 제국을 구성했던 주요 종족 집단, 오구르 튀르크계와 이란계, 게르만계 등이 문화적으로 뒤섞이고 변용된 정도가 강했기 때문에 고고학적으로 훈과 알란, 그리고 나중에는 게르만계 고트Goth마저도 분명히 구분하는 것은 어려운 일이다. 흉노가 중국의 망명자들을 자신의 제국에 받아들였듯, 나중의 훈 역시 그리스·로마 망명자들에게 피난처가 되어주었고, 전쟁에서 사로잡은 로마인 포로들을 강제로 정착시키기도 했다. 로마의 역사가이자 외교관이었으며, 훈 제국에 대한 사절단으로 아틸라의 궁전을 방문하기도 했던 프리스쿠스Priscus는 훈 사회의 혼종성을 생생하게 보여주는 기록을 남겼다. 그는 훈 궁정에서 훈어(아마도 오구르 튀르크어)와 고트어, 라틴어가 모두 사용되며, 대부분의 엘리트층이 세 언어를 일정 이상 이해할 수 있었기 때문에[9] 궁전 광대 무어인 제르콘Zercon이 아틸라가 참석한 훈 제국의 연회에서 세 언어를 뒤섞어 공연하며 웃음을 자아냈다고 기록했다.[10] 흥미롭게도 유럽에서 아틸라의 훈 제국과 같은 시기에 존재했던 중앙아시아 훈 계통의 키다라 제국에서도 다양한 언어가 사용되었다. 예를 들어 경우에 따라 소그드어와 박트리아어, 중기 페르시아어, 브라흐미어가 모두 행정 분야에 사용된 것으로 알려졌다.[11]

요컨대 흉노와 훈 사이의, 그리고 두 제국의 정치적 계승 집단 사이의 유전적 연속성을 증명하려는 그 어떤 시도도 복잡한 결과로 이어질 수밖에 없는데, 왜냐하면 흉노/훈 사회의 모든 층위가 혼종적이었고, 또한 다언어적이었기 때문이다. 더 중요한 것은 유럽과 중앙아시아의 훈 집단들이 흉노 제국의 이름을 자신들의 종족명이나 국가명으로 사용함으로써 옛 초원, 즉 내륙아시아의 전통을 매우 중요하게 여기고 있었음을 보여주었다는 사실이다. 흉노와 훈 사이의 연속성을 이해하는 데 있어서 진짜 중요한 것은 종래 제기되어온 인종/유전적 연속성이 아니라, 유럽의 훈 집단이 (흉노식 가마솥을 동부 초원부터 다뉴브강까지 일관되게 사용하였듯) 흉노의 정치·문화적 유산을 계승해 흉노의 문화적 정체성을 보전했다는 사실이다.

이 시점부터 이 책은 중국, 중앙아시아, 인도, 유럽에서 유라시아사를 바꾼 다양한 훈계 정치체를 순차적으로 살펴볼 것이다. 지금까지 훈계 집단들을 다룬 대다수의 역사서는 유럽의 훈 제국사에만 집중하는 경향이 있었다. 그러나 이러한 접근법은 서기 4세기와 5세기 훈 계열 집단들의 확장으로 유라시아 전역에서 이어진 지정학적 혁명을 충분히 조망하는 데 실패했다. 이를 명확히 파악하기 위해서는 다양한 훈계 국가 모두를 살펴보아야 고대 세계에 훈계 집단으로 인해 발생한 막대한 변화를 인지하고 그 정치·문화적 여파를 유라시아 전체의 관점에서 검증할 수 있다. 이 다양한 훈계 집단은 각기 문화적, 정치적으로 동일하지는 않았다. 그러나 이들 모두 종국적으로 내륙아시아의 대大흉노/훈 제국Great Xiongnu/Hun Empire에서 정치적 계보를 일정 부분씩 잇고 있었다. 이들은 내륙아시아 세계 정치 전통을 공유했고 이 정치 전통에 우선적으로 기반하여 정복의 길로 나아갔다.

지면의 부족으로 이 책의 집필에 사용하고 참고한 모든 1차 및 2차 자료를 상세히 제공할 수는 없다. 그러나 필요한 경우에는 짧게나마 훈계 집단들에 대해 다룬 가장 주요한 1차 사료의 출전과 중요성에 관한 설명을 수록했다. 27쪽에 나오는 지도는 이 책에서 다룬 역사적 사건의 영향을 받은 다양한 지역과 집단들의 지리적 정보를 담고 있다. 유라시아에서 훈계 제국들이 방대한 지리적 범위에 펼쳐져 있기 때문에 독자들은 훈계 집단들 및 정복에 휩쓸린, 익숙하지 않은 이름들의 쓰나미에 길을 잃기 십상일 것이다. 따라서 이 '머리말'에서 각 장에 등장할 낯선 이름들에 대한 짧은 설명을 제공하여 앞으로 독자들이 압도당하지 않게 할 필요가 있었다.

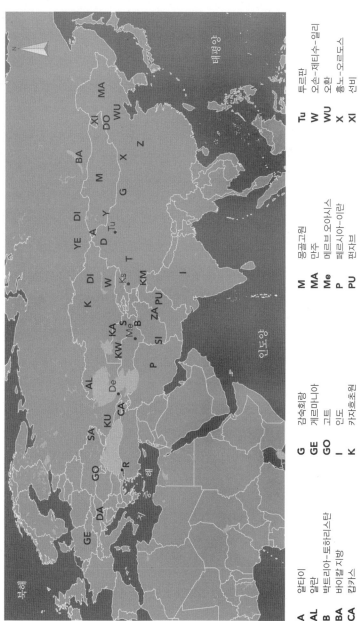

훈계 세력의 확장에 영향을 받은 주요 지역과 집단의 위치

A 알타이	**G** 감숙회랑
AL 알란	**GE** 게르마니아
B 박트리아-토하리스탄	**GO** 고트
BA 바이칼 지방	**I** 인도
CA 칼키스	**K** 카자흐초원
D 준가리아	**KA** 강거
DA 다뉴브 지방	**KM** 카슈미르
De 대르벤트	**Ks** 카쉬가르
DI 정령(틱르크제)	**KU** 쿠반초원
DO 동흥(선비&오환)	**KW** 흐라즘

M 몽골고원	**Tu** 투르판
MA 만주	**W** 오손-제티수-일리
Me 메르브 오아시스	**WU** 오환
P 페르시아-이란	**X** 흉노-우즈도스
PU 편자브	**XI** 선비
R 로마 제국	**Y** 월지의 고향
S 소그디아-트란스옥시아나	**YE** 예니세이여족 휘치들
SA 사르마티아	**Z** 중원(중국)
SI 시스탄-사카라스탄	**ZA** 자불리스탄
T 타림분지	

1장

흉노/훈 제국

흉노/훈의 정치조직

훈계 집단들에 관한 어떤 논의건 간에 시작점은 내륙아시아의 본래 훈 집단이라 할 수 있는 강력한 흉노의 이야기여야 할 것이다. 흉노匈奴 제국은 많은 경우 '유목nomadic' 제국 내지 연맹이라 불린다. 이 장의 뒷부분에서 살펴보겠지만, 흉노 관련 고고학 논의에서 밝혀졌듯이 흉노 사회는 순수 유목 사회가 아니라 농경·목축 사회였다.[1] 학자들 사이에서는 이 '유목민' 흉노 집난이 국가였는지, 아니면 제국 규모의 영토를 갖춘 극도로 복잡한 부족 연맹이었는지에 관한 논쟁이 뜨겁다.[2] 이 논쟁의 배경에는 '유목문화'가 정교한 국가체 형성에 있어 넘을 수 없는 장벽이었다는 일부 학자들의 가설이 자리 잡고 있다. 그러나 앞서 '머리말'에서 설명했듯이 '유목문화', 더 정확히 말해 목축문화에서 고정된 경계가 없거나 조직적 능력이 부족했던 것은 결코 아니다. 권위 있는 지도자 아래 잘 정의된 영토와 정기적인 이동은 극도로 불안한 생태적 환경에 있던 '유목' 부족 사회의 생존을 위해 필수적인 것이었다.[3] 따라서 논의에 앞서 '유목문화'가 정치적 무질서를 뜻한다는 선입견은 접어두어야 할 것이다. 분명한 것은 흉노의 정치 조직은 이후 '연맹' 또는 '국가'를 세운 모든 초원 정치체에 모범이 되었다는 사실이다.[4] 그러므로 나중에 중앙아시아와 유럽의 훈식 정치 체제에도 영향을 준 흉노의 정치 조직에 대해서 세심하게 살펴볼 필요가 있을 것이다.

흉노 정치 조직의 성격에 관한 논쟁 대부분은 무엇이 실제로 '국가'와 '제국'을 이루었느냐에 대한 각 학자의 이해가 달랐던 데서 기인한다. 러시아 학자 니콜라이 크라딘Nikolay N. Kradin은 국가란 다음과 같은 성질을 지녔다고 주장했다.

1. 혜시惠施에 기반한, 초씨족적·비혈연적 관리직
2. 관리의 봉급을 지불하기 위한 정기세
3. 정치 권력에서 독립된 사법권
4. 전체 정치체의 행정을 운영하는 국가 기관에 종사하는 국가 운영 '계층'의 존재

각각의 기준 모두가 논쟁적이고, 이러한 국가 정의가 지나치게 현대적인 것은 아닌지, 또 근대 초기 이전의 국가들을 정의하는 데 사용하는 것이 적절한지에 대해 의문이 일 수도 있을 것이다. 그러나 어찌되었든 크라딘은 이 기준에 의거하여 흉노가 기껏해야 '배아' 수준의 국가 조직을 이루었을 뿐이므로 국가로 여겨서는 안 된다고 주

장했다.[5] 로렌스 크레이더Lawrence Krader는 국가에 대해 더 느슨하고 그래서 더 적절할 수 있는 정의를 제시했는데, 이에 따라 유라시아의 모든 초원제국이 국가 수준의 정치체였다고 주장했다.[6] 그러나 명확성을 기하기 위해 여기에서는 크라딘의 정의에 근거해 흉노가 국가였는지, 아니면 복잡한 족장사회에 불과했는지 검증해 보도록 하겠다.

유명한 역사가 사마천司馬遷[중국 양한兩漢시대(서기전 206~서기 220)의 역사가]이 집필한 중국의 사료《사기史記》에 따르면 흉노의 정치 체제는 고도로 중앙집권화된 '전제정'으로, (선우單于라 불린) 황제를 정점으로 그 아래에 왕과 부왕을 둔 복잡한 위계가 있었다. 그것은 본질적으로 '준봉건제準封建制'라 할 수 있는 것이었다.[7] 사마천은 다음과 같이 썼다.

(선우單于[8] 밑에는) 좌현왕左賢王, 우현왕右賢王, 좌록리왕左谷蠡王, 우록리왕右谷蠡王, 좌대장左大將, 우대장右大將, 좌대도위左大都尉, 우대도위右大都尉, 좌대당호左大當戶, 우대당호右大當戶, 좌골도후左骨都侯, 우골도후右骨都侯를 두었다. 흉노에서는 '어질다賢'는 말을 도기屠耆라고 했는데, 그래서 늘 태자를 좌도기왕左屠耆王이라고도 불렀다. 또 좌현왕과 우현왕 이하 당호에 이르기까지 크게는 만 기騎, 작게는 수천 기를 거느렸는데, 대체로 24인의 장長들이 있었고, 이들 모두를 만기萬騎라 불렀다. 여러 대신들은 모두 세습하는 관직이었다. 호연씨呼衍氏, 난씨蘭氏, 그 다음에 수복씨須卜氏가 있었는데, 이 세 가지의 성이 귀하였다. 여러 명의 왼쪽左 방향의 왕이나 장군들은 동방에 위치하며 상곡군의 동쪽을 담당하였고, 예맥穢貉, 조선朝鮮과 접해 있었다. 오른쪽右 방향의 왕

이나 장군들은 서방에 위치하며 상군의 서쪽을 담당하였고, 소월지나 저氐, 강羌과 접해 있었다. 선우정單于庭은 대군, 운중군을 담당하고 있었다. 각각의 영역分地이 있었으며, 그 안에서 물과 풀을 따라 옮겨 다니며 살았다. 좌현왕과 우현왕, 그리고 좌록리왕과 우록리왕의 영역이 가장 강력했으며, 좌골도후와 우골도후가 선우의 정치를 보좌했다. 24인의 장들은 각자 천장千長, 백장百長, 십장什長, 비소왕裨小王, 상봉相封, 도위都尉, 당호當戶, 저거且渠 등의 속관을 두었다.[9]

이 기록에 따르면 흉노 집단은 다음과 같은 방식으로 행정 체제를 조직했다. 체제 내의 최고 권력은 선우單于[양한 시대와 고대 후기 중국어음인 초기중고한어初期中古漢語로는 dʑian-wuǎ ← dàn-wà(단와)로 읽혔는데, 흉노어의 darġwa(다르과)를 음차한 것으로 보인다]에 있었다.[10] 선우는 중앙정부의 수령으로 여겨졌다. 그러나 중앙정부의 실제 행정 업무는 골도후骨都侯가 담당하였는데, 골도후는 또한 제국 전체의 업무를 조율하고 황제를 대표하여 행정관과 속신과의 교류를 주재했다.

이 중앙 정부의 통제 아래 동부와 서부에(각각 골骨로 불리기도 했다) 4개의 주요한 지방관직이 있었다. 즉 동쪽에는 좌도기왕左屠耆王과 좌록리왕左谷蠡王이, 서쪽에는 우도기왕右屠耆王과 우록리왕右谷蠡王이 있었으며, 그 아래에 각각 자체의 정부 관료 조직과[11] 선우 황제의 아들이나 형제인 왕들이 있었는데, 이들이 바로 흉노 제국의 최고위 귀족이었다. 그런데 최고 군주의 아래에 4명의 쟁쟁한 부왕을 두는 관행은 이후에 볼가 불가르Volga Bulgar(오늘날 러시아 연방 타타르스탄 공화국에 해당하는 지역에 훈의 후예들이 세운 국가)나 흉노와 유연柔然의 뒤를 이어 유라시아 초원의 동부를 장악한 돌궐 제국Göktürk에서도 관찰된다.

사마천이 제공하는 정보를 후대의 자료인《후한서後漢書》(후한의 역사를 다룬 책이다. 사마천은 전한 시대인 서기전 1세기 전반기에 활동했다)의 정보와 조합하면 흉노 행정 체계의 상층부에 여섯 명의 최고 귀족으로 구성된 평의회가 존재했음을 알 수 있다. 이 평의회에는 좌·우부의 '일축왕日逐王'이 소속되었는데, 본래 선우의 아들이나 동생이 임명되는 직책이었다. 그러나 차츰 흉노 정치 체제가 발전함에 따라 이들 관직은 선우 씨족과 혼인을 통해 친척이 된 호연씨呼衍氏에게 주어졌다. 평의회를 구성하는 다른 네 귀족으로는 좌·우 온우제왕溫禺鞮王과 좌·우 점장왕漸將王이 있었다.《후한서》에서 이들은 육각六角의 군주라 불린다. 이러한 귀족과 통치 씨족의 위계와 정치적 서열이 사마천(전한) 시대와 후한 시대(서기 1~3세기) 사이에 변화했다는 의견이 있다. 후한 시대 흉노 제국은 두 개의 정치체, 북흉노北匈奴와 남흉노南匈奴로 분열되었다. 따라서《후한서》의 (6각 귀족 등에 대한) 서술은 본디의 흉노식 행정 체제 그 자체가 아니라 (중국의 동맹이었던) 남흉노에서 발생한 정치 혁신을 출처로 삼았다는 것이다. 그러나 설사 이것이 후대의 발전을 반영한 것이라 하여도, 이 또한 본래 흉노 제국의 정치 관행에 얼마간 기반했던 것일 수 있고, 아예 한나라 사람들이 시간이 흐르면서 흉노의 정치 체제를 더 잘 이해하게 되어 사마천이《사기》에 적은 본래의 서술을 더욱 가다듬은 것일 수도 있다.[12]

이 최고위 귀족 열 명 아래에(또는 포함하여) 제국적 지도자/장관(각기 만기萬騎라 불림)이 있었는데, 이들이 흉노 제국 주요 지역들의 행정관이었던 것으로 보인다. 이 영주들 역시 선우의 가까운 친척이거나 황가와 관련된 흉노 귀족층의 구성원이었다. 고위 귀족은 이중 체계에 따라 동부와 서부로 나뉘었는데, 흉노 황제의 후계자는 대개 정치적으로 동부의 명목상 통치자직에 해당하는 좌현왕으로 임명되었다. 지방이나 주변부에 대한 중앙 정부의 힘을 강화하기 위해 모든 정치적 지위의 지명은 집권 중인 황제(선우)의 엄격한 통제 아래에서 이루어졌다.

이 복잡한 행정 위계의 아래에는 많은 종속 부족의 지도자(《사기》의 표현에 따르면 비소왕神小王, 상봉相封, 도위都尉, 당호當戶, 저거且渠 등)가 있었다. 이런 관리들은 제국 행정관 24명의 통제 아래에 있었으나, 시기에 따라 상당한 수준의 자치권을 누리기도 했다.[13] 정복된 집단의 일부 전임 지배자들 또한 흉노 및 상위 왕들의 관리 아래 비소왕으로 남을 수 있었다. 흉노는 중심지에서 더 먼 거리에 있던 서부 지역의 정부에 '동복도위僮僕都尉'(노예 담당 사령관)라는 기이한 이름의 관직을 창설했는데, 이 직책은 흉노 제왕들의 관리 아래 카라샤르 karashar(중국 기록의 언기焉耆)나 칼마간kalmagan(중국 기록의 위리尉犁) 등 (오늘날 중국 서부의 신장 위구르 자치구)에 있는 여러 나라에 대한 세금을 부과하고 노역을 징모하는 일을 담당했다. 이에 더해 중국에서 망명온 것이 확실한 일부 인물도 부왕으로 임명되었다. 예컨대 위율衛律은 정령의 왕으로, 노관盧綰은 동호의 왕으로 봉해졌다. 그러나 최상위 권력층과 정치·행정·군사적으로 중요한 직위는 선우에 가까운 이들을 위한 것이었으며, 전략적 핵심 요충지는 거의 황실 씨족의 구성원과 소수의 흉노 귀족 가문이 독점했다.

평시에는 비非십진법 체제의 관리들이 제국 내의 다양한 부락과 영역의 정치 행정을 맡았는데, 이들이 담당하는 집단의 규모 역시 다양했다. 그러나 전시에는 제국 각지에서 징집된 병사로 구성된 대군을 단일 지휘 체제 아래에 두기 위해 엄격한 십진법 체계(천과 백, 십 등)가 활용되었다.[14] 제국이 보유한 인력과 가축을 헤아리기 위해 인구 조사도 진행되었다.[15] 중국 사료들에 따르면, 최초의 위대한 선우인 묵특冒頓은 중국 북쪽과 서쪽의 26개국을 합병하고 이들을 흉노 국가의 일부로 완전히 복속시켰다고 한다. 전쟁이 벌어지면 선우는 신민들 가운데 14만 명 규모의 군대를 모을 수 있다는 말이 있을 정도였다.[16]

이상의 정보들은 크라딘이 흉노를 국가로 규정하기를 꺼렸던 것이 완전히 부적절했음을 보여준다. 니콜라 디 코스모Nicola di Cosmo가 지적하였듯, 설사 크라딘의 엄격한 정의에 따른다 하여도 흉노 제국은 느슨한 통치를 받는 군장국보다는 잘 조직된 국가에 훨씬 가까웠다. 흉노의 행정은 혈연에 기반한 위계와 별개로 뚜렷한 군사기구와 행정기구를 보유했다. 최고 지휘관과 관리들은 흉노 황제(선우)가 수장인 정치적 중심지로부터 다양한 형태의 봉급을 받았고, 흉노 선우는 다양한 의례를 집전함으로써 본인의 혈족만이 아니라 정치 공동체 전체를 포괄한다는 것을 보여주었다. 흉노 군대와 제국적 의례, 정부 구조, 정치적으로 중앙집권화된 교역 및 외교 기관의 놀랍도록 복잡한 조직은 모두 디 코스모가 정치 조직과 초부족supratribal적·제국적 이데올로기라 표현하는 것을 입증한다.[17] 크라딘 역시 특수한 사법적 인력(즉 법관)이 흉노 제국 내에 존재했으며, 황제를 도와 제국의 행정 전반을 관할하던 골도후 같은 특수한 국가 관직이 있다는 것에 수긍한 바 있다.[18] 따라서 흉노 제국은 모든 면에서 국가 또는 '초기 국가'체로 정의될 수 있다.[19]

흉노가 제국을 이루었다는 점에 의심을 갖지 않게 하는 또 다른 이유는, "카리스마적 지배자와 황제 씨족으로 구성된 제국의 중심부가 직접적인 정복 또는 정치적 권위의 부과를 통해 본래의 영토나 종족의 경계를 넘어 다양한 집단과 영토를 포괄하여 정치적 관계를 맺었다는 점 때문이다."[20] 이 점에 대해서는 크라딘을 포함한 흉노 연구자 절대 다수가 전적으로 동의한다.

흉노 정치 조직의 또 다른 중요한 측면은 흉노가 이웃한 중국의 관행을 국가 조직과 행정에 있어 어느 정도로 흡수하고 변용하였느냐이다. 일부 학자는 흉노와 중국의 행정 및 문화 관행에서 보이는 유사성이 양자가 공유했던 훨씬 고대의 문화적 지층으로 거슬러 올라갈 수 있다는 이유로 중국이 흉노에 영향을 주었다는 점을 인정하지 않는다.[21] 그러나 제왕과 제후로 구성되었다고는 하지만 최상위직은 지배 씨족에, 그 바로 아래의 지위는 황족과 통혼이 허락된 주요 씨족 지도자에게 한정되었다는 점에서 흉노 제국은 본질적으로 준봉건제적 성격을 지니고 있었다.[22] 이는 그 운용에 있어 차이를 보이기를 하지만, 한 제국이 왕과 제후를 분봉한 양상과 놀랍도록 유사하다. 흉노 제국의 영토 구분에서는 왼편, 즉 동부(남면南面하는 중국식 전통에 따르면 왼쪽에 해당하고, 북면北面하는 초원식 전통에 따르면 오른쪽에 해당한다)를 서부보다 상위로 보았는데, 이는 왼쪽이 발생과 성장의 힘인 양陽에 해당한다고 본 중국 음양론陰陽論의 영향일 수 있다. 푸른색이 동쪽, 흰색이 서쪽, 검은색이 북쪽, 빨간색이 남쪽을 상징한 것과 같이 색깔을 영토의 상징으로 이용한 점 역시 중국 우주론의 상징(오행五行)에 대응하는 것일 수 있다.[23]

마지막으로 다룰 문제는 흉노의 정치 조직과 유라시아 초원에 존재했던 초기 형태의 정치 조직 사이의 연관성이다. 서부 초원에서 이란계 언어를 사용하고 서기전 8~4세기까지 번성한 스키트Scyth/사카Sakā•가 흉노에게 문화적 영향을 주었다는 주장이 오래 전부터 있었다.[24] 실제로 두 집단의 정치 체제 사이에 유사성/친연성을 보이는 증거가 존재한다. 서기전 5세기 그리스의 역사가 헤로도토스Herodotos는 스키트의 정치체가 세 집단으로 나뉘었다는 내용의 스키트 전설을 기록했다.[25] 이는 흉노식 행정의 특징인 지배 부락/씨족 간의 3부 구조와 놀랄 만큼 유사하다. 흉노 체제에서 세 개 귀족 씨족은 혈족/인척 관계를 통해 선우와 연결되었다. 세 가문으로는 호연씨, 난씨, 수복씨가 흉노 사회의 지배·상류 계층을 구성했다. 황실 씨족으로 두만頭曼과 묵특의 후예인 연제씨攣鞮氏/허연제씨虛攣鞮氏와 함께 이 지배 씨족들은 초원민 가운데 별개의 하위집단을 이끌었는데,[26] 이는 스키트의 세 집단을 상기하게끔 한다.

흉노의 지배 왕가가 허연제씨였듯, 스키트인들 사이에서도 다른

• 《표준국어대사전》에서는 고대 그리스어의 Skythai를 따라 '스키타이'라 표기한다. 그러나 그리스어의 스키타이는 스키트어로 궁수를 뜻하는 스쿠다skuδa-/쉬쿠다škuδa-를 어근으로 하여 그리스어의 복수형 어미인 -ai를 붙인 것이다. 때문에 한국어 번역에서는 관용적인 '스키타이' 대신 어근에 더 가까운 형태인 '스키트'를 사용했다. '사카'는 고대 페르시아인들이 유라시아 북방의 유목민들을 부를 때 쓴 통칭이다. 그 의미는 '떠돌아다니는 사람'이라는 설과 (스키트와 마찬가지로) '궁수'를 뜻한다는 설이 있다.

모든 스키트 집단을 지배했던 소위 왕실 스키트인들이 있었다. 헤로도토스의 기록에 따르면, 스키트 왕 아리안타스Ariantas가 실시한 인구조사는 이미 이 시기에 초원식 과세제도와 노역제도가 존재했음을 확인시켜 주는데, 이는 흉노가 굳이 중국이라는 대안을 찾을 필요가 없었다는 것을 뜻한다. 스키트/사카와 흉노의 근연성을 검토해야 하는 이유는 이게 끝이 아니다. 몽골고원 북서쪽(흉노의 핵심 영토)의 투바 공화국의 아르잔에서 발굴된 유적은 스키트 시대(서기전 8세기)의 것인데, 헤로도토스가 관찰한 모습처럼 중앙아시아에 극도로 조직화된 초원 정치체가 존재했다는 것을 입증했다. 거대한 규모의 스키트/사카 유형의 무덤은 70개의 방으로 구성되며, 사카 왕과 함께 160마리의 승용마가 묻혔는데, 이는 강력한 통치자의 통치 아래 잘 조직된 초원 연맹이 흉노 제국의 발흥 오래 전부터 존재했음을 보여준다. 이 사카 왕이 다소 전형적인 초원식 위계국가 또는 준국가準國家를 지배했다는 사실은 휘하 왕자 또는 귀족이 왕과 아내의 북쪽과 남쪽, 서쪽에 묻혀 있었던 점으로 증명된다.[27] 따라서 초원의 복잡한 정치체의 뿌리는 실로 고대까지 이어져 올라간다는 사실이 실증된 것이다. 흉노와 후대의 훈 집단은 무無에서 생겨난 것이 아니다.

유라시아 초원지대의 서부(오늘날의 우크라이나와 러시아 남부)에서 스키트가 몰락한 뒤에도 스키트의 정치 전통은 대체로 이란어를 사용했던 사르마트Sarmat와 알란Alan(사르마트의 하위 집단으로 여겨진다)에서 이어졌다.[28] 그러나 동시기 존재한 흉노에 비해 서부의 집단들은 더 심하게 분열되고 조직된 정도도 떨어졌다. 스트라본Strabon(서기전 1세기 후반부터 서기 1세기 초반까지 활동한 그리스·로마 지리학자)에 따르면, 사르마트인들은 분열되기 이전에 더욱 중앙집권화된 조직을 가지고 있었다. 스트라본은 통치 씨족의 부락이 사르마트 부락 연맹/제국의 중심에 존재했으며, 부속된 부部들이 원을 이루어(남쪽의 야지게스Iazyges, 북쪽의 우르기Urgi, 동쪽의 록솔라니Roxolani) 그를 지키는 형상으로 있었다고 기록했다.[29]

알란은 좀 더 동쪽에 위치했는데, 서기전 2세기 서방의 사르마트와 마찬가지로 지배 씨족과 스키트 방식(아마도 보통의 십진법 체제)을 따르는 전문 전사단을 가지고 있었다.[30] 알란의 전성기 시절 스트라본은 아오르시Aorsi(아마 알란 그 자체이거나, 후대의 알란과 연결되는 집단)의 왕 스파디니스Spadinēs가 20만 명에 달하는 군대를 모을 수 있다고 기록했다.[31] 분명 과장이 섞인 기록이지만 그럼에도 이 초원 집단의 힘을 명백하게 보여준다. 알란 집단의 왕들은 과거 스키트 왕 아리안타스처럼 남성 전사를 대상으로 한 일반적인 인구 조사를 실시했다. 올비아에서 발견된 비문에서는 '아오르시아의 대왕들'이라 불리는 형제들이 등장하는데, 이를 통해 초원의 전통인 공동통치가 준수되었음을 확인할 수 있다.[32] 게다가 알란 집단에서는 이전의 스키트나 당대의 흉노와 같은 방식의 계급 체계가 있었던 듯하다. 또한 알란 집단은 흉노와 같은 방식으로 부락 연맹 내부를 색으로 구분했다. 프톨레마이오스Ptolemaios의 《지리학Geōgraphikē Hyphēgēsis》에는 알란오르시Alanorsoi(하얀 알란. 다른 기록에서는 전혀 등장하지 않는다)라는 표현이 등장한다.[33] 이상의 사항들은 초기 흉노의 정치 체제가 고립된 것이 아니라 사회적 환경에 따라 진화한 것이며, 다른 초원 정치체들 또한 흉노의 정치 조직과 유사한 정치 조직 구성 역량을 보유했음을 알려준다. 이 사실은 특히 나중에 중앙아시아와 유럽의 훈계 제국들의 정치 조직과 성격을 논의할 때 중요하게 다루어질 것이다.

개략적인 흉노의 정치 구조

중앙정부	지방관	토착 관리
1. 선우(황제) 2. 골도후(황제를 대신하여 제국의 업무를 조정하는 중앙정부 관리)	1. 좌현왕(제국의 동부 통치, 제위 계승자)과 우현왕(제국의 서부 통치). 두 현왕은 이부 체계에서 제국의 양익을 관장 2. 사각왕(네 개의 주요 지방관. 집권한 황제의 아들 내지 형제가 임명됨) 3. 육각왕(후대에 추가됨. 정예 귀족 회의 구성, 육각왕과 사각왕은 지배 왕가 및 왕가와 친·인척 관계인 최고 흉노 귀족이 독점했다) 4. 24 만기(제국 내 핵심 지방의 총독, 흉노 고위 귀족 가운데 선발)	1. 토착 제왕 또는 수령. 흉노 제왕의 총괄 관리 하에 있는 행정관이자 세금징수관으로 기능 (흉노 제왕은 행정과 군사 모두를 관장한다)

흉노/훈의 정치사

앞서 언급한 사마천에 따르면 흉노는 지금의 내몽골에 해당하는 오르도스 지방에서 유래했다.[34] 사마천은 중국에 인접한 다른 이민족과 마찬가지로 흉노가 신화 속 중국 영웅의 후예라는 거짓 주장으로 〈흉노열전匈奴列傳〉(《사기》에서 흉노에 대해 다룬 장)을 시작하여, 서기전 3세기 중국 통일 이전에 중국에 알려진 흉노의 다른 이름들을 열거했다. 그는 서기전 3세기 이전 흉노/훈은 순유淳維, 산융山戎, 험윤獫狁, 훈육葷粥(훤위Hün-yü 정도로 발음되었을 것이다)이라 불렸다고 전한다. 학자들은 순유와 훈육이란 이름을 나중에 등장할 훈Hun과 동일시했는데, 이는 탁견으로 앞서 설명한 흉노와 훈이 같은 이름이라는 새로운 증거에 놀랄 만큼 잘 들어맞는다. 사마천은 자신의 시대(서기전 1세기)의 흉노를 융적戎狄(서방과 북방의 '야만족')이라 불린 과거 중국의 적수들과 동일시했다. 사마천은 특히 견융犬戎(문자 그대로 해석하면, '개처럼 강한 사람')이라 불린 집단을 초기 흉노와 동일시했는데, 이들은 서기전 770년대 중국 서주西周(서기전 1046~771년경, 이후 중화 제국의 중심이 될 너른 평지인 중원中原을 지배한 왕조)를 침략해 수도 호경鎬京을 점령했다.

사마천에 따르면 흉노-훈인의 조상은 중국인들이 결국 그들을 제압하기 전까지 수세기 동안 중국을 위협했다. 흉노-훈인들은 서기전 221년에 중국을 통일한 악명 높은 폭군이자 중국 최초의 황제인 진시황제秦始皇帝에 의해 고향인 오르도스 지방(오늘날 중국 북부 내몽골)에서 쫓겨났다. 시황제는 호胡(유목민 야만족) 침공자를 북방에서 쫓아내고 중국 영토를 보호하기 위해 그 유명한 만리장성을 쌓았다. 수만 명의 노동자가 장성 건설에 투입되었다가 죽어나갔다. 그러나 진秦나라(여기서 현대 중국의 영어 이름 차이나China가 나왔다)의 영광은 짧았다. 반란이 잇따르며 진 왕조는 붕괴했고, 중국은 무정부 시기로 빠져든다.

두만(역사 기록에 처음 등장한 흉노 지도자) 휘하의 흉노는 이 혼란을 이용해 오르도스 지방을 탈환한다. 이 단계에서 흉노-훈은 단지 동부 초원의 패권을 두고 경쟁하는 여러 초원 연맹 중 하나일 뿐이었다. 이들은 두 개의 강력한 내륙아시아 초원민들(몽골조어祖語를 사용하는 동호東胡인들과 인도유럽계 언어를 사용하는 월지月氏인들) 사이에 끼인 샌드위치 신세였다.

초원 역사상 최초의 위대한 정복자가 내륙아시아사 기록에 등장한 것은 바로 이러한 맥락에서였다. 묵특 선우는 흉노 선우 두만의 맏아들이었다. 묵특이란 이름은 튀르크·몽골식 인명 바가투르Bağatur(영웅)의 초기중고한어식 표기로 보인다. 사마천의《사기》에 기록된 그가 권좌에 오른 전설에 따르면, 선우 두만은 자신이 총애하는 다른 아내의 아들을 후계자로 굳히기 위해 총애하지 않던 전처의 아들인 묵특을 제거하려 했다. 이 사악한 아버지(흉노 등 내륙아시아 집단의 방계 계승 가능성을 고려하면 삼촌일 수도 있다)는 젊은 영웅의 죽음을 바라며 그를 이웃한 월지에 인질로 보낸 다음, 월지를 자극해 아들을 죽이도록 하기 위해 월지와의 전쟁을 벌였다.

그러나 묵특의 운명은 살아남아 내륙아시아 세계를 최초로 통일하는 지배자가 되는 것이었다. 그는 월지에서 말을 훔쳐 타고 달아나 흉노로 귀환함으로써 사악한 아버지의 함정을 탈출했다. 두만은 아들의 용맹함을 인정하고 그를 1만 기병의 지휘관으로 임명했다. 묵특은 즉시 부하들의 절대적 충성심을 확보해 자신의 지위를 굳히고자 했다. 그는 자신이 설정한 목표물에 화살을 쏟아부으라 명령한 뒤 이에 복종하지 않으려는 기색을 보이는 자를 모두 처형했다. 그가 설정한 목표물은 갈수록 도발적으로 변했다. 묵특의 애마에서 시작해 사랑하는 자신의 아내를 거쳐 마침내 집권 중인 선우, 즉 아버지의 말에까지 이르렀다. 부하들의 절대적 복종을 확보한 뒤 묵특은 아버지를 상대로 무자비한 반란을 일으켰고, 잘 훈련된 그의 병사들은 두만에게 화살을 퍼부었다.

이것은 공포 정치의 시작에 불과했다. 묵특은 곧장 이복형제들과 계모, 자신에게 반대하는 흉노의 귀족들을 모두 처형했다. 잔혹한 숙청 후 다음 목표는 동쪽의 가공할 적수, 동호 연맹이었다. 동호는 새로운 선우를 시험하기 위해 묵특에게 사신을 보내 고인이 된 두만의 가장 좋은 말을 달라고 요구했다. 모든 흉노 귀족이 묵특에게 이 무례한 요구를 거부하라고 간청했으나, 묵특은 흉노의 '보물'이라고 불린 말을 동호에 거리낌 없이 넘김으로써 모두를 놀라게 했다. 동호는 한발 더 나아가 묵특에게 아내 중 한 명도 넘기라고 요구했다. 또 한번 묵특은 저항을 원하는 귀족들의 항의에 따르지 않고 이 요구를 받아들였다.

동호는 이제 흉노 선우를 업신여기며 아무런 방비도 하지 않은 채 흉노와 동호 사이에 있는 척박한 황무지를 요구했다. 앞서 준마와 총애하는 여인마저 저항 없이 내주는 것을 본 흉노 귀족들은 쓸모없는 땅을 내주는 것도 별일 아니라 여기며 묵특에게 과거와 같이 동호의 요구를 받아들이라 말했다. 이번에 묵특은 갑작스레 분노를 터뜨렸다. 말과 여인은 평화를 위해 희생시킬 수 있지만, 땅은 나라의 근본이라 선언했다. 그는 즉시 영토를 건네라고 제안한 관리들을 처형하고 아무 방비도 하지 않은 동호에 대해 재빨리 전방위적 공세를 취했다. 묵특의 기만에 속아넘어간 동호는 흉노 제국에 압도당해 편입되었다.

승리를 거둔 묵특은 서방의 강력한 월지 또한 격파했다. 연전연승을 거둔 흉노-훈인은 진나라에 빼앗긴 남쪽의 모든 영토를 되찾는

데 나섰다. 북방에서 묵특은 혼유渾庾와 정령 등의 부락들을 성공적으로 정벌했다. 역사상 처음으로 내륙아시아 동부의 모든 세력이 하나의 제국의 깃발 아래 통합된 것이다. 사마천은 흉노의 군주와 관리들이 묵특의 현명함과 유능함을 알아차리고 완전히 복종했다고 기록했다. 또한 흉노 군대는 30만 명까지 규모가 확대되어 한나라의 강력한 군대에 대적했다.

묵특은 서기전 200년 백등산 전투에서 근래에 한 제국을 세운 고조高祖의 군대를 포위했다. 고조는 굴욕적인 조건으로 자유를 사야 했는데, 그는 딸 가운데 하나를 흉노 선우의 첩으로 내줘야 했다(그는 친척을 딸이라 속여 흉노에 보냈다). 한나라는 또한 비단과 술, 곡식과 식량으로 구성된 연공을 선우에게 바치며 북방의 강력한 적수를 달래야 했다. 실질적으로 한 제국은 흉노 제국의 선의에 기대야 하는 조공국이 된 것이다. 한고조가 죽자 묵특은 그의 아내 여태후呂太后에게 자신의 아내 중 한 명이 되라는 모욕적인 편지를 보냈다. 태후는 분노하여 관리들에게 흉노에 대한 원정을 준비하라 명했다. 그의 공격적인 발언에 한나라 관리들은 지혜롭고 강력한 고조마저 흉노를 격파하지 못하고 백등산에서 큰 실패를 경험했다고 답했다. 태후는 이를 받아들여 겸손한 편지를 선우에게 보내, 자신은 너무 늙고 병들어 선우의 아내가 되기에 적합하지 않다며 너그러이 봐달라고 요청했다. 그녀는 선우에게 한나라가 잘못한 것이 없음을 상기시키며, 흉노 황제에게 이를 살펴달라고 애원했다.[35]

이후 한문제漢文帝 재위(서기전 179~157) 초기에 묵특은 또 한번 월지에게서 결정적인 승리를 쟁취하고 타림 분지(오늘날 신장)와 오손국烏孫國(오늘날 카자흐스탄 동부)을 포함한 서역 26개국을 정복했다. 한문제는 흉노가 너무 강력하다는 판단 아래 한고조와 여태후의 예를 따라 조공 지불을 재개했다.[36] 묵특은 서기전 174년에 죽었고 제위는 별다른 정치적 분란 없이 아들 노상老上(본래 이름은 계육稽粥)에게 이어졌다. 흉노에 대한 그의 영향력과 권위를 알 수 있는 대목이다.

35년 동안의 재위에서 묵특 대제는 흉노 제국을 창건하고, 흉노의 행정 체제를 재조직했으며, 국토를 크게 확장했는데, 이제 그의 제국은 그 유명한 알렉산드로스 대왕의 제국보다도 커졌다. 또한 묵특은 그에 못지않게 거대한 중화 제국을 복속시켜 조공국으로 전락시켰다. 여러 면에서 묵특은 알렉산드로스에 비견할 만하지만, 어쩌면 정복의 범위 측면에서는 그를 능가했을지도 모른다. 두 군주 모두 권좌를 차지하기 위해 아버지(두만과 필리포스)를 암살했다는 의심을 받았다는 점에서도 비슷하다. 그러나 묵특은 훨씬 능숙한 정치인이자 행정가였다. 알렉산드로스가 죽은 직후 그의 제국은 붕괴했지만, 묵특의 흉노-훈 제국은 이후 묵특의 직계 후손의 통치 아래 400년은 지속되었다. 알렉산드로스의 죽음은 제국의 종말을 가져왔을 뿐만 아니라 왕가의 절멸로 이어졌다.

묵특이 죽은 뒤 그의 유산은 그가 직접 선택한 후계자 노상 선우에게 이어졌다. 노상 시대 흉노는 서기전 162년에 재차 월지를 격파하고 패배한 월지왕의 두개골을 술잔으로 만들었다.[37] 이미 서쪽으로 예티수 지방(오늘날 카자흐스탄 동부)까지 밀려났던 월지는 더 서쪽인 박트리아까지 도망쳐야 했다. 박트리아는 알렉산드로스 휘하 그리스인과 마케도니아인이 오늘날 우즈베키스탄과 아프가니스탄에 세운 후계 국가였다. 흉노 황제는 오늘날 카자흐스탄과 키르기즈스탄에 해당하는 새로운 정복지를 월지와의 전쟁에서 활약한 오손에게 주었다. 흉노 제국 남부의 중국인들은 경탄의 눈으로 흉노를 바라보았고 서기전 134년까지 거의 70년 동안 처음에는 묵특에게, 그 다음으로는 노상, 마지막으로 군신軍臣 선우에게 연공을 바쳤다.

그러나 더 호전적인 무제武帝('무력' 황제)가 서기전 141년에 한나라 황제로 즉위하면서 소위 흉노에 대한 화친 정책은 재고되었다. 서기전 134년 한무제는 군신 선우와 흉노 군대를 매복 공격으로 격파하려는 계획을 세웠다. 그러나 이 계획은 실패했고, 5년 뒤인 서기전 129년에 흉노 제국과 한 제국 사이에 전면전이 벌어졌다. 이 전쟁에서 특기할 점은 한나라 군대가 처음으로 강력하고 재빠른 흉노 군대에 대적했을 뿐만 아니라 (대체로 값비싼 피로스의 승리이긴 했으나) 흉노 군대를 각개 격파하는 데에도 성공했다는 것이다. 한나라는 묵특 이후 처음으로 흉노 체제에서 발생한 정치적 분란을 틈타 흉노에게 잃었던 영토를 탈환하고 서쪽으로 더욱 확장을 시도했다. 흉노 제국과 한나라 사이의 전쟁이 일어난 지 얼마 되지 않은 서기전 126년에 군신 선우가 죽었다. 군신이 죽은 뒤 그의 동생 이지사伊稚斜가 군신의 후계자 좌현왕 어단於單을 몰아내고 권좌에 올랐다.

이지사에 패배한 어단은 한나라에 항복했고, 무제는 흉노의 내전을 십분 활용해 두만 선우가 약 1세기 전에 탈환한 오르도스 지방을 다시 점령했다. 이지사 선우의 찬탈이 초래한 영향은 여기서 끝나지 않았다. 감숙 지방(서중국의 일부)에 있던 흉노 부왕들은 한나라 군대의 침공에 패배한 뒤 분노한 이지사 선우의 처벌을 받느니 한나라에 항복하는 쪽을 택했다. 주요 흉노 왕공의 배반은 흉노 귀족층의 균열을 보여주는데, 그 원인은 틀림없이 이지사의 찬탈이었을 것이다. 두 제국은 이후 거의 1세기 가량 일진일퇴의 전쟁을 벌였고 서기전 60년 한나라는 결국 흉노를 격파하여, 일시적이지만 타림 분지를 완전히 장악했다. 긴 전쟁 동안 흉노가 당한 패배는 오손 등 복속 집단의 반란으로도 이어졌다. 서기전 72년 오손은 서쪽에서 흉노를 성공적으로 약탈했다. 이듬해인 서기전 71년 북쪽의 정령부터 동쪽의 오환烏桓까지 복속 집단들이 오손에 가담해 흉노는 전방위적 공세에 노출되었다.

복속 집단에 대한 흉노의 통제가 붕괴한 데에는 흉노 중앙 정부 내부의 지도력 위기와 제국 내에서의 지방 분권주의의 성장이 있었다. 서기전 114년부터 서기전 58년까지 흉노 제국에는 선우가 여덟 명이나 즉위할 정도로 평균 재위가 짧았고, 이 가운데 겨우 두 명만이 10년 이상 권좌를 유지했다. 때때로 지방의 권력 투쟁까지 야기하는 궁정의 파벌 갈등은 내부 반란을 진압하고 남쪽에서 치고 들어오는 한나라의 공격을 저지해야 하는 중앙 정부의 능력을 약화시켰다. 초기 흉노 선우들의 제위가 아버지에서 아들에게 이어지는 장자 상속의 원칙은 집권 중인 선우의 강력한 권위를 보여주는 척도였으나, 초원 사회에서는 굉장히 낯선 전통이었기에 이후 초원의 전통인 적임자 계승제도(태니스트리tanistry)와 방계 계승과의 경쟁에서 밀려났다. 서기전 57년 제위 계승을 둘러싼 분쟁에서 다섯 명의 제위 주장자가 출현했는데 이들 모두가 선우의 칭호를 사용했다.

서기전 54년이 되자 다섯 명의 경쟁자 가운데 북쪽의 질지郅支와 남쪽의 호한야呼韓邪 둘만이 살아남았다. 질지의 심한 압박에 견디다 못한 호한야는 제위 계승의 가능성을 높이기 위해 상상도 못할 방책을 실행에 옮겼다. 바로 한나라에 항복해 중화 황제의 봉신이 되는 것이었다. 그리하여 과거 한나라 황제가 실질적으로 흉노 선우의 봉신이었던 것과 정반대의 상황이 펼쳐져, 이제 흉노 통치자가 한 황제보다 낮은 자리로 내려앉게 되었다. 호한야는 한나라의 수도 장안으로 직접 가서 한 황제에 복종했고, 그 대가로 질지에 대적할 수 있는 막대한 금전적·군사적 지원을 얻어냈다. 서기전 36년 호한야가 이끄는 흉노-한 연합군은 질지를 완전히 격파했다. 질지의 추종자들은 패배한 군주를 따라 서쪽의 강거(오늘날 우즈베키스탄)까지 갔으나, 질지는 그곳에서 비극적인 최후를 맞이했다.

그러나 흉노-훈의 굴욕은 항구적이지 않았다. 호한야가 한나라에 굴복한 지 40년 뒤에 왕망王莽이 한나라를 멸망시키고 잠시 지속될 신新나라를 세운 것이다. 한나라 부흥 운동이 즉각 전개되어 중국은 내전의 구렁텅이로 빠져들었다. 흉노는 이 기회를 활용해 동쪽의 오환 등 반기를 들었던 집단들에 대한 통제를 다시 확보하고 서쪽으로 영토를 넓혀 타림 분지 등을 탈환했다. 부활한 흉노는 한나라에게 묵특 시대에 누렸던 것과 같은 조건을 요구하며 한과 흉노 사이의 복속 관계가 다시 뒤집어져 선우가 한나라 황제의 위에 있어야 한다고 주장했다.

흉노-훈인들에게는 안타깝게도 그들의 긴 역사에서 이 시기는 흉노 엘리트층 사이의 분열이 극에 달해 국가가 둘로 쪼개지는 때였다. 서기 46년에 포노蒲奴는 제국 북부에서 자신이 선우라 선언했으나,

남부에서 떨어져 나온 8개 부락의 귀족은 또 다른 제위 주장자 비比를 선우로 내세웠는데, 비는 호한야와 마찬가지로 중국의 도움으로 북방의 경쟁자와 대적하고자 했다. 이때의 북흉노와 남흉노의 분열은 항구적인 것이 되었다. 서기 50년에 비는 아들을 새로 살아난 한나라의 수도 낙양으로 보내 한 제국에 흉노가 복종한다는 뜻을 보였다. 그의 남흉노 집단은 실제로 중국령으로 들어가 중국인의 동맹군이 되었는데 이는 이 책의 나중에 등장하는 게르만계 프랑크인들이 서기 5세기 초반에 서로마 제국의 국경을 지킨 것과 유사한 모습으로 한나라와 흉노 제국 사이의 변경을 지켰다. 중국 내에 있던 남흉노의 후예들도 흉노의 정체성을 끈덕지게 지켜내며 미래에 있을 영광에 대비했다.

그러나 이들의 친척이자 흉노 제국의 전통적 중심지인 몽골고원에 머무르던 북흉노는 손쓸 도리 없는 문제를 마주했다. 오늘날 내몽골 이남을 남흉노가 중국의 지원 아래 영구적으로 차지한 것이다. 서기 73~74년에 중국인들은 북흉노에게서 타림 분지와 서역의 영토도 강탈했다. 북방의 정령은 또 한번 반기를 들었다. 그러나 동쪽에서 발흥한, 몽골계 조상으로 보이는 선비鮮卑야말로 가장 큰 위협이었다. 선비(초기중고한어음으로는 새르비särbi라 읽었다)는 흉노에 복속한 집단이었으나, 이제 중국과 동맹을 맺고 옛 종주국에 대적해 왔다. 서기 87년에 선비는 북흉노를 대대적으로 격파하여 재위 중인 선우의 목을 베었다. 그러자 58개 흉노 부락이 한나라에 투항했다.

사면초가에 몰린 북흉노의 재앙은 끝나지 않아, 서기 89년에는 한나라 장군 두헌竇憲이 몽골고원에서 선우를 격파하고 흉노의 고위

범례	
———	기원전 2세기 흉노/훈 제국의 최대 영토
- - - -	서기 4세기 초 남흉노(한漢-조趙) 제국
◯	3세기 북흉노의 위치
▢	속국
▭	오늘날의 국경

흉노/훈 제국

귀족과 병사 1만 3000명을 죽였다. 약 81개 흉노 부락, 20만 명이 이 사건으로 한나라에 항복했다. 고작 2년 뒤인 서기 91년에 알타이 산 맥 남쪽에서 또 한번 흉노인들은 패배해, 흉노 제국과 몽골고원 및 타림 분지에 대한 지배도 실질적으로 끝이 났다. 중국의 기록에 남 겨진 최후의 북흉노 선우는 카자흐스탄 동부의 일리 방면으로 후퇴 했다. 이것이 내륙아시아에서 흉노의 끝은 결코 아니었고, 흉노는 알타이 지역(내륙아시아의 중심으로 오늘날에는 몽골 공화국과 중국, 카자 흐스탄, 러시아로 나뉘어 있다)에서 3세기 중반까지 남아있다가 중국 의 사료《위략魏略》에서 다시 등장하게 된다. 그러나 몽골고원과 초원 동부에서 이들이 지녔던 패권은 이제 선비의 손에 들어갔다. 이후 2세기 동안 알타이 지역의 흉노-훈 사람들은 북동쪽과 북서쪽에서는 튀르크계 정령에, 서쪽에서는 강거에, 동쪽에서는 선비에, 남서쪽에서는 오손에 포위된 형국이었다. 상대적으로 긴 시간을 버텨내며 잊힌 뒤에야 이들은 강력한 훈Hun이라는 이름으로 역사에 다시 등장한다.

흉노 선우와 흉노 역사의 주요 사건

1. 두만頭曼(서기전 240~209?)

2. 묵특冒頓(바가투르. 서기전 209~174)

3. 노상老上(서기전 174~161)

4. 군신軍臣(서기전 161~126)

5. 이지사伊稚斜(어단으로부터 '찬탈', 서기전 126~114 집권)

6. 여덟 선우의 시대(서기전 114~58. 흉노 제국 체제의 쇠퇴)

7. 흉노 내전, 다섯 선우의 시대

8. 질지郅支(북흉노, 서기전 55~36)와 호한야呼韓邪(남흉노, 서기전 58~31. 중국의 지원을 받은 최종 승자)

9. 일곱 선우의 시대(서기전 31~서기 46)

10. 흉노 제국 분열, 포노蒲奴의 북흉노와 비比의 남흉노

11. 기록상 마지막 북흉노 선우가 서기 94~118년경 집권

12. 흉노 제국의 해체, 북흉노는 주로 알타이 지방에서 서기 4세기까지 거주, 남흉노는 중국령 오르도스에 거주

남흉노와 선비의 중국 정복

서기 91년 흉노 제국이 붕괴한 뒤 동부 초원에서 흉노-훈 사람들이 지녔던 수위권은 선비의 손에 넘어갔다. 그러나 선비는 흉노와 달리 동부 초원의 모든 부락을 연합해 초부족적인 원시 국가체를 만드는 데는 실패했다.[38] 카리스마 넘치는 지도자 단석괴檀石槐(141~181)가 있을 때 잠시 선비는 흉노와 비슷한 제국을 이루었을 뿐이었다. 단석괴는 북쪽에서 정령, 동쪽에서 부여扶餘, 서쪽에서 오손을 격파하고, 남쪽의 한나라를 견제하며 거의 전성기의 흉노 제국을 연상케 하는 행보를 보였다. 그가 죽은 뒤 선비 제국은 다시 소규모 집단으로 분열되었으나, 이들은 남흉노나 북흉노가 다시 돌아오거나 중국이 북쪽 국경을 영구히 지배하는 것을 막을 정도의 힘은 지니고 있었다.

북쪽과 동쪽에서 선비와 오환, 남쪽에서 중화 제국 사이에 끼인 남흉노는 서기 2세기에는 영향력을 거의 확장하지 못했다. 그러나 상황은 서기 3세기 들어 반전되기 시작했다. 서기 3세기 초에 한 제국이 서로 전쟁을 벌이는 세 왕국으로 분열되면서 중국 북부 대부분이 무정부 상태에 접어들었다. 남흉노는 규모와 영향력 모두 성장했는데, 이것이 북중국에 새로이 위魏나라를 세운 군벌 조조曹操의 이목을 끌었다. 조조는 흉노를 견제하기 위해 서기 216년에 남흉노 선우를 낙양에 인질로 잡아두고, 선우가 부재한 흉노는 선우의 형제인 우현왕右賢王이 다스리게끔 했다. 또한 남흉노를 다섯 개의 부로 나누었으며 각 부에는 각기 다른 지배자와 중국인 감독관을 두게 하였다.

흉노가 오랫동안 중국의 변경에 체류했음에도 남흉노의 제국적 면모가 존재하고 여전히 기능하고 있다는 사실은 중국 정권의 골칫 거리였다. 앞서 언급한 조치는 흉노가 독립적으로 행동할 여지를 억제하고 흉노의 인력을 조위 정권이 내전에서 쉽게 활용하기 위한 것이었다. 곧 사마司馬씨의 진晉나라가 조씨 위나라를 대체하고 서기 3세기 중반에 중국을 다시 통일했다. 그러나 낙양에 흉노 선우를 인질로 두는 정책은 실효성이 없는 것으로 판명되었고, 중국인 관리들의 굴욕적인 대우는 흉노-훈인들에게 참을 수 없는 분노를 불러일으키며 서기 4세기 초반에 끔찍한 복수의 무대를 야기했다. 서기 292년 이후 진나라는 내전으로 심각하게 약화되었고, 흉노는 이 기회를 이용해 중국의 멍에를 벗어던지고 폭주하기 시작했다.

서기 304년 묵특 선우의 직계 후손인 유연劉淵의 통치 아래 있던 남흉노는 중국으로부터 독립을 선언했고, 어린 시절 인질로 진나라 궁전에서 지내 중국의 관습에 익숙했던 유연(이제 대선우大單于라는 칭호를 사용했다)은 자신이 흉노의 통치자인 동시에 중국의 옛 왕조 한나라의 적법한 후계자라 주장했다(그는 한 황실 공주의 후예이기도 했기 때문에 한나라 황제들의 성인 유劉를 자신의 성으로 채택했다). 서기 308년에 5만 명이 넘는 흉노 군대를 거느린 유연은 중화 황제로 즉위, 오호五胡(다섯 오랑캐)의 '16국' 시대를 열었는데, 이 시기는 초원 내륙아시아의 정치 전통과 중국의 행정 전통이 합성된 독특한 시기로, 이후의 중세 수당 제국의 제국 체제로 발전하게 되었다.

유연은 타고난 군사적·정치적 재능을 이용해 핵심 흉노뿐만 아니라 갈羯(흉노와 밀접한 관련이 있는 부部로, 흉노의 한 갈래로 여겨진다)의 석륵石勒 등을 비롯해 다른 '호胡'의 귀인들이나 왕미王彌 등 중국인 이탈 군벌의 지지를 얻어냈다. 이 부하들과 아들이자 뒷날에 최종 후계자가 될 유총劉聰 등의 도움으로 유연은 오늘날 산서성山西省의 대부분을 장악하고 진나라의 수도 낙양에 수차례 공세를 퍼부었다. 유연은 남흉노가 진나라에 최종적인 승리를 거두기 1년 전에 죽었다. 서기 310년에 유연이 죽은 뒤 장남 유화劉和가 뒤를 이었으나, 일주일이 채 안 돼 유총의 반란으로 실각했다. 유총은 흉노 제위를 힘으로 차지한 뒤 낙양에 대한 공세를 이어나가 서기 311년에 마침내 점령을 완수했다. 진나라 회제懷帝는 포로가 되었고 중화 제국의 수도는 불타올랐다. 유총은 사로잡은 황제를 회계공會稽公으로 봉했다. 중화 제국은 완전히 몰락했고 흉노는 중국인의 아래에서 200년 가까이 당했던 굴욕에 대한 복수를 마쳤다.

낙양이 멸망하고 5년 뒤인 서기 316년에 흉노는 진나라의 두 번째 수도인 장안을 점령하고 민제愍帝를 사로잡았다. 서기 311년에 사로잡힌 황제가 그러했듯, 그는 회평후懷平侯라는 굴욕적인 작위를 받았다. 두 진 황제는 흉노 황제를 집사처럼 보필해야 하는 굴욕을 견뎌냈으나 결국 처형당했다. 나머지 진 황가는 남쪽의 양자강 지역으로 도망쳐 소위 망명국가 동진東晉을 세웠다. 서부는 전량前涼의 통제를 받고 북동부는 선비의 통제를 받았던 감숙성을 제외하면, 동부 감숙성에서 산동성山東省까지 북중국 전체가 이제 흉노의 통치를 받게 되었다. 이전의 그 어떤 선우도 해내지 못한, 중국의 실질적 정복이라는 업적을 성취한 유총은 서기 318년에 죽었다.

그러나 북중국의 흉노 제국은 극도로 불안했는데, 이는 주로 흉노 지배층 엘리트 내부의 격렬한 불화 때문이었다. 유총의 뒤는 아들 유찬劉粲이 이었다. 그러나 유찬은 즉위 직후 장인이자 장군인 근준靳準의 손에 암살되었고, 또한 근준은 황족 대다수를 학살했다. 암살당한 흉노 황제의 친척이었던 유요劉曜는 같은 해 갈부 군벌 석륵의 지원을 받아 제위를 회복했다. 근준의 씨족과 그 지지자들은 반란을 일으킨 죄로 도륙당했다. 그리하여 질서가 다시 섰다. 그러나 이 피비린내 나는 사건 이후 흉노 국가는 흔들리기 시작했다.

유요는 흉노의 수도를 남쪽 장안으로 옮기고 서기 319년에 중국어식 국호를 한漢에서 조趙(세칭 전조前趙)로 변경했는데, 이는 아마도 한나라와의 연관성보다는 흉노 왕조의 기원을 강조하기 위한 것이었으리라고 추정된다. 그러나 불과 얼마 전에 흉노 궁정에서 벌어진 숙청은 흉노 중앙 정부의 통제력을 약화시켰다. 갈부의 석륵은 동부에 흉노-갈 국가를 세워 이탈하기 시작하더니, 곧 후조後趙를 세우고 독립했다. 서기 329년에 석륵과 유요는 북중국의 패권을 두고 결정적인 전투를 벌였다. 유요는 패배했고, 과거 흉노 연맹의 서방 복속 부락이었을 것으로 보이는 석石씨의 갈羯부(이들은 코카소이드 특징을 띠어 짐작컨대 몽골로이드 특징이 강했던 남흉노 제국의 핵심 흉노/훈 집단이나 중국계 주민들과 대조되었을 것이다)가 대두했다.

석륵과 갈부는 다른 흉노계 집단들과 외형적으로 차이를 보였을 뿐만 아니라 점령한 중국계 백성을 다스리는 방식에도 차이가 있었다. 흉노의 유씨는 중국의 관습을 이해하고 토착민들을 상대적으로 온전하게 보존하고자 했다. 석륵과 갈부에 대한 적대적인 기록을 오롯이 받아들인다면 이들은 행정적 필요성을 무시하고 대체로 잔혹하고 제멋대로인 통치로 악명 높았다. 석륵의 먼 친척인 석호石虎(재위

334~349)는 호인의 야만성과 잔인함의 대명사가 되었다. 그의 재위에 대한 기록을 읽으면(설사 그 일부만이 정확하다 할지라도) 블라드 드러쿨레아Vlad Drǎculea의 행적을 다룬 공포 소설*은 약과로 느껴질 정도다. 이 같은 극악무도한 폭정을 견디지 못한 한인들의 저항은 염민冉閔이란 인물을 통해 발산되었다. 아이러니하게도 이 염민은 석씨에 입양된 토착 중국인으로 추정된다. 서기 349년에 권력을 장악한 그는 중국에 사는 모든 호인, 특히 갈인에 대한 대량 학살을 실행했다. 이로 인해 거의 20만 명의 호인이 남녀노소, 종족에 관계없이 학살당했다. 특히 콧대가 높고 수염이 풍성한 사람들이 학살의 대상이 되었는데, 이는 갈부의 종족을 나타내는 척도로 여겨졌기 때문이다. 이러한 특징을 지녔던 많은 중국인들 또한 갈인들과 함께 도살당했다.

서기 350년 염민은 신생 대위人魏를 세움으로써 반세기 가량 지속된 흉노의 북중국 통치를 종결시켰다.[39] 후조의 마지막 통치자 석지石祇는 이듬해까지 염민에 저항했으나, 서기 351년에 휘하 장수 유현劉顯에게 살해당했다. 모용慕容씨가 이끄는 선비의 국가 전연前燕과 저氏의 국가 전진前秦이 빠르게 북중국에 있던 흉노의 옛 땅을 차지했다.[40] 염민의 학살에서 살아남은 흉노는 북쪽의 고향인 오늘날 내몽골로 도망쳐 돌아가거나 선비와 저氏에 항복했다.

그러나 중국에서 훈 집단의 이야기는 여기서 끝나지 않았다. 북중국에 남은 흉노 잔당의 지도자 유위진劉衛辰은 저氏의 황제 부견苻堅의

• 블라드 드러쿨레아는 블라드 체페슈Vlad Țepeș라고도 불리는 인물로, 헝가리의 지원을 받아 오스만제국에 대항한 왈라키아의 공작이다. 그의 별명 드러쿨레아에서 흔히 알려진 흡혈귀의 대명사 드라큘라가 창작되었다.

주요한 속신이었다. 부견이 잠시 북중국을 통일하여 세운 전진前秦 제국이 서기 380년대에 붕괴하자 유위진은 내몽골 황하 이남에 건설된 독립 흉노 왕국의 실질적인 통치자가 되었다. 그러나 갓 태어난 그 국가는 선비의 왕 탁발규拓拔珪의 공격을 받아 완파당했다. 오직 유위진의 아들 유발발劉勃勃만이 탁발규에 의한 흉노 왕가 학살에서 살아남았다. 구원의 기회는 서기 407년, 강羌이 세운 후진後秦(중국티베트어족의 언어를 사용한 왕조로, 중심지는 장안이다)의 통치자 요흥姚興이 유발발을 장수로 기용하면서 찾아왔다. 후진이 아버지를 살해한 탁발 선비와 평화 조약을 맺자, 유발발은 후진에서 떨어져 나와 오늘날 영하회족 자치구(흉노/훈의 고향 오르도스 인근)에 하夏를 세우고 스스로 천왕天王, 즉 하늘의 왕이라 선언했다.

유발발은 그 뒤에 흉노어로 보이는 혁련赫連으로 성씨를 바꾸었는데, 자신의 아래에 있던 모든 이들을 배신한 극도로 잔혹하고 폭력적인 통치자라고 기록되었다. 그러나 이런 부정적인 서술은 혁련발발이 죽은 뒤 북중국을 장악한 최대의 적 탁발 선비의 반혁련·반흉노 프로파간다와도 연관이 있을 것이다. 서기 415년 혁련발발은 오늘날 감숙성을 중심으로 서량까지 지배한 저거沮渠씨의 북량北涼과 동맹을 맺었다. 저거씨는 혁련발발과 마찬가지로 본래 흉노인이었으므로, 북중국의 두 흉노 국가가 동맹을 맺는 것은 자연스러운 일이었을 수도 있다. 서기 417년 혁련발발은 중국의 동진으로부터 제도帝都 장안을 빼앗았는데, 100년 전인 316년에 그의 조상이 걸었던 길을 그대로 따랐다고 해도 좋겠다. 장안을 차지한 혁련발발은 북중국의 절반 가량을 장악하며 스스로 제위에 올랐다.

그러나 중국에서 흉노 제국의 부활은 서기 4세기에 한-조 흉노 제국과 마찬가지로 단막극으로 끝났다. 서기 431년에 혁련발발의 흉노 제국은 탁발 선비에 의해 멸망했다. 8년 뒤인 서기 439년에 동아시아 최후의 흉노/훈계 국가, 흉노 저거씨의 북량 왕국도 탁발 선비의 손에 쓰러졌다. 이제 선비는 북중국 전체를 손에 넣어 오래 지속될 북위北魏 제국을 세웠다. 북량의 저거씨는 서쪽으로 도망, 신장 동부의 고창高昌에서 서기 460년까지 흉노의 통치를 이어나갔다. 이 흉노 소왕국은 흉노-훈 잔당과 선비, 그리고 어쩌면 오환까지 함께 뒤섞여 몽골고원에 성립한 유연柔然 제국에 합병되었다.

남흉노는 1세기 후반 흉노 제국의 멸망이나 서기 4세기 중반 한-조 흉노 국가의 파멸과 함께 사라진 집단이 아니었다. 정치체로서의 흉노가 서기 5세기 중반까지 동아시아에서 생존해 있었음에도 불구하고 사서에서 그 장기적인 지속성과 끈기가 거의 언급되지 않았을 뿐이다. 중국인과 함께 거의 300년을 지내면서도 동방의 흉노는 자신만의 독특한 정체성을 지켜냈다. 이 책의 후반에서도 보겠지만, 유럽의 훈 역시 아틸라의 죽음 이후에 간단히 사라진 존재가 아니었다.

전통 중국 역사학에서 흉노-훈은 거의 일관되게 잔혹하고 오만한 오랑캐로, 이들의 중국 통치는 불법적인 데다가 순전히 파괴적이기만 했다고 묘사되었다. 중국 사서의 묘사는 현전하는 그리스·로마 사료나 현대 역사학에서 훈 집단에 대해 보이는 적개심과 놀랄 만큼 유사하다. 흉노의 존재는 정말 동서방 문명의 진보를 늦춘 그저 일탈이자 파괴적인 재앙에 불과했을까? 이런 단순한 묘사에는 명백한 결함이 있다.

본래 옛 흉노 제국에 복속했던 탁발 선비가 중국을 통일하고 북위 제국을 세웠을 때, 이 중국의 내륙아시아 정복자들은 옛 흉노식 정치 체제의 특징적 요소를 중국에 도입했다. 초원의 준봉건제 전통은 중국적 맥락으로 적용되어 '오랑캐' 군사 귀족들이 토착 관료들의 도움으로 다수의 중국인을 지배하는 체제를 빚는 데 도움을 주었다.* 뒤에서도 나오겠지만, 이런 현상은 아틸라와 유럽의 훈 집단의 또 다른 훈 제국에서 유래했던 정치체의 통치를 받았던 오스트로고트 Ostrogoth령 이탈리아와 프랑크령 갈리아의 경우에서도 확인할 수 있다. 약 150년 동안 내륙아시아 북위 황제들은 전형적인 초원의 방식으로 거의 850개의 분봉지를 군사 귀족과 왕공에게 분배했다. 엘리트 선비 귀족의 지배력을 보장하기 위해 이러한 영지의 4분의 3 이상은 종족적으로 탁발에 속한 귀족들에게 주어졌다.[41] 이와 아주 유사한 준봉건제가 서쪽으로 간 동방 내륙아시아인들의 친척이 유럽 및 중앙아시아와 남아시아에서 세운 훈이라 불린 내륙아시아 제국들에서도 존재했음을 이 책의 뒷부분에서 확인하게 될 것이다.

이후 북위는 동위東魏와 서위西魏로 갈라졌는데, 서위의 내륙아시아 통치 엘리트들이 바로 북주北周를 만들었고, 최종적으로 중국을 다시 통일하는 수隋(581~618)로 이어졌다. 수를 계승한 당唐(618~907)

• 다니가와 미치오谷川道雄는 흉노의 전조·후조, 선비 모용부의 전연·후연, 저의 전진, 강의 후진 등 여러 국가에서 종실宗室의 여러 왕이 각기 병권을 장악하고 있던 이러한 정치·군사체제를 종실적 군사봉건제宗室的軍事封建制라 표현했다. 다니가와 미치오, 전영섭 옮김, 〈탁발拓跋 국가의 전개와 귀족제의 재편〉, 《세미나 위진남북조사》, 서경문화사, 2005, 263~265쪽.

서기 4~7세기 중국의 주요 내륙아시아 및 비중국계 왕조들

흉노/흉계	선비(몽골)계	저氐(티베트버마어파?)	강羌(티베트버마어파?)	돌궐(튀르크)계
한漢 - 조趙 (304~329) 남흉노 유씨. 330~351년 갈부 석씨 (일명, 후조後趙). 중국인의 반란으로 전복.	**전연前燕** (337~370) 모용씨. 전진에 정복당함. **후연後燕** (384~409) 모용씨. 북위에 정복당함. **북위北魏** (386~535) 탁발씨. 북중국 통일.	**전진前秦** (351~391) 부견苻堅의 씨족. 북중국을 일시 통일했으나, 곧 해체.	**후진後秦** (384~417) 이들의 영토는 결국 혁련발발의 흉노 하夏 제국이 점령.	**당唐** (618~907) 이李씨. 통일 중화 제국을 통치. 튀르크계와 선비인, 양쪽 모두와 깊은 관련이 있음.
하夏 (407~431) 혁련씨. 북위에 정복당함. **북량北涼** (397~460) 저거씨. 439년 북위에 정복 당함. 고창의 잔당은 460년 유연이 정복.	**수隋** (581~618) 선비 우문宇文씨의 북주로 이어짐. 양씨. 양씨는 선비 귀족과 결혼 관계로 연결. 중국 전역을 통일.			

은 내륙아시아 전임자들에게 막대한 영향을 받았고, 실제로도 옛 내륙아시아 지배 엘리트들과 혼인으로 연결되어 있었다. 내륙아시아의 튀르크계 기병대는 이전의, 단명한 수나라가 붕괴한 뒤 중국을 다시 통일하는 과정에서 활용되었고,[42] 당 궁정의 (어쩌면 황제들도 포함해서) 강력한 귀족들은 튀르크어를 알았거나, 튀르크 군단을 지휘하는 튀르크인이 제국의 관리로 일했을 것이다. 따라서 내륙아시아 훈과 그 계승자들이 중화 제국에 준 충격은 아주 깊었다고 할 수 있다. 초기 내륙아시아가 중국에 미친 영향에 대한 학계의 심도깊은 조사와 분석은 아직 충분하지 않다.

흉노 고고학

흉노에 대한 완전한 고고학적 설명은 이 책의 범위를 벗어나지만, 최근 흉노 고고학의 발전이 흉노 사회에 대한 이해를 혁명적으로 바꾸고 있다는 점은 언급해도 좋을 것 같다. 발굴이 진행된 네 개의 흉노 무덤(이볼가Ivolga, 디레스투이Dyrestuy, 보르한 톨고이Burxan Tolgoi, 도돈자倒墩子, Daodunzi) 및 자바이칼과 몽골고원에 존재하는 수천 개의 무덤은 흉노 문화와 정치 조직, 경제에 대한 인식을 다시 빚어내고 있다. 흉노 고고학에 대한 가장 최근의 연구 모음으로는 우르줄라 브로세디Ursula Brosseder와 브라이언 밀러Bryan K. Miller가 편집한《흉노 고고학: 내륙아시아 최초의 초원 제국에 대한 학제적 접근Xiongnu Archaeology: Multidisciplinary Perspectives of the First Steppe Empire in Inner Asia》(2011)이 있다.[43]

고고학 기록이 보여주는 것은 흉노가 세간의 인식과 달리 목적 없이 '떠돌아다니는 유목민'이 아니라, 실제로 '방대한 영토와 다양한 지역을 포괄하는' 제국이었다는 점이다.[44] 이 제국 안에서 지배적인 요소는 지배 가문과 고위 귀족층이 속한 초원 목축민이었다. 그러나 목축은 훨씬 다채로운 흉노 경제의 한 단면에 지나지 않는다. 농경은 중요한 역할을 수행했는데, 이전에 배타적 또는 우선적으로 목축

이볼가에서 출토된 흉노식 청동 허리띠 고리 (우르줄라 브로세더 제공)

생활만이 이루어졌다 생각된 흉노 영토 내에서 실제로 농경용 도구들이 포함된 울타리를 두른 유적이 발견되었다. 사실 지금까지 20개의 성벽을 두른 취락이 흉노 영역 내에서 발굴되었다. 이 취락은 영구적인 장소였으며, 그 규모는 각기 다양하여 일부는 인상적인 규모를 자랑한다.[45] 또한 흉노는 상업에 매우 적극적이었는데, 흉노 묘구에서 발견된 부장품들은 중국산 철기와 옻칠 그릇, 남동쪽에서 온 직물, 멀리는 중앙아시아의 그리스 박트리아산 물품까지 망라한다.[46]

또한 최근의 연구들은 흉노가 단일한 인종 또는 종족으로 구성되었다는 오랜 편견도 깨부수고 있다. 우리가 마주하는 것은 다종족·다문화·다언어·다층적 사회와 다각적인 농경·목축 경제, 그리고 고도로 계층화된 정치 질서다.[47] 흉노는 하나의 제국적 정치체를 지칭하는 사회·정치적 이름임이 분명하며, 문화적 또는 유전적으로 단일한 집단을 지칭한다고 해석되어서는 안 된다. 이는 제국체를 가리키는 집단명으로, 그 속에는 다양한 종족 집단과 고고학적 문화가 포함되어 있었다.

2장

소위 '200년의 공백'

앞 장에서는 한때 강대했던 내륙아시아의 흉노-훈 제국이 북흉노와 남흉노로 분열되는 과정을 살펴보았다. 또한 남흉노가 차츰 오르도스로 남하하여 결국 북중국을 지배한 최초의 비중국계 '호胡' 집단이 된 과정도 들여다보았다. 남흉노의 여러 파벌 간의 정치적 분열 끝에 북중국 전체가 탁발 선비의 손에 넘어간 과정에 대해서도 논했다. 북흉노는 과거 속민이었던 선비에 의해 고향인 몽골고원에서 쫓겨났다. 흉노의 10만 호 가량은 새로운 선비 연맹에 통합되었는데, 이는 단순히 흉노가 '종족'으로서 멸절한 것이 아니라 같은 정치 사회 내에서 한 엘리트 집단에서 다른 엘리트 집단으로 정치적 권위가 이전되면서 부수적으로 발생한 것이었다. 어쨌든 선비는 흉노 국가/초기국가의 구성 요소였다. 선비의 통치 엘리트는 몽골어 사용자가 주류였던 반면, 흉노 엘리트는 튀르크어와 예니세이어를 사용했을 가능성이 높기는 하지만, 흉노는 앞서 설명한대로 정치체와 그 통치 엘리트를 의미했지 인종이나 종족적 개념이 아니었다. 서기 2세기 중반 즈음 흉노 엘리트의 일부 집단은 선비의 종주권을 받아들인 채 동부 초원에 남아 있었고, 타림 분지에도 흉노계 소국가가 있었다. 그러나 많은 역사학자가 보기에 북흉노 국가 본체는 서방의 어딘가에서 '사라졌다'.

서기 2세기 중반부터 그리스·로마 사료에 훈 집단이 등장하는 서기 4세기 중반 사이에는 훈에 대해 거의 알려진 것이 없는 약 200년 간의 공백이 존재한다고 여겨졌다. 왜냐하면 이 시기의 북흉노에 대한 중국의 기록이 아주 적어서 흉노와 후대의 훈 집단 사이를 이어줄 연결고리를 만드는 것이 불가능했기 때문이다. 다행히 중국 사료에 관한 최근의 연구는 이 '200년의 공백'에 대해 더욱 명확한 상을 그리고 있다. 북흉노는 정치체로서 절멸했던 것인가? 이들은 이 200년 동안 단순히 사라졌는가? 이들은 선비 같은 다른 정치체에 완전히 흡수당했는가? 그렇지 않았다.

서기 3세기 중반에 편찬된 《위략》은 이 시기의 흉노가 본래 중심지인 몽골고원에서 서쪽의 알타이 지역에 정치체로서 존재했음을 알려주는데,[1] 이는 종래 사료상 서기 2세기 중반 이후 200년 동안의 '공백'에서 첫 100년에 해당한다. 중국의 탁발 선비 국가 북위를 다룬 사서 《위서魏書》는 서기 5세기 유연(당시 몽골고원을 지배한 국가)의 서북 방면 알타이 부근에 흉노의 후예가 있었다는 정보를 제공한다.[2] 또한 이 사서는 서기 3세기에 이 흉노-훈 집단이 존재했던 분명한 지리적 정보도 알려주고 있다. 《위략》에는 (흉노가 위치한) 알타이에서 바로 남서쪽에 있던 예티수 지역(오늘날 카자흐스탄 동부)이 여전히 오손의 지배를 받고 있었고, 강거(오늘날 우즈베키스탄의 타슈켄트 인근)의 서쪽과 북쪽은 튀르크계 정령 부락의 영토라고 적혀 있다. 오손과 강거는 양한 시대 이후 영토가 확장되거나 축소되지 않았다고 한다.

그러나 중국 사료들은 서기 5세기에 이러한 지리 상황이 급격히 변화했음을 알려준다. 《위서》에는 본래 북흉노 선우의 부락이었던 열반悅般 흉노라 불리는 집단이 오손의 땅을 점령했다고 기록되어 있다.[3] 이에 따르면 북흉노는 한나라 군대에 패한 뒤 서쪽으로 도망쳤다. 그 가운데 약한 이들이 구자龜玆(오늘날 신장 중부 쿠차)의 북쪽에 남았다고 한다. 이후 흉노의 약한 집단이 오손을 정복하고 새로 열반국을 세웠다는 것이다. 흉노/훈의 더 강한 집단은 더 서쪽으로 향했다. 《위서》는 패배한 오손의 잔당이 5세기에 파미르에 있었다고 전한다.[4] 문헌 사료에 더해 고고학도 알타이 지역의 흉노/훈의 주류(즉, 열반 흉노와 다른 강한 흉노)가 3세기경 서쪽, 즉 오늘날 카자흐스탄 북부 혹은 북동부와 이르티슈강 및 오비 지역 중부(서부 시베리아)의 튀르크계 정령 부락들을 흡수하기 시작했음을 보여준다.[5] 이 지역은 유럽의 훈 집단과 중앙아시아의 훈 집단이 각기 유럽과 소그디아나로 나아가기 시작한 지역과 일치한다. 《위서》는 중앙아시아의 백훈 집단이 알타이 지방에서 발원하여 서기 360년 즈음에 중앙아시아로 옮겨갔고,[6] 같은 시기에 유럽의 훈 집단이 될 존재도 유럽 방면으로 움직이기 시작해 알란 집단, 그리고 나중에는 고트 집단과 접촉했음을 확인시켜 준다.

단석괴의 선비에게 당한 흉노-훈 집단의 패배가 북흉노를 절멸시키지는 못했다. 현전하는 사료는 오히려 흉노-훈 집단이 알타이 지방에서 살아남았고 그 뒤에 중앙아시아로 진출했다고 말한다. 《위서》

에는 구체적으로 서기 5세기 소그디아나의 통치자들, 즉 백훈 집단이 흉노 출신이라고 기록되어 있다.[7] 이 지방은 온나사溫那沙라 불렸는데, 초기중고한어로는 '훈의 왕'이라는 뜻의 후나샤Hūnašah *라고 발음했을 것이다.[8]

서기 5세기 중국의 사료인 감인闞駰의 《십삼주지十三州志》(현전하지 않으나 적어도 437년에 《송서宋書》 98권에서 그 존재가 확인됨)는 소그드 상인들의 정보를 바탕으로 (비슷한 시기인 439년에 북중국의 탁발위가 북량을 멸하면서 흉노-훈인들이 3세대 전에 이들을 정복했음을 알게 된) 유럽의 알란과 소그드가 각기 다른 지배자 아래에 있었다고 기록했다. 풀리블랭크가 지적했듯이 이를 명확히 기록한 것은 두 종족이 같은 군주의 지배를 받았다는 당대 사람들의 공통적인 오해가 있었음을 암시한다. 고작 10년 이내에 두 종족이 훈이라는 유사한 통치 집단에게 정복당한 것을 감안하면 이해 못 할 바는 아니다.[9] 따라서 문헌 사료는 유럽과 중앙아시아의 훈이 몽골고원의 흉노와 정치적으로 (어쩌면 종족적으로도) 동일하다는 점을 강력하게 뒷받침한다.

훈이 상대적으로 알려져 있지 않은 상태로 알타이 지역에서 머물렀던 서기 4세기에 내륙아시아의 다른 집단들은 후일 훈이 정복할 유럽, 페르시아, 인도에서 번성하고 있었다. 훈은 제국을 세우는 과정에서 이들 내륙아시아 집단들의 세련된 정치와 문화를 흡수했는데, 이러한 요소는 흉노/훈 정치 모델의 복잡성과 정교함을 더욱 강화했

* 사마르칸트의 키다라 왕조 군주는 박트리아어로 기록된 인장에서 후난 샤hūnān šā라는 칭호를 사용했는데, 온나사는 이를 옮긴 표현인 듯하다.

다. 여기에 '원시적인' 유목민 훈족이 '낙후된' 초원에서 출현했다는 편견이 설 자리는 없다. 서기 2세기에서 4세기 사이 내륙아시아는 원시적이거나 낙후된 것과는 거리가 멀었다. 실제 이 지역은 유라시아 문명의 교류와 교역의 중심지였음이 분명하다.

서기 2세기와 3세기 중앙아시아에는 쿠샨 제국이 있었는데, 이들의 영역은 타림 분지(당시 흉노/훈이 머무르던 알타이 지방의 남쪽)에서 북인도까지 이르렀다. 이 강력한 제국은 박트리아(오늘날 북아프가니스탄)의 대월지大月氏의 다섯 개 부가 세운 것이었다. 이들은 앞 장에서 보았듯이 본래 토하르계 또는 이란계 초원민으로 서기전 162년 즈음 흉노 제국에 의해 신장과 감숙 지역에서 쫓겨났다. 중국 사료 《한서》에서는 이들이 서쪽으로 이주하는 과정에 대해 짤막하게 언급한다.[10] 흉노에게 패한 월지는 오늘날 동부 카자흐스탄에 해당하는 색塞(사카)[11]의 영토로 밀려났다. 추방된 사카 집단은 알렉산드로스 대왕의 계승자들이 오늘날 우즈베키스탄과 아프가니스탄에 세운 그리스 박트리아 왕국으로 흘러 들어갔다.[12] 월지의 진출로 사카는 파르티아와 시스탄Sīstān(이들이 동이란에 정착하면서 '사카의 땅'을 뜻하는 사카스타나Sakastāna라는 이름이 붙었고 발음이 변화해 시스탄이 되었다), 심지어 파키스탄과 인도까지 밀려났다. 사카를 향한 월지의 서진은 동쪽의 흉노-훈의 활동으로 인한 것이었다. 흉노의 속민 오손은 월지에게 뼈아픈 패배를 안겨주었고, 약화된 월지는 사카의 정착지인 박트리아로 다시 이동할 수밖에 없었던 것이다.

박트리아에 정착했을 당시 월지에는 다섯 명의 지배자가 있었다. 그러나 이들 다섯 '야브구Yabġu'(왕)[13] 가운데 귀상貴霜/쿠샨Kušān부의 야브구가 결국 최고 군주로 등극했다. 이 쿠샨 왕조 아래에서 월지 국가는 남부 중앙아시아 대부분과 남아시아 일부 지역을 지배하게 되었다. 이 책에서 쿠샨 왕조 역사를 자세히 다룰 수는 없지만, 쿠샨의 정치 관행과 흉노/훈의 정치 관행이 유사했다는 사실만큼은 짧게나마 짚고자 한다. 많은 역사가들이 훈 제국이 정치적으로 정교했을 가능성을 일축해버리는 이유는, 설사 훈이 곧 흉노라 할지라도 서기 2세기 중반과 4세기 사이 200년의 공백으로 인해 훈 제국이 과거 흉노 제국의 정치 모델을 모방하기 어려웠을 거라는 (잘못된) 믿음 때문이다.

그러나 이런 추정은 후일 훈 제국이 출현하게 되는 중앙아시아의 2세기와 4세기 사이 초원민들이 보유했던 정치 체제를 검토하면 도저히 옹호할 수가 없다. 위에서 언급한 쿠샨 제국의 정치 제도는 이전의 흉노나 이후의 훈 모델과 매우 유사하다. 흉노와 마찬가지로 월지는 다섯 왕이 함께 집권했을 때, 즉 단일 왕조 체제가 들어서기 전에도 정치·의례 중심지를 보유하고 있었다. 또한 쿠샨 체제에서 군사조직과 행정조직이 겹치는 면모도 흉노식 행정의 전형과 유사하다. 쿠샨 비문들은 단다나야까danḍanāyaka와 마하단다나야까mahādandanayaka라 불린 관리들이 인도에서 행정과 군사적 기능을 모두 수행했음을 보여준다.

더욱 놀라운 사실은 쿠샨 제국에서도 제위의 방계 계승과 공동 통치 비슷한 관행이 존재했으며, 제국의 행정에 부왕들이 관여했다는 것이다. 이런 관행들은 쿠샨 제국이 끝을 맞이하는 서기 3세기까지 이어졌다.[14] 또한 이러한 행정 체제는 당대 사카(또한 내륙아시아 출

쿠샨 제국의 주화. 전면(왼쪽)에는 황제 후비슈카Huviṣka(재위 154?~186?), 후면(오른쪽)에는 샤흐레와르Šahrewar(조로아스터교의 신격 중 하나)가 새겨졌다. (아쉬몰리안 박물관 제공)

쿠샨 제국의 주화. 전면(왼쪽)에는 (최초의 쿠샨 황제) 쿠줄라 카드피세스Kujula Kadphises(재위 41?~95?)의 옆모습이, 후면(오른쪽)에는 쿠줄라 카드피세스가 옥좌에 앉아 있는 모습이 새겨졌다. (아쉬몰리안 박물관 제공)

신이다)나 파흘라바Pahlava(인도-파르티아 왕국)에서도 찾을 수 있다. 서인도 마투라의 사카 지배자들 사이에는 대왕Māhakṣatrapa과 그를 보좌하는 왕Kṣatrapa이 존재해 고도로 발달한 공동통치 체제가 운영되었는데, 이는 이들 사이에 있던 드바이라지야Dvairājya(이원 왕권)의 관념을 통해 명확히 이해할 수 있다. 요컨대 흉노와 마찬가지로 월지/쿠샨, 심지어 인도의 사카까지, 후대의 초원 제국들은 이원/집단 지배의 관행이 있었고, 소왕과 관리들을 갖춘 고도의 위계도 존재했다. 또 한 가지 흥미로운 점은 쿠샨 제국에서도 에프탈 왕조나 유럽의 훈 및 알란과 마찬가지로 서부 초원에 널리 퍼진 편두 관행을 관찰할 수 있다는 사실이다. 편두 풍습은 훈과 알란에 의해 유럽에 소개되었다.[15]

쿠샨 제국의 번영은 서기 3세기 중반 사산조 페르시아 제국에 패하며 끝이 났고, 페르시아의 샤푸르 1세Šapur I(재위 240~270)는 쿠샨 땅을 페르시아 제국의 속국으로 만들었다. 쿠샨 잔당은 사산조의 속신으로 쿠샨샤Kušānšāh라 불리며 서기 4세기 훈의 침공 시기까지 살아남았다. 키다라 왕조가 이끄는 백훈 제국은 나중에 월지/쿠샨인을 흡수했는데, 이 또한 특이한 일은 아니다. 다른 초원 정치체들, 심지어 흉노/훈의 중심지 알타이 지방 근처의 정치체들마저도 이 '200년 동안' 이에 못지않은 정치적 정교함을 보유했었기 때문이다.

오늘날 우즈베키스탄 북부와 카자흐스탄 남부에 위치했던 강거국도 서기 1세기 무렵에는 열강으로 떠오른 이미 잘 조직된 국가체였다. 이들의 위력은 오늘날 카자흐스탄 서부에 머물렀던 호전적인 엄채奄蔡(나중의 알란)를 복속시키고 이를 최소한 서기 2세기까지 유지할 수 있을 정도였다.[16] 강거의 통치자도 월지 쿠샨 통치자처럼 야브구라 불렸고, 월지인들과 혼인 관계를 맺기도 했다. 강거국에도 다섯 '소왕小王'이 있었다고 하는데, 이 역시 남쪽과 동쪽의 이웃들과 매우 유사한 정치 조직을 보유했음을 알려준다. 동쪽의 흉노/훈 집단과 마찬가지로 강거는 정복당한 알란인들에게 자신들의 지배 엘리트를 이식했다. 강거와 흉노 사이의 접촉은 강거의 유적지로 판명된 카자흐스탄 쿨토베Kultobe에서 흉노/훈 양식의 은으로 만든 허리띠 장식이 발견된 것에서도 고고학적으로 입증되었다.[17] 강거의 주민 중 다수는 또한 실제로 도시 거주민이었고, 목축민은 일부에 지나지 않았다.

오손은 훈과 바로 이웃한 일리강 유역에 있었는데, 서기 4세기에 흉노/훈계 집단들이 서쪽과 남쪽으로 진출하면서 합병한 오손에서도 흉노-훈의 모델을 연상케 하는 수준 높은 정치 제도를 찾을 수 있다. 오손에는 세습 군주가 있었고, 대인들이 참여하는 회의가 그를 조력하거나 군주의 권력을 제약하는 역할을 수행하기도 했다. 이들도 마찬가지로 꽤 복잡한 행정 체제를 구축하여 16 등급의 관직이 있었고, 이 관직들은 통치 귀족들에 의해 선발되었다. 오손국의 관리와 귀족들은 세금과 공물을 복속 부락에게서 받았고, 전쟁에서 얻은 노획물이나 교역에서 얻은 이익으로 수입을 보충했다(이는 나중에 유럽의 훈 엘리트들이 보이는 양상과 거의 동일하다). 오손의 대왕은 곤막昆莫이라 불리었고, 그의 두 아들은 각각 영토의 좌익과 우익의 통치자였으며(흉노의 경우와 아주 유사하다), 각 익의 통치자는 1만 기병을 사병으로 지휘했다고 전해지는 등 정교한 정치체를 지배했다. 훈 집단은 유럽의 알란과 고트 및 동이란과 아프가니스탄의 페르시아와 쿠샨샤 방면으로 진출하기 전에 강거와 오손을 합병했다.

따라서 '200년의 공백' 동안 훈 집단이 정치적으로 '후진적'인 지역에 있었기 때문에 정치 조직이 부족했다는 가설은 더 이상 성립하기 어렵다. 훈 집단이 유럽에 진입하기 전에 정복한 인근 종족들의 정치 조직을 검토하면 과거 몽골고원과 투르키스탄의 흉노식 모델과 비슷한 수준의 정치 체제가 내륙아시아의 다른 지역에서도 이 200년 내내 존재했음을 알 수 있다. 이들 내륙아시아 국가들은 정치 조직이 부족하지 않았고, 이는 이 지역에 등장한 훈 집단 또한 마찬가지였다.

　서기 1세기와 2세기에 흉노/훈의 상황은 절망적이었다. 이들이 자리한 알타이 지방 인근에는 호전적인 국가들이 가득했다. 정령과 강거, 오손이 서쪽과 남쪽에서 압박해 왔다. 동쪽에는 강력한 선비 제국과 한 제국이 있었는데, 이들은 애초에 흉노를 동방에서 몰아낸 이들이었다. 그러나 서기 3세기 이후 이 적국들이 잇달아 사라지면서 위협은 한동안 유예되었다. 동쪽에서 한나라는 내전의 수렁에 빠져 결국 삼국 시대를 맞이하여 서역에 영향력을 행사하지 못했다. 과거 흉노/훈에게 엄청난 패배를 안긴 선비는 서기 2세기에 여러 부로 분열되어 서로 싸우기 바빴다. 서쪽과 남서쪽의 강거국과 쿠샨 제국은 서서히 해체되고 있었다. 이러한 지정학적 상황이 흉노/훈에게 중앙아시아와 유럽으로 확장할 기회를 열어주었다. 우랄 지방의 고고학적 연구를 볼 때 이 지역을 향한 흉노/훈의 확장이 늦어도 서기 4세기 초에는 이루어졌던 것으로 보인다.[18] 이는 알타이와 우랄 산맥 사이의 모든 국가와 부락들이 서기 4세기 초에는 훈의 정복에 무릎 꿇었음을 시사한다. 다음 장에서는 훈의 중앙아시아, 페르시아, 인도 정복을 살펴볼 것이다.

3장

중앙아시아와 남아시아의 훈

키다라 왕조와 에프탈 왕조의 백훈 제국

유럽에서 훈 제국이 로마 제국과 여러 게르만계 종족을 공격하여 불멸의 명성 혹은 악명을 쌓는 동안, 또 다른 강력한 훈 제국은 중앙아시아·이란·인도의 역사에 흔적을 남겼다. 이들의 이야기는 유럽의 훈만큼 유명하지는 않다. 그러나 유럽 훈의 중앙아시아 친척에 대해 다루지 않는다면 훈의 역사는 불완전할 수밖에 없다. 이들을 함께 검토할 때만이 유라시아 전역에서 흉노/훈계 집단의 확장이 왜 중요한지 온전히 이해할 수 있다. 물론 중앙아시아의 훈 제국과 유럽의 훈 제국이 동일한 정치체였다거나, 양자 사이에 느슨한 정치적 복속 관계가 존재했다는 것은 아니다. 아주 초기에는 그러한 연결 고리가 존재했을지는 모르지만 이들이 각자 중앙아시아와 유럽으로 파고듦에 따라 양자 사이의 방대한 거리는 이들을 갈라놓았을 것이다.

유럽 훈의 역사를 복원하는 일은 이들의 역사와 관련된 사서(주로 그리스·로마의 것)의 단편적 성질 때문에 어렵다. 중앙아시아 훈의 이야기를 복원하는 것은 더욱 어려운데 페르시아와 인도의 기록은 아주 제한적인 수준인 데다가 이들이 활동한 지정학적 영역이 그리스·로마 사가들과 중국 사서들의 관심 바깥에 있었기 때문이다. 이들에 관한 기록은 대체로 서로 모순되고 해석도 어렵다. 최근의 연구는 최소한 그 역사와 관련된 성가신 문제 일부를 해결해 주었지만 전반적으로 재구하는 일은 여전히 전문가들에게도 어려운 일이다.

백훈은 누구인가?

중앙아시아의 훈에 대한 연구 대부분은 이들이 정확히 누구인가를 밝혀내는 데 집중해 왔다. 이들의 종족·인종적 출처에 대한 논쟁은 격렬한데, 그 원인은 현전하는 중국 사료들에 기록된 백훈 제국 통치자들의 기원에 관한 정보들이 대체로 모순되기 때문이다. 백白훈[인도 사료의 스베타Sveta(하얀) 훈]이라는 표현은 로마 사료와 인도 사료 모두에서 발견되는데, 중앙아시아 훈이 자신들의 정치체를 부른 명칭일 가능성이 가장 높아 보인다. 이 정치체 내에서 훈은 하나의 정치적 집단으로 존재한 것은 분명하다. 그러나 문제는 이 백훈이 유럽으로 진출한 훈과 같은 존재인지, 그리고 백훈이 유럽의 통치를 받았는지 아니면 다른 종족 집단 일부의 통치를 받았는지 하는 점이다. 이들의 조상은 누구이며, 이들은 어떤 문화를 가지고 있었는가. 이 질문들에 답하는 것은 쉽지 않으나 조심스럽게 얼마간의 답을 제시해 보고자 한다.

중앙아시아의 훈 집단이 유럽으로 진입한 훈 집단과 같은 종족

백훈 제국

인가라는 질문은, 훈 집단이 종족의 개념보다는 정치적 분류이기에 그 자체로 잘못된 것이다. 분명한 것은 중앙아시아의 훈 집단이 흉노 제국에서 유래했다는 것이다. 중국 사료들에는 중앙아시아의 백훈 정복자들이 본래 흉노에 속했다는 사실이 명백히 적시되어 있다. 앞서 언급했듯이 《위서》는 서기 5세기 소그디아나의 통치자들,[1] 즉 백훈 집단의 기원이 흉노라 하며 중앙아시아 훈 집단과 몽골고원-알타이 지방의 흉노와 연결고리를 제시하였으며, 이들의 국가가 온나사,

초기 중고한어로 후나샤, 즉 훈의 왕이라 불렸다는 사실을 전한다.[2] 고고학 연구 역시 흉노와 중앙아시아 훈 사이의 관계를 뒷받침한다. 히바 지역(우즈베키스탄 북서부)의 아무다리야강 유역에서 발견된 훈-흉노 양식의 가마솥과 시르다리야강 삼각주에서 발견된 두 종의 점토로 만든 훈식 장례용 가마솥은 백훈 집단이 가진 흉노 정치·문화 정체성을 알려준다. 이러한 가공품은 유럽의 훈 집단이 통제한 영역에서도 발견되기에, 유럽과 중앙아시아의 훈 집단이 모두 흉노에 기원했다는 잠정적인 결론을 내릴 수 있다.[3]

앞서 말했듯이 《위서》는 서기 5세기 초 유연 제국(몽골고원)의 북서쪽 알타이산맥 인근에 여전히 옛 흉노의 후예들이 남아있었다고 전한다.[4] 《위서》는 더욱 상세하게 백훈의 지배 씨족 엽달嚈噠(에프탈. 흔히 월지와 마찬가지로 인도유럽인이라는 기록과 튀르크계 고차高車/정령丁零의 별종別種이라는 기록이 섞여 혼란스럽다)이 본래 알타이산맥(《위략》이 서기 3세기에 흉노가 위치했다고 기록한 곳)에서 기원했으며, 서기 360년경 남서쪽으로 이주해 중앙아시아로 진입했다는 정황을 알려준다.[5] 따라서 중앙아시아의 훈과 유럽의 훈이 같은 종족이냐는 질문의 답은 긍정도 부정도 할 수 없으나, 중앙아시아의 훈이 유럽의 훈과 마찬가지로 옛 흉노 제국에서 기원했으며, 이들 모두가 나라의 명칭으로 '훈'이라는 이름을 사용했음은 확인할 수 있다.

불분명한 것은 중앙아시아 훈 제국 지배 가문의 정체성이다. 훈 집단들이 유럽과 중앙아시아에 각기 제국을 세우는 동안 동부 초원에서는 새로운 연맹들이 힘을 모으고 있었다. 그 가운데 하나가 유연으로, 결국 몽골고원 전체를 장악했는데, 이후 초원의 역사에서는 아바르Avar라고 불렸을 수도 있다. 그보다 덜 강력한 활嚈 집단은 중국 사료에 따르면 본래 유연의 속신이었는데, 그 이름은 거의 알려지지 않았다. 중국 사서 《양서梁書》의 기록을 통해 활 연맹을 5세기 백훈 제국을 통치한 '에프탈' 씨족과 연결할 수 있다.[6]

에프탈은 활의 통치 왕가로, 본래 유연에 종속되어 있다가 나중에 독립해 나와서 서기 5세기에 백훈 국가의 지배자로 등극했다는 설이 있다.[7] 학자들은 더 나아가 중국문자 활嚈이 초기 중고한어에서 바르var로 읽혔다고 주장했다. 풀리블랭크는 이 바르가 사실 몽골어를 사용한 동호 연맹의 한 지파, 오환과 동일하다고 보았다(또 다른 지파로는 이제는 익숙한 선비가 있다). 초기 중고한어에서 오환은 '아그완Agwan'과 비슷하게 발음되었는데, 초기 중고한어에 r 음가가 없기 때문에 실제 발음은 아과르Agwar 내지 아바르Avar였으리라는 주장이다.[8] 따라서 에프탈과 활이 6세기 유럽을 휩쓴 아바르 집단과 연결될 수 있다는 것이다.

그러나 또 다른 저명한 전문가 에티엔 드 라 베시에르는 다른 전사법을 제시하여, 초기 중고한어에서 활嚈이 바르가 아니라 구르Ghūr, 즉 에프탈 왕조가 살던 아프가니스탄의 지역명과 같다고 보았다. 현재로서는 '활'이 무엇을 음역했는가에 대한 합의는 이루어지지 않은 상태다. 서기 5세기 에프탈인들이 새롭게 백훈 제국에 진입해 과거 훈계 왕조 지배자의 자리를 찬탈했는가, 아니면 라 베시에르의 주장대로 이들이 본래부터 훈(오구르계 튀르크) 집단의 일부로 중앙아시아에 침입하여 나중에 백훈 연맹 내에서 두각을 드러냈는가. 이는 어려운 문제이고, 분명한 답은 존재하지 않는다. 서기 7세기 동로마 사가 테오필락투스 시모카투스Theophylaktos Simokattēs는 오구르 연맹(오늘날 카자흐스탄에 거주했던 것으로 추정)의 양대 지배 부락이 우아르Ouar(활-에프탈로 추정)와 후니Chounni(훈으로 추정)였다는 기록을 남겼다.[9] 서기 6세기 동로마 사가 메난데르 프로텍토르Menander Protector('근위병' 메난데르) 또한 우아르호이이테Ouarchoyitai를 언급했고,[10] 아르메니아 사가 가짜 모브세스 호레나치Movses Khorenatsi는 이들을 발혼Valxon(바르와 훈의 합성어)이라 불렀다. 이는 바르 집단과 훈 집단이 서기 5세기의 언제인가 백훈 영토 북쪽 어딘가에서 융합되었음을 암시한다. 그러나 여기서 언급된 바르가 이 시기 중앙아시아 북쪽의 튀르크계 철륵鐵勒(또는 칙륵敕勒)부 연맹을 가리키고, 에프탈 왕조와 연관이 있는 (또한 바르로 읽힌) 활 부락과는 관계가 없을 수도 있다.[11]

백훈 제국의 확장과 키다라 왕조

체글레지 카로이Czeglédy Károly는 20세기 중반 그가 바르(아바르)로 간주했던 활이 서기 4세기에 서투르키스탄(중앙아시아)으로 확장했고, 이것이 훈 집단의 대대적인 서방 이주를 야기했다고 추측했다.[12] 그는 서투르키스탄에서 활(바르)의 활동이 그보다 더 강력했던 유연[앞서 언급했듯, 어쩌면 오환(아바르?)에서 기원했을지 모르는]이 동쪽에서 발흥한 것과 관련이 있다고 여겼다. 이 유연은 본래 둔황과 투르판(신장 동부) 인근에 살던 집단으로, 4세기 후반에 사륜社崙 카간의 지배 아래 세력을 일으켰다. 그러나 유연의 서방 확장이 4세기 후반 사류의 대두 이전에 있었다는 확실한 증거는 없는데, 즉 이들이 4세기 중반에 활과 훈에 압력을 가했다고 보기에는 너무 나중에 등장했다. 만약 중국 사료들이 정확하다면 활 또는 에프탈은 4세기 후반이나 5세기 초반의 언젠가 유연에 복속되었다.

유연이 오늘날 카자흐스탄 지역(서기 4세기 유럽 훈 집단의 본래 영토)으로 진입한 시점이 탁발위가 열반 훈 집단과 동맹을 맺어 유연에 대적한 서기 5세기라면, 이는 유럽과 중앙아시아 방면으로의 훈 집단의 확장에 영향을 미쳤다고 하기에는 너무 늦다. 최근에는 훈이 4세기에 알타이 지역에서 서진하기 시작한 것이 동쪽(예컨대 유연)에서 군사적 압박이 재개되었기 때문이 아니라 이 시기에 알타이 지역에 급격한 기후 악화가 일어났기 때문이라는 주장이 제기되었다.[13] 군사적 압박설과 기후변화설, 양쪽 모두 충분하지 않은 이유는 훈이 4세기보다 훨씬 이전에 알타이 지역에서 서쪽으로 확장을 시작했기 때문이다. 에르지 미클로시Érdy Miklós는 훈식 청동솥에서 보이는 고고학적 증거를 기반으로 토볼강과 이르티시강, 오브강 중류 지역에 이미 3세기 훈의 존재가 확인된다고 주장했다.[14] 그러나 4세기의 급격한 기후 변화는 알타이 지방에 남은 훈이 급작스레 남서쪽의 중앙아시아로 진입한 원인일 가능성은 있다. 라 베시에르가 백훈의 초창기 이주에 관한 중국 사료들을 분석하며 지적했듯이, 훈은 서기 350년대에 갑자기 알타이에서 남쪽으로 이동했다.[15] 이들 훈의 침공은 강거국의 잔여 세력을 빠르게 집어삼키고 중앙아시아 남부 사산 왕조 페르시아 제국과 쿠샨 잔당의 동방 국경에 막대한 압력을 가했다.

일명 키다라 왕조(고대 튀르크어 룬 비문에서 키디르티kidirti는 서쪽을 뜻하는데, 이 역시 단순히 서부를 뜻하는 것일 수 있다)[16]의 훈은 중앙아시아 남부에 대한 최초의 훈 집단의 침공에서 두각을 드러냈다. 이들은 서기 360년경에 박트리아를 장악했음이 확실하다.[17] 아르메니아 사가 파우토스 부잔드P'avstos Buzand는 키다라 왕조가 이끄는 혼Hon(훈)이 367년 이전에 이 지역을 정복했다고 기록했다. 이 키다라 왕조가 '몽골로이드' 훈족(훈족은 튀르크족이고, 튀르크족은 몽골계라는 전제에 기반한 편견)인지, '코카소이드' 이란족인지 하는 질문은 학자들 사이에서 무의미한 논쟁을 일으켰고, 다소 실망스럽게도 연구의 중심이 되어 버렸다. 하비에르 트롬블레Xavier Tremblay(2001)는 키다라 왕조와 이후의 에프탈 왕조가 모두 이란계라고 생각했다. 프란츠 그레네트Frantz Grenet(2002)의 의견도 이와 비슷했다.

서기 6세기에 활동했던 로마 제국의 역사가 프로코피우스Procopius가 중앙아시아 훈 국가의 이름인 백훈에 대해 혼란스러운 기록을 남긴 것도 논쟁에 영향을 주었다.[18] 프로코피우스와 인도 사료 모두 중앙아시아 훈을 레우코이 오우노이Leukoi Ounnoi 내지 스베타후나(둘 다 모두 '백훈')라고 불렀다.* 프로코피우스는 백훈이 왕의 통치를 받았고 법에 따라 운용되었다고 기록했는데, 이는 백훈이나 로마 제국과 자주 전쟁을 벌였던 사산 왕조 페르시아 제국과 비교할 수 있는 정교한 국가 구조를 지녔음을 뜻한다. 그러나 그는 백훈의 '하얀'이 피부가

● 파흘라비어 문헌에서는 스페드 히욘spēd Xyōn(하얀 히욘)이라는 이름으로 등장한다. 스페드spēd는 하얀색을 뜻하고 히욘Xyōn은 훈/흉노의 파흘라비어식 표기이다.

하얗다는 의미이고, 피부색이 거무스름한 유럽의 훈과는 다르다고 썼다. 풀리블랭크가 지적했듯이, 하얀색은 초원 유목민들 사이에서 단순히 서쪽을 상징하는 색이다. 검은색은 북쪽을, 붉은색은 남쪽을 뜻하고, 따라서 적훈(케르미호네스Kermichiōnes* 또는 알혼Alkhon. 알혼은 튀르크어로 '진홍색'을 뜻하는 알al과 훈Hun의 합성어로 적훈을 가리킨다)이란 집단이 백훈의 남쪽 세력을 가리키는 데 사용되었다.[19] 오멜랸 프리차크Omeljan Pritsak가 지적한 대로, 초원 사회에서 검은색은 북쪽을 상징했고, 푸른색은 동쪽을 상징했는데, 두 색이 하얀색(서쪽)과 붉은색(남쪽)에 비해 우월하고 우위에 있다고 여겨졌다.[20] 흑훈 또는 청훈을 구성한 집단(이 존재했거나, 유럽 방면의 아틸라 훈 제국이나 카자흐스탄 방면의 열반 훈 집단에 해당하는 경우)은, 최소한 초기에는 백훈 집단에 대해 수위권을 보유했을 것이다. 터키어로 '검은색'을 뜻하는 카라Kara가 내륙아시아의 튀르크계 집단에서 높은 지위를 의미하는 것과 마찬가지로 유럽의 훈 사람들 사이에서도 높은 지위를 의미했다는 설이 있다. 서기 5세기 로마의 사가 올림피오도루스Olympiodorus가 훈의 대왕을 카라톤이라고 기록했던 것이 그 근거다.[21]

키다라 왕조는 초기 쿠샨의 상징을 주화에서 사용했는데, 이를 근거로 일부 학자는 이들이 토착 이란인 정체성을 지녔다고 추정했다. 그러나 최근에는 키다라 왕조(이 이름은 앞서 언급했듯 단지 서쪽의 훈 집단임을 의미하는 것일지 모른다)가 이란 동부와 아프가니스탄, 파키스

---

* 파흘라비어 문헌의 카르미르 히욘karmīr Xyōn의 그리스어식 표현으로 보인다. 카르미르 karmīr는 파흘라비어로 '진홍색'을 뜻한다.

탄을 점령한 훈계의 침략자였고, 정복 이후 차츰 문화적으로 이란화되었다는 증거가 속속 발견되고 있다. 이는 최근에 군주 울라르그Bag-ularg를 처음에는 훈인들의 왕hūnân šǎ으로, 그다음에는 쿠샨샤로 부르는 인장의 발견으로도 확인되었다.[22] 키다라 왕조의 쿠샨 상징 사용과 그 후계를 자처한 사실은 키다라 왕조 백훈 제국이 새로운 환경에 적응하고 변화한 기나긴 과정으로 이해해야 한다. 5세기 로마 사가 프리스쿠스는 분명히 또 정확하게 이들을 훈이라 불렀고,[23] 당시 키다라 왕조의 왕을 쿵하스Kounchas라 지칭했다.[24] 트롬블레는 쿵하스란 이름의 어원이 혼(휸)칸X(y)on-qan, 즉 훈 칸(훈의 칸)일 가능성이 높다고 보았다.[25]

중국 사서 《북사北史》는 기다라嚈多羅(개인의 이름일수도 있고 왕조명일수도 있지만, 왕조명이 그 왕의 이름처럼 쓰였을 가능성이 가장 높다)라고 불리는 왕이 서기 410년 이전에 힌두쿠시(즉, 아프가니스탄) 남북의 영토를 정복하고 간다라 지방(아프가니스탄 북부와 파키스탄 북부)을 훈의 통치 아래 복속시켰다고 전한다.[26] 이후 키다라 왕조는 인도의 굽따 제국(320?~550)을 위협했다. 굽따 왕 꾸마라굽따 1세Kumaragupta I의 재위(413~455)에 키다라 왕조는 펀자브(인도 북서부)를 침입했다. 이 키다라 왕조는 중앙아시아를 지배한 백훈 제국의 첫번째 왕조였으나, 5세기 즈음에는 또 다른 왕조, 앞서 언급한 에프탈 왕조의 압력에 시달리며 차츰 소그디아(우즈베키스탄)와 박트리아(아프가니스탄 북부) 등의 북방 영토에서 밀려나고 있었다. 이들은 결국 간다라 지방에서 에프탈 왕조에 의해 파멸되었는데 이 시점은 서기 477년(탁발위에 마지막으로 사절을 보낸 시점)과 520년(중국의 순례자가 간다라 지방이 완전히 에프탈 왕조의 통제 아래에 있다고 기록한 시점) 사이로, 5세기 말일 것이다.

이 극적인 최후를 맞기 전에 키다라 왕조는 스깐다굽따Skandagupta (재위 455~467) 시대에 여러 차례 인도를 침공했다. 스깐다굽따 재위 말기에 세워진 비타리 기둥 비문에는 선왕 꾸마라굽따 1세의 재위에 후나(키다라 왕조)가 거의 굽따 제국을 파멸시킬 뻔 했다고 적혀 있다. 불운한 꾸마라굽따가 죽으면서 굽따 군대의 통제권은 그보다는 유능했던 아들 스깐다굽따의 손에 들어갔다. 그러나 스깐다굽따마저도 훈의 침공 앞에서 골머리를 앓았다. 비문은 스깐다굽따가 '거의 무너진' 그의 혈통을 재확립해야 했고, 그를 위해 '맨 땅에서 잠을 자는' 등 수많은 위험과 고난을 거쳤다고 전한다.[27] 스깐다굽따는 자신이 후나를 완파하고 전 세계를 정복했다고 선전했지만, 굽따의 승리 선언 이후에도 훈은 펀자브 대부분을 지배했고 굽따 제국은 서부 영토 상당 부분의 통제권을 잃었다는 점을 보면 그 실상은 알 만하다. 오히려 에프탈 왕조가 키다라 왕조 영토로 침입해 들어오면서 굽따인들이 훈의 침략을 잠시 유예시킬 수 있었으나, 굽따 제국이 훈에게서 결정적인 군사적 승리를 얻어내지는 못했던 것이다.

앞서 언급했듯이 백훈 국가의 지배 씨족으로서 키다라 왕조를 대체한 에프탈 왕조에 대해 학자들은 이 두 번째 훈계 왕조의 기원 문제에 몰두했다. 이들이 새로 등장한 세력인지 아니면 중앙아시아 남부를 향한 훈의 초기 침략 세력의 일원이었는지에 대한 논쟁은 앞서 다루었다. 또 다른 골칫거리는 다시 인종 문제와 관련이 있다. 에프탈 왕조의 종족·인종 구성에서 주가 된 것은 튀르크·몽골인(몽골로이드)이었을까, 이란인(코카소이드)이었을까? 20세기 초 요제프 마르

카르트Josef Marquart(1903)나 르네 그루세René Grousset • 같은 이들은 이들이 몽골인이라 생각했다. 20세기 초 윌리엄 몽고메리 맥거번William Montgomery McGovern과 라 베시에르(2007)는 이들이 튀르크계일 거라 추정했는데, 가장 그럴듯하다. 에노키 가즈오榎一雄(1959)는 이들이 이란계일 것이라 생각했다. 초원 정치체나 왕조의 혼종적 성격을 감안하면, 앞서 언급한 종족과 '인종' 집단은 아마 어느 정도건 실제로 에프탈 왕조의 국가에 존재했을 것이다.

그들 자신은 훈의 일부임을 주장했고, 그 이웃들 역시 그렇게 알고 있었다. 에프탈 왕조의 훈적 기원 또는 그에 대한 자기 인식은 주화에 새겨진 오이오노Oiono 내지 히오노Hiono에서 찾을 수 있다.[28] 이들의 정체성에 대한 혼동이 일어난 가장 큰 원인은, 앞서 간략히 언급했듯이 중국 사료들에서 여러 기록이 배치되기 때문이다. 예를 들어《위서》에는 월지를 통한 이란계 기원이라는 설명과 고차를 통한 튀르크계 기원이라는 설명이 함께 나와 있다. 일본의 저명한 내륙아시아 학자 에노키 가즈오가 강력하게 주장한 에프탈 왕조의 이란계 기원설은, 이에 대한 주요 근거였던 소위 에프탈어의 이란어군적 특성이 에프탈 왕조가 직접 도입한 것이 아니라 이 왕조가 정복한 지역의 토착 언어였다는 점이 최근에 밝혀지면서 신빙성이 떨어졌다.[29] 따라서《위서》의 월지 기원설은 중국의 역사 서술에서 흔히 보이는 시대착오적 표현으로 볼 수 있을 것 같다.

• "에프탈(에프탈 훈)은 투르크-몽골계 부족이지만, 이 경우 투르크계보다는 몽골계에 더 가깝다." 르네 그루세, 김호동·유원수·정재훈 옮김,《유라시아 유목제국사》, 사계절, 1998, 122쪽.

그러나 중국 사료의 혼란은 결국 실제로 에프탈 국가에 여러 종족이 섞여 있었고, 그 엘리트층도 예외가 아니었던 점을 보여주는 것일지 모른다. 에프탈 왕조 훈 국가의 핵심 집단이 주로 튀르크어를 쓰는 군사 엘리트로 이루어졌으나, 이들은 이란 문화나 인도 문화의 관행 및 언어에 빠르게 영향을 받았을 것이다. 풀리블랭크가 주장한 활=바르=오환의 동일론을 받아들인다면, 최소한 부분적으로나마 몽골어 사용자가 지배적인 핵심 집단으로 존재했을 가능성도 있다. 풀리블랭크(1983), 골든(1992), 체글레지(1983)는 몽골어를 사용하던 바르(활) 부락이 튀르크어를 사용했을 훈계 부락과 함께 에프탈 국가 지배층의 핵심을 구성했고, 이 바르는 몽골고원의 오환 연맹과 연관이 있을 가능성을 제시했다. 그러한 예로, 풀리블랭크는 오환과 에프탈 왕조 사이에 머리장식이나 머리모양이 놀라울 정도로 유사하다는 점을 지적했다(물론 이것이 종족적 기원의 연관성을 입증하는 설득력 있는 증거는 아니다).[30]

지배 엘리트층에 대한 이란의 강력한 문화적 영향력 또한 간과할 수 없다. 이란어 어원이 많은 것은 (일부 튀르크어 어원설을 주장하는 학자들도 있으나) 튀르크·몽골계 훈과 토착 이란인 사이의 매우 높은 수준의 문화적, 그리고 아마도 종족적 혼합 양상을 반영한 것일 터이다. 물론 이러한 혼종성은 앞서 지적한 바와 같이 초기 흉노에게서도 보이며, 유럽의 훈에게서 보이는 양상에 대해서도 나중에 짧게나마 논의할 것이다. 어쨌든 후기 에프탈 왕조 통치자 가운데 하나로 사서상 니자크Nīzak(또는 티레크Tirek)라고 기록된 인물은 바드기스(아프가니스탄 서부) 지역을 다스렸는데, 본래 흉노의 관직 가운데 하나인 타르한Tarḫan이라는 칭호를 보유했다. 에프탈 왕조가 스스로를 훈이라 칭한 것은 분명히 바다흐샨 지역(아프가니스탄 북부)에서 기원한 이란계 종족, 즉 정주민이라는 가설과 반대되는 바이다. 그러나 에프탈 왕조의 이란화와 그들의 연맹에서 이란계 요소가 아주 초기부터 존재했다는 가정은 확실히 가능성이 있다.

페르시아인들은 키다라 왕조의 훈 제국과 에프탈 왕조의 훈 제국을 아울러 키오니타이Chionitae *라고 불렀을 수 있다. 일부 학자는 반대하지만, 대다수의 역사학자는 키오니타이와 훈이 같은 이름이라는 사실에 동의한다.[31] 키오니타이(키다라 왕조)의 출현은 이란의 역사에 심대한 영향을 끼쳤다. 서기 350년에 사산 왕조의 군주 샤푸르 2세Šāpur II는 페르시아 제국의 동쪽에서 새로 출현한 위협 때문에 로마 제국이 차지하고 있는 니시비스성에 대한 공성을 포기해야만 했다. 새로운 적에 대한 전쟁은 8년 동안(350~358) 지속되었고, 샤푸르 2세는 어떻게 해서인지 훈 집단과 불편한 동맹을 맺어 전쟁을 끝냈다. 이 동맹 덕분에 페르시아인들은 훈 집단의 군사적 지원을 얻어낼 수 있었다. 샤푸르 2세는 새로 얻은 훈 동맹군을 이용해 서기 360년에는 아미다 공성전을 성공적으로 치렀다. 공성전 동안 키오니타이의 왕(아마도 부왕副王) 그룸바테스Grumbates는 아들을 잃었다.[32] 이로 인해 도시 안에 있던 불운한 로마인들은 분노한 훈왕의 제물이 되었다.

이어 바흐람 4세Bahrām IV의 재위 사산 왕조는 연전연패한 끝에

---

* 라틴어 키오니타이Chionitae는 파흘라비어 문헌에서 훈/흉노를 가리키는 히욘Xyōn/Hyōn에서 나온 것으로 보인다.

이란 세계 동부(사산 왕조 페르시아가 이전에 쿠샨 왕조에게서 탈취한) 영토를 거의 모두 키다라 왕조의 백훈 제국에게 빼앗겼다. 전략적으로 중요한 오아시스 도시 메르브(오늘날 투르크메니스탄)만이 페르시아의 동부 영토로 남았다.[33] 더 끔찍한 사실은 페르시아가 훈 집단에 연공을 바치게 되었다는 점이다. 사산 왕조 지배자 야즈데게르드 2세 Yazdegerd II(재위 438~458)는 442년 즈음 굴욕적 연공 지불을 거부하고 키다라 왕조 백훈 제국에게 당했던 패배에 대해 복수하려 했다. 서기 450년에 페르시아인들은 토하리스탄/박트리아(즉, 아프가니스탄 북동부 발흐시 인근의 탈로칸Taloqan 지역)까지, 어쩌면 그보다 더 서쪽까지 나아간 것 같다.

페르시아인들이 훈을 상대로 (거의 100년 동안 훈이 압도적으로 우세하다가) 서기 440년대에 급작스레 성공을 거둔 것에 대해서는 설명이 필요하며, 그 이유 중 하나는 식별이 꽤 쉽다. 앞서 키다라 왕조의 인도 침공이 이 시기에 더 강화되었고, 이는 에프탈 왕조가 키다라 왕조를 몰아냈기 때문이라고 언급한 바 있다. 즉 이 시기에 키다라 왕조는 에프탈 왕조와 사산 왕조 사이에서 샌드위치 신세가 되어 인도로 탈출구를 모색했던 것이다. 내륙아시아 종족들이 더 강력한 내륙아시아 집단에 밀려 탈출하듯 인도를 정복하는 경우는 이후에도 여러 차례 반복되는데, 그 중 가장 유명한 사례는 테뮈르 왕조 무굴 제국의 인도 정복이다. 16세기 테뮈르 왕조는 더 강력했던 시반 왕조 우즈베크 칸국이 북방에서 가하는 압력에 버티다 못해 남쪽으로 밀려났다.

서기 456년경 또는 그보다 좀 더 이른 454년경에 페르시아 왕 야즈데게르드는 오히려 키다라 왕조 백훈 제국에게서 자신이 연공을 받아야겠다고 생각할 정도로 자신만만해졌다. 백훈 측은 이를 거부하고 대승을 거두었기에 페르시아 제국은 10여 년 전에 얻어냈던 모든 성과를 다시 토해내야 했다. 게다가 이 직후에 페르시아 제국에서 내전이 발생했다. 다음 사산조 왕 페로즈 1세Pērōz I(재위 457~484)는 동생 호르미즈드 3세Hormizd III를 몰아내고 옥좌를 차지했는데, 이때 에프탈 왕조 백훈 제국에게 군사적 지원을 받았다. 에프탈 왕조에 보상하기 위해 페로즈 1세는 공식적으로 키다라 왕조의 소유였던 탈로칸 지역(위치는 앞의 서술을 참고)을 에프탈 왕조에게 넘겼다.

페르시아 제국의 약화를 눈치 챈 키다라 왕조는 페르시아 방면에 대한 공세를 재개했고 서기 464년에 페로즈 1세는 키다라 왕조에 대항하기 위해 동로마 제국에 경제적 지원을 요청했다가 거절당하며 절망적인 처지에 빠졌다. 키다라 왕조를 달래며 시간을 벌기 위해 페로즈 1세는 키다라 왕조의 통치자 쿵하스에게 누이를 아내로 보내겠다고 제의했다. 프리스쿠스에 따르면 페로즈 1세는 속임수를 써서 누이보다 신분이 낮은 여인을 쿵하스에게 보냈다고 한다. 훈의 왕은 곧 속았음을 눈치 채고 복수를 결심했다. 그는 페로즈 1세에게 굴욕을 안겨주기 위해 자신의 영역으로 300명의 페르시아 관리를 초대한 뒤 그들을 죽이거나 불구로 만들었다고 한다. 전쟁이 재개되었고 에프탈 왕조가 다시 한번 페르시아를 지원했기에 전쟁의 흐름은 페르시아에게 유리한 방향으로 전개되었다. 에프탈-페르시아 동맹이 467년에 키다라 왕조의 수도 발람Balaam(아마도 발흐?)을 점령하자 키다라 왕조는 간다라로 물러났고, 후에 에프탈 왕조에 의해 멸망했다.

에프탈 왕조 백훈 제국의 전성기

에프탈 왕조와 페르시아 제국이 공통의 적에 맞서 펼친 연합 전선은 키다라 왕조가 몰락한 뒤 사라졌다. 에프탈 왕조는 페르시아 제국이 차지한 키다라 왕조의 영토까지 침공했고 모든 백훈계 집단의 지배자로 우뚝 섰다. 페로즈 1세는 빼앗긴 땅을 되찾으려 했다가 에프탈 왕조의 아흐슌와르Akhshunwār 또는 후슈나바즈Khushnāvāz라는 이름의 왕에게 크게 패했다.[34] 페로즈 1세는 두 차례나 훈 제국에 포로로 잡혀 막대한 몸값을 지불하고 아들을 질자로 보내는 조건으로 겨우 풀려났다. 페르시아는 다시 훈 제국의 속국으로 쪼그라든 것이다. 그러나 페로즈 1세는 아직도 교훈을 배우지 못하고 또 한번 행운에 운명을 걸기로 했다. 프로코피우스에 따르면 페로즈 1세는 서기 484년에 에프탈 왕조와의 전투에서 재앙에 가까운 패배를 경험하고 대다수의 병사와 함께 목숨을 잃었다.[35] 6세기 동로마 제국의 사가 아가티아스Agathias는 프로코피우스와 거의 같은 서술을 제공하며 에프탈 왕조가 훈계 집단이었음을 다시 강조했다.[36] 사산조에 대한 승리 이후 에프탈 왕조 훈 제국이란 이름은 페르시아 등 이란계 종족에게 공포의 대명사가 되었다.

승리를 거둔 에프탈 왕조는 그대로 사산 왕조의 내분에 개입했다. 서기 488년 페로즈 1세의 살아있는 아들 중 하나인 카바드Kavād는 에프탈 왕조 백훈 제국의 상위 군주로부터 지원을 이끌어냈다. 카바드는 재위 중인 훈 왕의 딸 혹은 누이와 결혼했고, 훈 측은 그에게 사산 왕조의 제위를 얻는 데 필요한 원병을 주었다.[37] 카바드는 10년 뒤 반란으로 인해 재차 에프탈 왕조로 망명했다. 에프탈 왕조는 3만 명의 군대를 보내 제국을 다시 찾게 해주었다. 그러나 이 또한 값비싼 대가가 있었다. 카바드는 훈 제국에 더 넓은 영토를 넘겨야 했고 연공도 훨씬 증가했다. 사산 왕조 주화의 일부에는 에프탈 왕조의 상징이 새겨졌는데, 이는 훈의 왕에게 바쳐야 했던 것이다.[38] 또한 에프탈 왕조의 왕은 자신들이 이란의 정당한 군주이고, 사산 왕조는 단지 속신일 뿐이라고 천명했다. 페르시아의 황제 카바드는 재정적 어려움 때문에 반세기 가량 상대적으로 좋은 관계를 유지해온 동로마(페르시아는 훈의 압력 때문에 로마인을 자극하지 않았고, 로마인들 역시 유럽 훈 제국의 위협 때문에 페르시아를 자극하지 않았기에 양대 열강의 사이는 원만했다)에 자금을 대출해달라고 요청했다. 로마인들은 페로즈 1세에게 그러했듯 카바드의 부탁을 거절했다. 서기 502년에 카바드는 두 제국 사이의 해묵은 적대감을 되살려 굴욕에 복수코자 했다.[39]

페르시아인들은 서기 484년부터 550년대의 후스라우 1세Khusraw I (재위 531~579) 시대까지 계속해서 훈 제국에게 연공을 바쳤다. 페르시아를 복속시킨 에프탈 왕조 훈 제국의 힘은 이제 절정에 올랐다. 에프탈 왕조는 동쪽으로도 확장을 거듭했다. 서기 5세기 마지막 10년 동안 카슈가르와 호탄이 점령되었고, 497년과 509년 사이에는 카라샤흐르와 현대의 우룸치(모두 오늘날 중국 서부의 신장에 해당한다)도 에프탈 왕조 훈인들의 손에 떨어졌다. 이제 동서 투르키스탄의 거의 모든 정부가 에프탈령이었다. 중국 사료는 에프탈 왕조 백훈 제국의 방대한 영토에 관한 기록을 전한다.《양서》54권에는 이들의 영토가 페르시아와 카슈미르, 카라샤흐르, 쿠차, 카슈가르, 호탄에 이른다고 기록되어 있고,《북사》97권에는 강거(소그디아)와 호탄, 카슈가르, 페르시아가 언급된다.[40] 중국의 서쪽 30개 이상의 지역이 백훈에 복속했다고 한다.

에프탈 왕조는 서기 5세기 후반 간다라와 인도 북서부를 지배하던 키다라 왕조의 나머지 세력까지 정복한 뒤 5세기의 남은 10여 년 동안 붓다굽따Budhagupta 왕 재위기에 쇠퇴하는 굽따 왕국을 공격하며 인도 침공을 개시했다. 6세기 초에는 인도인들이 "한없는 명성을 누리는 지상의 지배자"라고 부른 제왕 또라마나Toramāṇa의 이름 아래 에프탈 왕조는 오늘날 마디아프라데시까지 영토를 넓히고 우타르프라데시, 라즈푸타나, 펀자브, 카시미르 등을 완전히 지배하는 등 인도 서부 전체를 정복했다. 그의 아들 미히라꿀라Mihirakula*는 인도 북부 전역의 실질적인 지배자가 되었다. 미히라꿀라는 인도에서 그의 수도를 샤깔라(오늘날 파키스탄 시알코트)에 두었다. 그러나 그의 잔혹함은 복속한 인도인들이 반란을 일으킬 수밖에 없게 만들었다. 미히라꿀라는 발라아디뜨야Bālāditya라는 인물(굽따 지배자 내지 거물이었을 가능성이 있다)의 포로가 되었다. 그동안에 미히라꿀라의 형제는 그의 옥좌를 찬탈했다.

서기 6세기 중반 에프탈 왕조 훈 제국은 세계에서 가장 광대한 영토를 지닌 국가였을 것이다. 이들의 영토는 동쪽으로는 오늘날의 신장, 남쪽으로는 인도 중부, 북쪽으로는 카자흐스탄의 초원, 서쪽으

●   미히라꿀라라는 인명은 '미트라 신의 노예'를 뜻하는 튀르크어 미흐르쿨Mihr-qul의 산스크리트어식 표기일 수 있다. 서기 520년 무렵 간다라 지방을 방문한 중국인 승려 송운宋雲이 왕이 불법佛法을 믿지 않고 흉폭하여 살상을 일삼았다고 기록한 이유를 짐작할 만하다.

로는 속신 사산 왕조 페르시아를 통해 동로마 제국까지 닿았다. 그러나 중앙아시아 훈 제국의 영광은 6세기 중반 동방에서 새로운 열강인 돌궐 제국이 나타나면서 빛이 바랬다. 에프탈 왕조는 어떤 방식으로든 과거 몽골고원을 무대로 활동한 유연 제국과 연결되어 있었다. 중국 사료에서 이들은 독립하기 전에는 유연의 속국이었다. 6세기 중반 유연 제국이 돌궐 제국에 의해 멸망했다. 새로이 동부 초원의 지배자가 된 돌궐인들은 에프탈 왕조도 집어삼키려 들었다.

훈의 멍에에서 벗어날 기회만을 찾아 헤매던 사산 왕조 페르시아는 돌궐 제국과 동맹을 맺고 종주국 에프탈 왕조에 대항하려 했다. 돌궐 카간은 즉각 대응해 강력한 돌궐 군대를 타슈켄트로 보냈고, 이들은 가트파르Gātfar 왕이 이끄는 에프탈 군대와 부하라 근처에서 격돌했다. 가공할 전투가 벌어졌고, 8일간 벌어진 싸움에 내륙아시아에 존재하는 거의 모든 종족이 참가했다. 결과는 에프탈 왕조 훈 제국의 완패였다. 돌궐인들은 응당 트란스옥시아나를 점령했고, 에프탈 왕조는 남쪽으로 도망쳐 새로운 왕 파가니슈Faġāniš(또는 아프가니슈 Afġāniš)를 옹립했다. 그러나 에프탈 왕조는 이제 페르시아 제국과 돌궐 제국의 사이에 끼인 처지가 되었다. 서기 560~563년 사이에 최후의 에프탈 왕조의 왕은 페르시아의 후스라우 1세에게 항복했다.

이후 중앙아시아와 남아시아의 훈계 국가들

그러나 이것이 중앙아시아와 인도에서 훈의 역사가 끝났음을 의미하지는 않았다. 이후 훈의 역사는 여전히 흥미롭기는 하지만 1차 사료에서 언급되는 빈도가 줄어들고 그에 대한 학자들의 해석도 아주 다양하기 때문에 복구하기가 어려운 편이다. 이 단계에서는 중앙 아시아와 인도에서 훈계 집단이 존재했던 마지막 시대에 대한 잠정적인 가설만이 제시될 수 있을 것이다. 이 주제에 대한 연구가 이어져 사료에서 산발적으로 튀어나오는 후기 '에프탈 왕조'나 '후나'에 대한 더 나은 이해가 이뤄지길 바랄 따름이다.

에프탈 왕조 백훈 제국이 붕괴한 직후 돌궐 제국과 사산 왕조 사이에서 옛 에프탈령과 휘하 족속들의 통제를 두고 갈등이 일어났다. 돌궐 제국과 사산 왕조가 경쟁하는 동안 백훈인들 또는 백훈계 정치체들이 오늘날의 타지키스탄, 아프가니스탄, 파키스탄 등 옛 에프탈 제국의 폐허에 출현했다. 서기 7세기 초 사산 왕조 페르시아의 동방 통제권은 손쓸 도리 없이 쇠락하여 아프가니스탄과 옥수스강 북쪽(오늘날 아무다리야강 북쪽, 이 지역은 이미 6세기에 돌궐 제국의 손에 떨어졌다) 모두가 서돌궐 제국(이 시점에 돌궐 제국은 동돌궐 제국과 서돌궐 제국으로 분열했다)에 복속한 상태였다. 돌궐인들은 때로는 백훈인들 사이에 새로운 통치자를 임명하기도 했지만 아프가니스탄의 소규모 에프탈계 왕조들은 서돌궐 제국의 종주권을 인정한 채로 생명을 연장했을 수도 있다.

서돌궐 시대 새로이 당도한 돌궐인들은 이미 진입해 있던 훈인들(두 집단 모두 내륙아시아에서 기원했다)과 차츰 섞였기 때문에 서기 7세기 초부터 어느 국가/왕조가 훈계이고 서돌궐계인지 구분하는 일은 점차 힘들어진다. 옛 에프탈 땅에서 일어난 일은 아마도 새로운 통치 왕조가 기존의 더 오래되고 잘 정립된 군사 엘리트층에 잠식당한, 전형적인 내륙아시아적 현상이라 할 수 있다. 키다라 왕조가 5세기에 에프탈 왕조로 대체되었듯, 6세기 후반과 7세기 초반에는 서돌궐 통치 가문이 계속해서 옛 에프탈 왕조 통치자들을 대체해갔으나, 지배를 이어갈수록 새롭게 등장한 강력한 내륙아시아 부락들에 훈적 요소가 섞여 들어갔다. 백훈계 왕조들이 쿠샨 왕조의 계승자임을 자처하고 쿠샨 칭호와 상징을 통치 정당성 확보를 위해 사용했듯, 새로운 서돌궐 왕조들도 에프탈 왕조 백훈 제국의 계승자임을 주장하고 훈계 칭호와 관행을 사용함으로써 자신들이 통치하는 영토에 이미 존재하는 많은 훈계 엘리트들의 지지를 얻어냈다.

중앙아시아를 지배하던 서돌궐 제국은 서기 7세기 중반 내부 분쟁과 동쪽에서 중국 당나라가 가한 압력으로 인해 혼란에 빠졌다. 동시에 돌궐인들의 서쪽 영토, 즉 중앙아시아 남부는 새로 출현한 아랍 무슬림들의 침공에 직면했다. 719년에 에프탈계 왕으로 보이는 '외눈박이' 티슈Tiš란 인물이 아랍의 중앙아시아 침공으로 토하리스탄(대략 아프가니스탄 북부에 해당하는 지역)의 돌궐 야브구(군주)의 권위가 약화된 것을 이용해 토하리스탄 거의 전체와 오늘날 아프가니스탄 북부와 타지키스탄 일부에 해당하는 영토를 장악하고 야브구를 자칭했다. 이 에프탈계 왕국(또는 에프탈 왕조의 후계자를 참칭해 옛 에프탈계 훈을 지배한 서돌궐 통치자)은 8세기 중반까지 이 지역을 지배했다. 729년에 쿠틀루그 톤 타르두Qutluġ Ton Tardu라는 이름의 왕이 당나라 수도 장안으로 사절을 보내 아랍인들에 맞서기 위한 지원을 요청했다. 758년에는 토하리스탄 최후의 '에프탈계' 왕 오나다烏那多가 중국의 수도에 도착했다.[41] 그의 왕국은 이 시기에 아랍인들에게 점령되었을 것이다.

무슬림에 대항하는 에프탈계 훈인들의 투쟁은 더 서쪽에서도 벌어졌다. 아랍인들은 7세기 후반 아프가니스탄 서부 헤라트 지방에서 살아남은 에프탈계 세력을 격파했다. 그러나 타르한이라는 칭호를 가진 니자크(일부 학자에 따르면, 티레크)란 이름의 에프탈계(또는 훈화된 서돌궐) 지배자는 훈을 비롯한 여러 집단을 이끌고 8세기 초까지 헤라트와 바드기스 지역에서 새로 등장한 정복자에게 대항했다. 이 저항이 아랍인들에 의해 진압되고 토하리스탄의 훈계 왕들마저 사라진 뒤에야 아프가니스탄 북부와 서부에서 무슬림의 패권은 공고해졌다.

그러나 흥미롭게도 일부 학자는 중세 아프가니스탄의 할라즈Khalaj부를 사라진 에프탈계 훈의 잔당으로 생각했다.* 다른 학자들은 할라즈가 본래의 훈이 아니라 7세기 또는 그 이전에 이 지역에 정착한 튀르크인이라고 여겼다. 그러나 앞서 지적했듯 새로운 튀르크계 부들과 지배 씨족의 등장은 대개 이 새로운 집단과 더 수가 많았던 토착 백훈 집단 사이의 융합으로 이어졌다. 이 일부 '튀르크'는 분명 훈 요소가 강했고, 나중에 토착 파슈툰인들과 섞이며 아프가니스탄

* 10세기 말에 활동한 알호라즈미al-Khwārazmī가 《학문의 열쇠Mafātīḥ al-ʿulūm》에서 할라즈가 에프탈의 후예라고 기록한 이래 중세 이슬람 세계의 학자들 다수가 유사한 서술을 남겼기 때문이다. 일설에 따르면 6~7세기 카불-카피사를 지배한 (에프탈계일 개연성이 큰) 네자크 샤Nēzak Shāh 왕조의 군주들은 대대로 할라즈 엘태배르hitivira kharalāva라는 칭호를 사용했다. 뒤에 등장할 투르크 샤히 왕조는 네자크 샤 왕조를 몰아내고 집권했는데, 이들 역시 할라즈라 불리기도 했다.

파슈툰인들 가운데 다수를 차지한 갈지Ghalzī 집단*을 형성했으며,[42] 이 집단은 오늘날까지도 흉포한 전사의 전통과 저항 정신으로 18세기 사파비조 페르시아부터 19세기 영국, 20세기 소련, 마침내 21세기 미국에 대한 저항을 이어오고 있다. 이 파슈툰화된 훈/튀르크 집단은 또한 13세기와 14세기 델리 술탄국을 다스린 할지/갈지 왕조의 창건자들이기도 하다.

인도와 파키스탄에서도 역시 에프탈 왕조 훈 제국의 유산은 중앙아시아에서 에프탈 제국이 파멸을 맞이한 이후로도 오래도록 살아남았다. 간다라와 카슈미르에서 쁘라바라세나Pravarasena라 불린 백훈계 지배자는 훈의 왕 미히라꿀라를 계승하는 데 성공해 서기 6세기 중반에 군주가 되어 자신의 이름을 딴 도시, 쁘라바라세나뿌라Pravarasenapura(오늘날 인도의 스리나가르)를 세우고 쁘라베샤Pravareśa라는 거대한 신전을 지었다. 그의 계승자는 시바 신의 추종자였던 고카르나Gokarṇa 왕이었다고 전해지며, 그 뒤는 6세기 말 카슈미르부터 카불까지 너른 지역을 통치한 나렌드라디티야 힌힐라Narendrāditya Khiṅkhila라는 지배자가 이었다고 한다. 힌힐라의 계승자는 유디슈티라Yudhiṣṭhira 왕이었는데, 그는 인도 북서부 최후의 독립 에프탈계 훈 통치자였던 것 같다. 현전하는 자료들에 대한 또 다른 해석으로는,

---

● 아프가니스탄 파슈툰의 3대 연맹 가운데 하나다. 이 외의 두 연맹은 아브달리Abdālī(18세기 이후 두라니Durrānī라고도 불림)와 카를란리Karlānrī이다. 참고로 아브달리 역시 에프탈에 그 기원이 있다는 설이 있다. 에프탈의 경우 사료에 따라 에보달로Ébodalo(박트리아어)·아브델라Abdela(그리스어)·아브델Abdel(시리아어)·헤프탈Heptal 등으로 불리기도 한다는 사실이 가장 큰 근거다.

그(또는 그의 전임자) 역시 625년경에 서돌궐에 복속되었고 630년 이전 또는 6세기 중반에 제거되었다는 것이다. 이들 세력의 잔당은 제국의 왕조가 사라진 이후에도, 비록 복속된 처지라 해도, 카슈미르 일부 등지에서 여전히 통치를 이어갔을 수 있다. 여하튼 7세기 언젠가 카불-카피사와 간다라에는 새로운 왕조가 출현했는데 백훈 제국(또는 에프탈 왕조의 후계자임을 주장하는 서돌궐계 왕조)에서 기원했기 때문인지 '투르크' 샤히Turki Shāhī라 불리며 9세기 중반까지 정권이 지속되었다.[43]

현전하는 자료가 부족하고 아프가니스탄의 지속적인 혼란으로 인해 고고학 조사도 불가능하기 때문에 샤히 정권의 정확한 기원을 알아내기는 어렵다. 확실한 점은 최소한 부분적으로는 훈 요소를 품고 있었을 샤히 왕국이 아프가니스탄 동부와 파키스탄 북부를 차지하여 아랍인들에게 대항했다는 사실이다. 무슬림은 650년대에 시스탄을 정복한 뒤 샤히령에 진입하기 시작했고, 곧 카불이 무너졌다. 그러나 샤히 국가의 반격은 신속했고 무슬림들은 카불뿐만 아니라 자불리스탄(가즈니 인근 지역)과 고대 아라코시아(칸다하르)에서까지 밀려났다. 아랍 장군 야지드 이븐 지야드Yazid b. Ziyād는 자불리스탄을 탈환하려던 중 전사했고, 697~698년 아랍인들의 카불 침공 역시 대패했다. 이후 자불을 지배한 왕들은 카불과 간다라의 샤히 통치자들의 친척이었을 수 있는데, 이들 역시 샤히와 마찬가지로 에프탈 왕조의 칭호를 사용했고, 이후로도 아랍에 대한 저항을 이어나갔다.

서기 719년 이후 샤히 왕국은 테긴 샤Tegin Šāh라 불리는 인물의 지배를 받았다. 739년경 테긴은 아들 프룸 케사르Frum Kēsar*에게 양위했는데, 이 이름은 로마의 카이사르Caesar를 기리는 의미에서 붙여졌던 것 같다. 문제의 카이사르는 당시 동로마 제국의 지배자 레온 3세 이사우로스Leōn III Isauros였으리라 추정되는데, 그의 사절단이 719년에 중앙아시아를 지나갔던 것으로 보이기 때문이다. 이때 동로마 사절단이 717년에 아랍인들을 상대로 거둔 대승을 자랑했을 가능성이 있다. 샤히 군주는 공통의 적인 무슬림에 맞서 로마인들이 거둔 승리에 기뻐하며 왕위 계승자의 이름에 로마 제국의 황태자를 지칭하는 '카이사르'를 붙였을 것이다. 이 프롬 케사르(재위 739?~746)는 아랍과의 싸움에서 큰 승리를 거두었고, 무슬림에게 '세금'을 부과했다고 주장했다(아마 어떤 방식으로든 배상금을 받았을 것이다). 학자들은 케사르의 영웅적인 경력과 아랍인을 상대로 거둔 승리에 대한 이야기가 티베트 전설인 프롬 게사르Phrom Gesar 왕의 전설로 이어지며 장대한 서사시로 확장되었다고 추측한다(이 서사시는 몽골로 이어져 《게세르 칸》이 되었다). 그러나 아프가니스탄 동부의 샤히 왕국은 결국 9세기 후반 무슬림들의 진격 앞에 무너졌다. 카불과 자불, 칸다하르는 모두 무슬림의 손에 들어갔으나, 간다라만은 힌두 샤히Hindū Shāhī라 불린 새로운 왕조의 수중에 남았다. 이 최후의 에프탈계 왕조와 그 후예들은 차츰 인도화·파슈툰화되어, 이 샤히 국가의 시대에 이르러 과거 튀르크어를 쓰던 아프가니스탄과 파키스탄의 훈이었던 이들은 실질적

● 고대 이란어군에서는 어두에 /r/ 발음이 오는 것을 꺼렸기 때문에 로마Roma에 기음氣音을 추가하여 프롬frōm·프룸frūm·흐롬hrōm이라 표기했다. 하여 페르시아 지방을 경유하여 로마 제국과 접촉한 중앙아시아 및 중국에서는 로마 제국을 프롬Phrom·불름拂菻/불림拂懍이라 부르게 되었다.

으로 토착민과 다름없는 존재가 되었다. 인도의 힌두 문화와 문명에 대한 이들의 기여는 뒤에서 논의할 것이다.

백훈 제국의 정치 조직과 문화

중앙아시아 훈인들의 정치 조직에 대해서 알려진 바는 적다. 그러나 그 얼마 안 되는 자료에서도 이 훈인들의 정치 관행이 유럽의 훈인들의 것과 놀랍도록 유사하다는 점을 확인할 수 있다. 백훈 국가는 중앙과 지방 수준에서 행정기관을 보유했다. 이들은 근본적으로 전형적인 내륙아시아적 조공 제국으로, 다수의 토착 속국과 봉토를 거느리고 있었다. 에프탈 왕조의 비문에서 '오아조르코oazorko'와 '프로말라로fromalaro', '하자로흐토hazaroxto', '아스바로비도asbarobido'(기병 지휘관) 등의 칭호를 확인할 수 있다.[44] 유럽 훈 제국이나 흉노 제국과 마찬가지로 에프탈 왕조 백훈 제국의 제위도 아버지와 아들뿐만 아니라 삼촌에게서 조카로 이어지는 경우가 적지 않았다(예컨대 유럽 훈 제국에서는 블레다와 아틸라가 삼촌인 루가와 옥타르의 제위를 계승했다).[45] 유럽 훈과 알란의 엘리트들과 마찬가지로 백훈 집단에도 또한 편두 풍습이 있었다.[46]

이들 사이에는 속신의 왕을 지명하는 흉노/훈 제국의 체제(유럽의 훈 제국에서도 찾을 수 있는 관행)도 있었다. 예컨대 자불리스탄의 왕은 제국 내에서 거의 자치적인 봉토를 보유하며 에프탈 왕조의 북서부 인도 정복에서 중요한 역할을 수행했다. 과거 흉노 제국에서 그러했듯 국가의 공동통치도 이루어져 소수의 고위 귀족들(강거나 쿠샨에서 빌려온 야브구와 테긴 등 새로운 칭호를 쓰고 있었다)이 여기에 참여했다.[47] 인도에서 키다라 왕조와 뒤를 이은 에프탈 왕조 훈 제국은 제국의 최고 군주인 대왕과 대왕에 복속하는 여러 라자rājā와 라지푸트rājpūt가 각자의 '봉토'를 가지고 통치하는 제도를 도입했다. 그리하여 준봉건제는 인도에 도입되며 재무 행정의 변화를 불러왔다.[48]

키다라 왕조는 국제 무역을 장려한 것으로 명성이 자자했고, 정복한 지역에서도 화폐와 경제 체제를 유지하고 이를 파괴하지 않았다. 훈족의 '파괴'라는 인식과 다르게, 사실 중앙아시아에서 훈 제국의 지배는 사마르칸트, 부하라, 파이켄트, 판지켄트 등 소그드 도시들에서 전성기가 시작된 시기였다.[49] 훈 지배자들은 호레즘(우즈베키스탄 북서부) 바라크탐Barak-tam에 2층 높이의 성채를 지었다. 이 성 안에는 예식장과 카펫이 있었는데, 이 유적을 발굴한 위대한 내륙아시아학 고고학자 세르게이 톨스토프Sergey Tolstov에 따르면 이러한 양식은 종래 이 지역의 것과는 상이한 것이었다. 훈(키다라 왕조와 에프탈 왕조) 시대 지배층인 초원 목축민, 즉 제국군 대다수와 고위 귀족층을 구성하는 훈인들과 정복당한 토착 인구 사이에서 융합도 있었지만, 차이점도 적지 않았다. 그러나 백훈 제국의 상층부 엘리트들은 정복한 지역의 상황과 관행에 상당히 빠르게 적응했고, 쉬이 쿠샨 인도와 사산조 페르시아, 소그드 문화의 요소들을 받아들였는데, 특히 예술과 건축 분야에서 그러했다. 보리스 리트빈스키Boris Litvinsky 등이 지적했듯, 에프탈인 대부분은 반半유목민/목축민으로, 에프탈 왕조의 주화와 인장, 심지어 비문들이 발견된 카피르칼라Kafir-kala(타지키스탄 남부)

등 유적지에서도 이 점이 확인된다. 악명 높은 탈레반에 의해 비극적으로 파괴된 아프가니스탄의 바미얀 석불은 백훈 시대에 만들어졌을 확률이 높은데, 이 외에도 인근에서 다수의 불상이 발견된 것은 백훈의 종교적 다원주의, 높은 문화수준, 세계주의를 잘 보여준다. 백훈의 주화에도 소그드어, 중기 페르시아어, 박트리아어, 브라흐미어 등 여러 언어가 사용되었다. 에프탈 왕조에서는 이외에 파흘라비어, 카로슈티어도 사용되었다.

뒤에서 다룰 유럽의 훈-게르만계 왕들과 마찬가지로, 중앙아시아의 훈계 지배자들은 정복한 지역의 과거 통치자들의 합법적인 후계자로 자신을 선전하는 데 열심이었다. 키다라 왕조의 경우는 앞서 설명한 바와 같이 쿠샨 제국의 계승성이 특히 많은 관심의 대상이 되었고, 그래서 이 훈 왕들은 쿠샨 왕의 계승자임을 자처했다. 쿠샨 국가의 재건이라는 수사는 키다라 왕조 훈 사람들이 새로운 피지배층의 충성을 얻어내는 아주 영리한 수완이라 해도 좋을지 모르겠다. 훈인들이 나타나기 1세기 가량 전에 쿠샨 왕조는 사산 왕조 페르시아에 의해 멸망했다. 새로운 출현한 훈 정복자들의 프로파간다는 아마 토착 주민들의 눈에 썩 그럴싸한 통치의 정당성으로 보였을 것이다.

이란과 인도에 남은 훈의 유산

백훈의 정복은 이란과 인도의 역사에 지속적으로 영향을 미쳤다. 사산 왕조 페르시아는 이 패배로 인해 군사적 굴욕과 예속뿐만 아니라 정통성의 위기를 겪어야 했다.[50] 훈 시대 이전 사산 왕조는 아르사케스 왕조 파르티아 제국을 전복시킨 뒤 로마인들에 대해 군사적 성공을 거둔 점에 호소하여 권위를 찾았다. 서기 2세기와 3세기에 로마 제국이 수차례 이란의 수도 티스푼*을 점령하는 동안 아르사케스 왕조는 무력한 존재로 비쳤고, 그만큼 새로운 사산 왕조의 정당성은 높아졌다. 그러나 이란과 비非이란의 군주šāhān šāh ērān ud anērān라고 선전하는 사산 왕조의 지배자가 훈 제국의 손에 처절하게 패배하고 훈의 황제에 복속되어 연공을 바치게 되는 처지가 되자 외적에 맞선 위대한 이란의 수호자라는 개념에 근거한 사산조의 정통성은 심각한 타격을 입었다.[51]

사산 왕조로서는 이란인 귀족과 신민들에 대해 자신들의 정통성을 지탱할 새로운 이데올로기가 필요했다. 그 결과 출현한 것이 이란 '민족국가national사'(더 정확하게는, '프로파간다적 가짜 역사')로, 전설 속 카얀Kayān 가문의 왕들을 사산 왕조의 조상으로 지목했다. 이 전설적인 역사는 당대의 문제를 재구성하고 재개장했다. 사산 왕조는 이란의 전통적인 종교인 조로아스터교를 통해 자신들을 전설 속 카얀 왕들의 합법적인 후손으로 만들었는데,[52] 이를 통해 카얀 가문은 심지어 로마인의 기원이 되는 세계의 왕이 되었다. 전설 속에서 카얀 가문은 수많은 역경을 거쳐 최대의 적인 투란Tūrān(당대 이란 동부를 위협

---

* 파르티아 제국과 사산 왕조 페르시아 제국의 수도 가운데 하나로, 지금의 바그다드에서 남쪽으로 35킬로미터 떨어진 곳이다. 한국에서는 대체로 그리스어 사료의 표기에 따라 크테시폰Ktēsiphōn이라 표기한다. 그러나 사산왕조 시대 파흘라비어 문헌과 소그드어 문헌에서는 티스푼Tīsfūn, TYSPWN이라 기록되었다. 따라서 본문에서는 당대 사료의 표현을 따랐다.

하던 튀르크어 사용자들, 즉 키다라 왕조와 에프탈 왕조 훈 제국과 동일시되었다)까지 격파했는데, 이는 사산 왕조가 훈 제국의 속신이라는 사실과 훈인들에 의해 왕중의 왕이 재앙에 가까운 패배를 당했다는 사실의 고통을 덜어주었을 것이다. 그 위대하고 신성한 카얀 가문마저도 비슷한 시련을 겪었기 때문이다. 문제는 '정통성'이었다.

조로아스터교적 카얀 혈통 체제의 애국적 '보편주의'와 '반#민족주의'는 훈 제국의 지배라는 역사적 상황에 대한 대응이었고, 사산 왕조 이란이 정치 질서의 미래를 다시 그리는 데, 그리고 중세 '이란' 정체성이 형성되는 데 크게 공헌했다. 예컨대 사산 왕조의 보편주의적 수사 안에서 파르티아와 같은 특수한 종족이 설 자리는 사라졌다. 사산 왕조가 만든 가짜 역사 속에서 파르티아 등 다른 지역/종족의 지배자들은 '역사적'으로 카얀 가문에 충성하고 복종한 '페르시아인'이 되었다. 이들은 이제 모두 이란인이었다.

서기 6세기 중반 돌궐 제국이 에프탈 왕조의 훈 제국을 멸망시킬 때 사산 왕조는 기회주의적으로 이에 동참하여 카얀 왕조 신화와 같은 역경을 이겨낸 승리를 이루어냈다. 이 새로운 신화는 나중에 이란이 또 한번 외세, 무슬림 아랍의 멍에를 썼을 때에도 이란 정체성이 살아남는 데 기여했다. 역설적이게도 훈의 멍에는 이란 정체성을 강화하였고, 오히려 이란을 지배한 나중의 정복자와 침략자들이 그에 동화된 것이다.

앞서 잠시 언급했듯이 인도에서는 키다라 왕조와 에프탈 왕조의 침공으로 새로운 정치 질서가 형성되었다. 카불과 간다라를 지배한 투르크 샤히와 같은 인도 서부와 아프가니스탄의 훈계 국가일지도

모를 수수께끼의 존재들은, 실질적으로 아랍 무슬림이 인도 북서 방면으로 침입하는 것을 막았다. 확실하진 않으나 인도 북방의 구르자라 쁘라띠하라Gurjara-Pratihara 정권(7세기부터 11세기까지 존재)도 백훈적 요소를 강하게 띠었던 것 같다. 구르자라 쁘라띠하라인 또한 백훈인과 토착 인도인이 섞이며 형성되어 인도 북부에 광대한 제국을 세웠으며 몇 세기에 걸쳐 아랍 무슬림이 신드 방면으로 침입하는 것을 막음으로써 인도 힌두교와 문화 전통의 이슬람화를 막아냈다. 10세기들어 샤히 세력과 구르자라 세력은 쇠락하기 시작했고, 무슬림들은 결국 튀르크계 가즈나조의 지도 아래 이들을 격파했다. 그러나 초기 칼리프 시대(라슈둔과 우마이야 왕조)에 정복된 근동과 이란 세계 대부분 지역이 이슬람을 받아들인 데 반해 인도는 비록 무슬림 지배 아래있었음에도 인도의 종교와 문화 세계를 유지했다. 인도의 훈계 집단과 그 후예들이 인도 힌두 문명과 문화의 이슬람화를 막아내는 데 기여했다고 할 수 있는 것이다. 인도에서 일부 후나인(훈인)은 주요 라지푸트 왕조의 성립에서 주요한 역할을 담당한 듯 보이며, 이들은 이후 인도 역사에서 호전성과 용맹함으로 명성이 높았다.

유라시아의 훈계 국가들

동아시아	중앙아시아	남아시아	유럽
흉노 제국 서기전 3세기~서기 1세기. 몽골고원과 중국 북부와 서부, 시베리아 남부. **남흉노** 서기 1~4세기. 북중국. **한漢-조趙** 서기 4세기. 북중국. **하夏** 서기 5세기. 북중국.	**북흉노** 서기 1~4세기. 알타이 산맥과 카자흐스탄. **열반 흉노** 서기 4~5세기. 카자흐스탄. **키다라 왕조-에프탈 왕조 백흉 제국** 서기 4~6세기. 동서 투르키스탄, 이란, 인도 북서부. **에프탈 왕조 잔당** 서기 6~8세기. 아프가니스탄.	**키다라 왕조-에프탈 왕조 백흉 제국** 서기 5~7세기. **투르크 샤히 제국** 서기 7~9세기. 아프가니스탄과 파키스탄. 지배 엘리트층은 에프탈 왕조의 후예일수도 있고, 에프탈 왕조와 융합한 서돌궐의 후예일수도 있음. **구르자라 쁘라띠하라 제국** 서기 7~11세기. 기원은 불분명하나 에프탈 왕조 훈의 요소를 강하게 띰.	**훈 제국** 서기 4~5세기. 동유럽과 중부유럽. **우티구르-쿠트리구르 불가르 훈** 서기 5~6세기. 우크라이나와 러시아 남부. **후기 불가르계 국가들** 1. 대불가르 제국 　서기 7세기. 우크라이나와 러시아 남부. 2. 다뉴브 불가르 제국 　서기 7~11세기. 발칸반도. 3. 볼가 불가르 제국 　서기 7~13세기. 러시아 중부. **캅카스 훈** 서기 6세기~? 다게스탄.

4장

유럽의 훈

훈 이전의 훈?

유럽의 훈 집단이 그리스·로마 사료에 처음으로 등장한 것은 서기 370년대로, 그들은 먼저 알란 집단을 격파하고 그 뒤에는 오늘날 우크라이나와 로마니아에 있던 그레우퉁기Greuthungi와 테르빙기Thervingi 등 고트 집단을 격파한 것으로 이름을 알렸다. 그러나 어원학적 추측에 기반하여 훈과 관련된 튀르크계 집단들이 유럽의 볼가강이서 지방에서 서기 2세기부터 활동하고 있었다는 설이 있다(대표적인 연구는 맨헨헬펜, 1973). 이 가설은 서기 2세기에 활동한 그리스·로마의 지리학자 프톨레마이오스가 후니Chounoi란 집단이 게르만의 집단 바스타르네스Bastarnes와 함께 사르마트의 록솔라니 부근 폰토스 초원에 있었다고 기록했기에[1] 더욱 신뢰할 만하다고 여겨졌다. 이 후니는 어떤 면에서 훈과 관련이 있었을까? 분명 이름은 무척 유사하며, 서기 2세기 이전부터 카자흐스탄에서 흉노/훈계 집단들이 활동

유럽의 훈 제국

했던 것을 감안하면 여기서 갈라져 나온 훈계 또는 튀르크계 집단이 유럽에서 훈을 자처했다는 가정은 불가능한 일은 아니다. 그러나 고고학적으로든 언어학적으로든 더 확실한 근거를 얻기 전까지는 이 가설이 옳다, 그르다 단정할 수 없다.

앞서 논의한 바와 같이, 서기 2세기와 3세기에 훈 집단의 본체는 그보다 더 동쪽인 몽골고원과 카자흐스탄 사이에 위치한 알타이 지방에 있었다. 이들과 러시아 남부의 알란 집단 사이에는 튀르크계 정령이 있었다. 이 정령인이 훈 국가에 흡수되기까지는 오랜 시간이 걸렸고, 아마 서기 4세기의 알란 정복도 그러했을 것이다. 따라서 현 시점에서 일부 훈과 관련이 있을지도 모르는 튀르크어 집단이 훈 집단의 본체가 알란의 영토에 당도하기 전에 이미 유럽에 존재했다는 가설은 개연성이 높아 보이지 않는다.

훈 도래 직전의 유럽

훈이 도착하기 전 유라시아 대륙에서 길게 뻗은 반도, 즉 유럽에는 크게 세 종류의 집단이 있었다. 첫 번째는 알란을 포함한 여러 사르마트계 집단인데 이들에 대해서는 앞선 장에서 다루었다. 오늘날 러시아 남부 쿠반 초원 지역을 중심지로 한 강력한 알란을 제외하면 서기 4세기의 사르마트인들은 정치적으로 분열되어 있었고, 자잘한 집단들로 나뉘어 유럽 동부와 중부에 흩어져 있었다. 옛 사르마트의 중심지였던 오늘날 우크라이나와 루마니아는 대개 (비록 사르마트화가 많이 진행되기는 했지만) 게르만어를 사용하는 고트계 집단의 손에 있었다. 고트를 비롯한 게르만계 집단들은 유럽 중부 대부분과 동부 일부를 지배하며 동쪽으로는 사르마트인, 남쪽과 서쪽으로는 로마 제국을 군사적으로 위협했다.

훈과 마주하기 이전 서기 4세기에 게르만계 집단들은 동쪽 초원의 관행과 얼마간 유사한 사회·정치 체제를 발전시키고 있었으나, 아주 기본적인 수준의 진화 단계에 있었다. 주요한 게르만계 부락연맹에서는 '대왕over-king'이 출현하여 느슨한 패권을 형성하기 시작했는데, 그 가운데 가장 눈에 띄는 존재는 테르빙기 고트(오늘날 루마니아)와 알레만니Alemanni(오늘날 독일 남서부)였다. 주목할 점은 이들 사이에 군사 수행단의 엄격한 통제가 가능한 강력한 귀족제적 요소가 있기는 했으나,[2] 그 패권은 느슨했다는 사실이다. 이는 근본적으로 서기 1세기와 2세기에 게르만계 종족 사이에 존재했던 극도로 불안정한 왕권을 가진 조직의 특징과 같았다.[3]

서기 4세기의 테르빙기 고트, 프랑크, 알레만니 등의 연맹이 조직과 정치구조 측면에서 3세기의 연맹들과 크게 달랐다는 증거는 없다. 로마 제국과 교류가 늘면서 이들 게르만계 연맹들이 사회적으로 더욱 복잡하게 분화되었을 수는 있다. 그러나 정치·군사 방면에서 4세기 게르만계 부락들이 3세기 로마 제국의 북쪽과 서쪽 국경을 침공한 조상들보다 강력하지는 않았다. 흥미로운 점은 서기 4세기 후반 게르만계 집단들 가운데 (양대 고트 지파를 필두로 한) 동게르만 일파가 (프랑크나 알레만니 등) 서게르만 일파에 비해 더 강력하고 잘 조직되어 있었다는 사실이다.

더 중요한 사실은 양대 고트 부락의 동부와 서부 분파 사이에서도 조직의 세련된 정도가 달랐다는 점이다. 서쪽의 고트 부락인 테르빙기는 더 서쪽에 있는 다른 게르만계 부락들과 마찬가지로 대개 독립적이었던 수많은 부락 수령들(레굴리reguli)의 지배를 받았으며, 이들은 가끔 (보통은 군사적 필요성 때문에) 유덱스iudex라 불리는 상위군주의 권위에 복종했다. 로마 교회사가 소크라테스 스콜라스티쿠스Socrates Scholasticus에 따르면 테르빙기 부락들 안에서도 아타나리쿠스Athanaricus라 불리는 지도자가 이끄는 집단과 프리티게르누스Fritigernus

라 불리는 군벌을 추종하는 집단 사이의 분란이 끊이지 않았다고 한다.[4] 4세기 말과 5세기 초 테르빙기는 차츰 조직적으로 더욱 굳건하고 정치적으로 중앙집권화된 비시고트로 진화한다. 그러나 이 진화는 이들이 동방의 알란이나 훈과의 접촉이 잦아진 뒤에, 그리고 훈과 알란, 어쩌면 그레우퉁기 고트로부터 초원 지역의 기병 활용 등 군사·정치 관행을 받아들인 후에야 일어난 것이다.[5]

　무질서한 조직에 가까웠던 서쪽의 친척들과 달리 폰토스 초원(오늘날 우크라이나)에 거주한 그레우퉁기 고트는 게르만계 족속들 가운데 더 진보하고 중앙집권화된 정치 조직을 지녔는데, 차츰 내부에서 특정 가문과 왕권을 연결시키려는 경향이 강해졌다.[6] 이는 (4세기 역사 서술에서 주된 사료가 되는 암미아누스 마르켈리누스에 따르면) 에르마나리쿠스Ermanaricus 왕의 손자였던 비데리쿠스Videricus가 미성년이었음에도 불구하고 왕으로 선출된 것에서 확실히 인지할 수 있다.[7] 그레우퉁기 고트의 조직적 굳건함은 이들이 일찍이 스키트-사르마트를 통해 초원의 정치 문화와 접촉하며 사르마트인들과 융합된 덕이 컸다.[8] 고트인과 사르마트인 사이의 혼인, 특히 엘리트 사이의 결혼은 드문 일이 아니었기에 고트와 알란/사르마트 사이의 강렬한 문화 변용이 일어났다. 뒤에서도 언급될 서기 4세기와 5세기의 유명한 고트계와 알란계 인물들은 대개 알란과 고트의 유산을 함께 물려받은 이들이었다. 예컨대 동로마에 종군한 위대한 알란인 장군 아스파르Aspar는 알란인 아버지와 고트인 어머니 사이에서 태어났다. 아드리아노플 전투에서 비시고트의 승리를 견인한 동고트계.기병 사령관인 알라테우스Alatheus와 사프락스Saphrax의 이름은 알란식이며, 후일 고트 집단을 이끌고 훈 제국의 지배에서 도망쳐 로마 제국의 영토로 들어가려 했던 고트왕 오도테우스Odotheus(386)와 라다가이수스Radagaisus(405~406, 올비아 비문에 언급되는 사르마트식 이름 라타고소스Rathagosos와 유사하다) 역시 마찬가지다. 그레우퉁기 고트 집단이나 반달과 게피드 등 동게르만계 부락들은 사실 철저하게 사르마트화가 진행되어 6세기 프로코피우스는 이들이 게르만 종족이 아니라 사르마트와 게테Getai에서 기원했다고 주장할 정도였다.[9]

다수의 고트 동부의 지배 씨족들 또한 기원부터 알란이나 사르마트와 섞여 있었다. 예를 들어, 훈 제국이 붕괴한 이후 동고트계 부락들의 지배 씨족인 (어쩌면 훈의 침공 이전에도 그러했을지도 모르는) 아말Amal 가문은 이란계일 가능성이 높은데, 아베스타어에서 아마ama는 강력하다는 뜻으로 미트라 신의 이명이었다.[10] 이러한 어원적 유사성은 서기 6세기의 고트계 역사가 요르다네스Jordanes가 아말조의 신화적 조상 중 왕조명의 기원이 된 아말이란 인물이 반신半神이라고 주장했던 것에서도 확인이 가능하다.[11] 아말 씨족에게서 보이는 알란/사르마트계 요소에 대한 추가적인 암시는 요르다네스 역사서의 다른 부분에서도 확인할 수 있는데, 이에 따르면 서기 5세기 중반 아말 가문의 안다그Andag가 알란 왕 칸다크Candac의 누이와 결혼했다.[12] 아말 가문의 후손인 안다그의 이름은 서기 3세기 타나이스 비문에 등장하는 사르마트어 인명 안다코스Andaakos와 같은 사르마트식임이 분명하다.[13]

의심할 여지 없이 그레우퉁기를 포함했던 후대의 오스트로고트(서기 5세기와 6세기의 동고트)는 기마술, 왕실 사냥, 매사냥, 샤머니즘,

강력한 아말 왕조의 이란-중앙아시아풍 왕실 예복 착용 등 초원민의 전형적인 특징을 모두 보여준다.[14] 고트인이 이 정도로 중앙아시아 초원 문화 및 전통과 유사점을 보이는 것은 서기 4세기 초부터 5세기까지 거의 100년에 달하는 훈 제국의 지배를 고려하면 자연스러운 결과라 할 수 있으며, 이러한 후대 오스트로고트의 문화는 훈 침공 이전의 그레우퉁기 문화에서는 확인할 수 없는 현상이다. 게다가 훈의 정복 이전부터 동고트 집단은 다른 어떤 게르만계 종족보다 내륙 아시아 문화에 크게 노출된 상태였다.

거의 중앙아시아 초원 왕국과 같았던 그레우퉁기 고트 집단과 대조적으로 게르마니아 지방의 다른 지역에서는 조직화된 국가 구조가 훈의 도래 이전에는 존재하지 않았다. 서기 4세기 게르만계 부락 연맹들은 전쟁이 일어났을 때만 초원 제국에서 볼 수 있는 통제 유형에 근접한 조직성을 보여주었다. 그러나 이 경우에도 이들의 군세는 명확한 명령 체제를 보유한 것이 아니라, 수많은 레굴리(소왕)가 느슨하게 모인 형태이거나, 설사 최고 수령이 있다 해도 군주라기보다는 전쟁 시의 동일인자 가운데 제일인자에 가까운 식이었다. 예컨대 알레만니 수령들 중 가장 강력한 코노도마리우스Chonodomarius가 서기 357년 아르겐토라툼 전투에 앞서 알레만니 군대를 소집했을 때, 그에게는 로마 제국에 맞설 군대를 총괄할 수 있는 그 어떤 권위도 없었다.[15] 그는 단지 수많은 독립적인 수령들 사이에서 가장 강한 이에 불과했는데, 로마 사가 암미아누스 마르켈리누스Ammianus Marcellinus는 이들을 '왕'과 동행한 크고 작은 규모의 수행원들이라고 표현했을 정도였다. 코노도마리우스는 전투에 동행한 조카와 동등한 지위였다고 전해진다. 다른 다섯 명의 왕도 코노도마리우스와 비슷한 수준의 힘을 지녔고, 열 명의 소왕(레갈레스)은 그보다 더 약했다. 또한 그들 가운데는 '귀족'(옵티마툼optimatum) 무리와 병사들이 있었는데, 이들은 어떤 국가나 왕조의 권위가 아니라 보수와 영토를 위해 싸우겠다는 약속 때문에 전투에 나섰다.[16]

백성에 대한 이 알레만니 '왕들'의 통제력은 너무나 약했다. 전투가 벌어지기 전 '왕들'은 주제넘고 그들 자신이 다른 사람보다 우월하다고 생각했다는 이유로 일반 병사들에 의해 말에서 끌어내려졌다.[17] 추종자들 또한 왕들에게 자신들의 의지를 강요했다. 예컨대 바도마리우스Vadomarius는 수행단에게 코노도마리우스에 동참하도록 강요받았다. 또 다른 무기력한 왕 군도마두스Gundomadus는 다수의 의견에 반대했다가 살해당했다.[18] 이는 잘 조직된 국가체는 물론이고 원시 수준의 국가에서도 일어나지 않을 법한 일이었다. 소위 게르만 왕들은 서기 4세기에도 이전 세기와 마찬가지로 혈연에 기초한 씨족의 대표자에 불과했다. 서부 게르만 부락들에서 왕들은 키닝cyning이라 불렸는데, 이는 '킨cyn(친족)을 대표하는 사람'이라는 뜻이었다.[19] 이들보다는 더 중앙집권화되었던 루마니아 지방의 테르빙기 고트도 비슷한 상황이었다. 수많은 릭스Reiks(소왕)들이 어느 정도 독립적으로 아주 좁은 영토와 쿠니kuni라 불린 주민을 다스렸다. 테르빙기의 법관(유덱스) 아타나리쿠스Athanaricus의 세력 아래에 있는 부락들에서 그의 권위는 아주 피상적이었고, 휘하 지도자들이 독립적으로 행동하거나 심지어 로마 제국과 직접 교섭하는 일을 제지할 수 없었다.[20] 알레만니 사회에서 안정적인 왕권이 확인되는 것은 이들이 훈 제국의 지배를 겪은 5세기 전반기 이후다.

서기 4세기 프랑크(알레만니 북방에 존재한 연맹)도 알레만니와 마찬가지로 권력이 분산된 상태였다. 이 연맹은 차마비Chamavi, 차투아리Chattuarii, 브루크테리Bructeri, 암시바리Amsivari 등 독립적인 집단의 연합이었다. 각기 자치적인 이 집단들은 소왕과 둑스dux[●]들의 통제를 받았고,[21] 종종 서로 다투었다. 프랑크의 전쟁 지도자 아르보가스테스Arbogastes는 소왕 마르코메르Marcomer 및 순노Sunno와 앙숙이었다.[22] 게르만계 가운데 초원민과 섞였거나 그들과 가까이에서 지냈던 부락 중에서만 그레우퉁기 이서 지역에서 더 응집력 있는 조직을 찾을 수 있다. 예를 들어 암미아누스는 유럽 중부 카르파티아 분지 인근에서 살던 콰디Quadi부에 대왕Rex, 그 밑에 수브레굴루스Subregulus(봉신 왕), 그리고 옵티마테스와 유디케스optimates et iudices(귀족과 관리)가 있었다고 말한다.[23] 이는 초원 연맹이나 왕국에서 찾을 수 있는 종류의 조직과 유사하다. 콰디는 사르마트 야지게스와 가까운 곳에 살아 일상적으로 교류했기 때문에 이것은 우연이라고 할 수 없다.

암미아누스의 짧은 서술만으로 콰디 사회에 초원 사회와 같은 명확한 계급 체계가 존재했는지, 아니면 각기 다른 규모의 전사 집단을 거느린 다양한 부락의 수령들이 병존했는지를 파악하기는 어렵다. 사실 암미아누스가 전하고자 하는 상은 후자에 가까울 수도 있다. 아길문두스Agilmundus가 수브레굴루스(봉신 왕)라 불린 이유는 중앙아

[●] 둑스는 본래 로마 제국의 지방군 지휘관직이었다. 포스트 로마 시대 게르만계 왕국들에서는 지방 군벌을 둑스라 불렀다. 시간이 흐르며 이 둑스들이 세습귀족으로 변화하여 공작duke이라 불리게 되었다.

시아의 초원 사회와 같은 정치 체계 속에서 그가 지녔던 지위 때문이 아니라, 단지 레갈리스(소왕) 비트로도루스Vitrodorus보다 작은 규모의 수행단을 거느렸기 때문일 수도 있다. 아마 옵티마테스나 유디케스는 더 작은 규모의 수행단을 거느렸을 것이다. 서기 4세기 중반 사르마트의 영향 아래에 있던 동게르만 족속들 사이에서 더욱 통합되고 서열화된 정치 구조가 발전한 것은 어쨌든 개연성을 가진다. 콰디 사회에 대한 묘사(어떤 종류건 계급 체계를 나타낸다고 가정한다면)가 영속적인 국가의 존재를 뜻하는지, 아니면 더 서쪽의 알레만니나 프랑크 등과 마찬가지로 위기 또는 전쟁의 시기에 일시적인 연맹이 형성되었음을 반영하는지는 불분명하다.

중앙 정부의 취약한 권위와 느슨한 정치적 통합은 개개의 전투력은 뛰어난 게르만계 부락들(고트 역시 예외는 아니다)의 군사력에 한계로 작용했고, 이들은 대체로 로마의 성벽을 두른 도시를 점령할 능력이 없었다.[24] 따라서 이들은 로마 제국이 정치적 권위를 유지하는 데 있어서 부차적인 위협밖에 되지 못했다. 뒤에서 확인하겠지만, 훈 제국은 오랜 공성도 유지할 능력이 있었고, 이것이 상황을 바꾸게 된다.[25] 특히 서기 4세기 후반과 5세기 고트 군대와 반달 군대에서 중요한 역할을 했던 게르만 기병의 발달 역시 게르만계 족속들이 훈이나 알란과 같은 중앙아시아 침략자들과 접촉하고 이들의 전략을 모방한 이후의 일이다. 이 초원식 기병대(알란과 그레우퉁기)가 고트 집단이 아드리아노플에서 로마군을 격퇴하는 데 크게 기여했다.[26]

세 번째로 다룰 서기 4세기 중반 유럽의 주요 정치체는 당시 가장 강력한 세력이었던 로마 제국이다. 로마 제국은 의심할 여지없이 당대 최고의 열강으로, 훈 제국의 도래 이전 수세기 동안 유라시아 서부와 북아프리카를 지배해왔다. 서기 3세기 이전에 이들은 혹독한 군사·정치·사회·경제적 위기를 경험했다. 페르시아와 게르만 침략 자들이 제국의 국경 대부분을 황폐화시킨 3세기의 아수라장을 헤쳐 나온 것은, 이전보다 훨씬 더 관료제적인 국가이자 군사적으로 잘 조직되었고 분리되었지만 완전히 별개의 국가는 아니었던 동로마와 서로마 제국이었다. 과거 역사학자들(그 유명한 에드워드 기번을 포함해)이 만든 서기 2세기 이래 로마 제국의 '쇠락'에 관한 신화, 특히 그 군사력의 '쇠락'에 관한 것은 이제 4세기와 5세기의 로마 제국, 특히 동방의 활력을 보여주는 압도적인 자료들로 인해 대부분 사실이 아니라는 점이 드러났다.

고대 후기 로마 제국에 관한 최근의 연구들은 로마 국가와 그 군대의 힘이 막강했고 바로 이웃한 게르만계 부락들은 상당한 군사력에도 불구하고 정치권력의 중앙집권화를 이루어내지 못했기 때문에 심각한 위협이 되지 못했다는 점을 정확히 지적하고 있다.[27] 서기 4세기의 로마 제국은 이전의 제국과 마찬가지로 장엄하고 강력했다. 행정 조직과 관료제, 군사 자원의 활용이란 측면에서 보면, 4세기 제국은 이전보다 훨씬 정교했고 효율적이었다. 피터 히더Peter Heather는 고대 사료의 수치를 조합해 3세기 후반에 로마 군인이 30만 명이었던 것에 반해 4세기 중반에는 40~60만 명으로, 최소한 3분의 1 이상이 증가했다고 주장했다.[28] 요안네스 라우렌티우스 리두스Ioannes Laurentius Lydus에 따르면, 디오클레티아누스Diocletianus 휘하 군대는 총 38만 9704명이었고, 4만 5562명은 수군水軍이었다고 전한다.[29] 아가

티아스Agathias는 64만 5000명이라는 다소 과장된 수치를 제시했다.[30]

이 수치들에 어느 정도 과장이 있을 수는 있다. 그러나 군대의 규모가 커졌다는 점에는 의심의 여지가 없어 보인다. 따라서 오늘날의 학자들은 4세기가 로마 제국 통치기의 가장 중요한 시점일 수 있다고 본다.[31] 존 매튜스John Matthews가 지적했듯이, 4세기 중반 제국 정부는 그리스·로마 역사를 통틀어 '규모와 조직의 복잡성'이란 측면에서 대적할 존재가 없었다.[32] 크리스토퍼 켈리Christopher Kelly 또한 '작은' 정부에서 '큰' 정부로의 뚜렷한 전환이 있었고, 이 전환으로 인해 제국 행정이 전례 없이 중앙집권화되어 더욱 효율적이고 개입적인 성격을 띠었다고 보았다.[33] 관료제의 확대와 재조직된 행정은 더 많은 세금을 뜻했고, 일부 현대 역사학자들이 (당대 상황에 대한 엄밀한 관찰보다는 현대 정치 이데올로기에 기초해) 표면적으로는 인상적인 행정적 재조직이 실은 내부의 쇠퇴와 인구 감소, 심지어 군사 붕괴까지 야기한 원인이었다고 주장했다. 그러나 이 경우 진실은 그 반대다. 4세기와 5세기에 제국의 인구는 증가했고 농촌 경제도 번성했는데, 특히 로마 제국의 동부 절반에서 그러했다.[34] 자원에 대한 효율적인 통제를 '몰락'과 '쇠퇴'로 볼 이유는 전혀 없다.

제국 당국의 중앙집권화와 행정 권한의 확대는 사실 군사적 '몰락'이 아니라, 로마 제국 군사력의 부활에 있어 주된 동력이었다. 디오클레티아누스와 그 후계자들 아래 서기 4세기 로마 군단의 숫자는 3세기 세베루스조 시대의 33개에서 67개로 늘어났다. 동방 지역에서만 28개 군단과 70개 기병 부대, 54개 보조 동맹군(알라ala), 54개 보병대(코호르스cohors)가 있었다.[35] 군단 내 보병의 숫자는 전에 비해 줄

어든 반면 기병대의 비중은 늘어났는데, 이는 4세기에 적들의 기동력이 더 증가한 것에 대한 대응이었다. 이 조치로 제국은 더욱 빠르게 움직이는 야전군을 조직할 수 있었다. 과거 제국군의 지휘관이나 장교들 대다수가 임시로 지휘권을 부여받은 문관으로 충분한 군사적 경험이 없는 아마추어였던 것에 반해, 이 시기의 제국군은 숙련된 직업군의 지휘를 받았다.

정예 제국군에서는 게르만계 내지 알란계의 비중이 점점 높아졌다.[36] 그러나 서기 4세기와 5세기 역사에서 '야만족' 출신이 아주 충성스러운 로마 군인이 아니었다고 추측할 근거는 없다. 사료가 전하는 바는 제국군이 더욱 효율적이고 헌신적으로 변했다는 것이다. 4세기에 로마 제국은 여전히 유라시아 서부에서 가장 강력한 군사력을 보유하고 있었다. 로마의 유일한 적수라고 한다면 동방의 사산 왕조 페르시아 제국을 거론할 수 있을 텐데 이들은 4세기에는 잠잠한 편이었다. 370년대까지 지정학적 상황은 로마 제국에게 유리하게 돌아갔다. 훈 제국이 등장하기 전까지 4세기 이래의 문헌 사료와 고고학적 자료를 포함한 모든 증거는 일시적인 야만족의 국경 침탈에도 불구하고 로마 제국의 통치가 영원히 이어질 것 같다는 인상을 준다.

훈의 침략

앞서 설명한 지정학적 상황은 서기 1세기 이래 유럽과 유라시아 서부에서 반복되던 일이었다. 거의 400년 동안 이런 지정학적 지형은 일시적으로 한 집단이 다른 집단을 침략하는 정도를 제외하면 거의 변하지 않았다. 훈 제국의 도래는 이를 극적으로 뒤바꾸었다.

훈은 먼저 강력한 알란 세력을 압도했다. 일부 알란인들은 유럽에서 성장 중이던 훈 제국에 흡수되었다. 또 다른 이들은 훈 제국의 지배 아래에서 살기를 거부하고 서쪽으로 이동했다. 유럽에서 훈 제국의 초기 확장에 대해 다룬 사료는 암미아누스 마르켈리누스의 것인데, 그의 기록은 사실 절망적일 정도로 혼란스러울 뿐더러 훈 제국의 알란 정복 이후 사건의 흐름이 왜곡되어 있어 정확한 사정을 복원하기가 어렵다. 암미아누스는 훈이 알란을 정복한 직후 우크라이나 지역에 있는 에르마나리쿠스 왕의 그레우퉁기 고트를 공격했다고 전하고 싶었던 것 같다. 그에 따르면 이로 인해 에르마나리쿠스 왕이 죽었다. 그러나 바로 직후에 후임 고트 왕인 비티미리스Vithimiris가 다른 훈의 도움으로 자신의 땅을 침공한 알란을 격파했다고 한다.[37]

이 기록은 초기 단계에 훈인들이 사분오열된 상태여서 일부 집단이 바로 직전에 패배한 고트 왕 아래로 들어가 일했다는 것을 의미하는 것일까? 맨헨헬펜은 암미아누스의 '다른 훈'이 직전에 그레우퉁기 고트를 격파한 훈이 아니라 (서기 2세기에 프톨레마이오스가 언급한) 후니라고 보았고, 훈의 침공이 시작되기 전부터 볼가강 서쪽에 살고 있었으며, 여기에 새로운 침략자에 대항해 고트에 합류한 알피드주리Alpidzuri와 알키드주리Alcidzuri 등 튀르크계 부락이 포함되었다고 추정했다.[38] 흥미로운 가설이고 알피드주리 등 맨헨헬펜이 식별한 '튀르크' 집단들의 일부가 서기 376년 이후 다뉴브강까지 밀려난 상황에서도 훈의 지배에 저항했던 점은 입증할 수 있다.

그러나 암미아누스가 단순히 사건의 전개를 혼동했을 가능성도 있다. 예컨대 훈이 알란을 격파한 이후 에르마나리쿠스의 그레우퉁기 고트를 공격한 사람들이 더 동쪽에 있던 훈이 아니라 훈의 추격을 피해 서쪽으로 달아난 알란이라고 가정하면 더 그럴싸한 가설이 만들어진다. 이 알란 피난민의 압력에 시달리던 고트가 패배한 알란을 쫓아 도착한 훈에게 도움을 청했을 개연성도 적지 않다. 알란을 격파한 훈이 마키아벨리 방식으로 약화된 그레우퉁기 고트를 그대로 정복했을 수도 있다. 암미아누스의 기록을 이런 식으로 재해석하면 썩 잘 조직된 그레우퉁기를 훈 제국이 빠른 속도로 정복할 수 있었던 이유를 잘 설명할 수 있다.

훈의 가차 없는 확장은 계속되었다. 그레우퉁기가 몰락한 뒤에는 테르빙기 고트가 먹잇감이 되었다. 그레우퉁기보다 훨씬 체계적이지 못했던 테르빙기는 훈에게 쉽게 패배했고, 루마니아에 있던 그들의 땅이 훈 제국에 점령당하자 테르빙기와 다른 고트계 집단들, 알란 집단들은 다뉴브강을 넘어 로마 제국으로 진입했다. 로마인들이 이 난민 위기에 적절히 대처하지 못해서 테르빙기 고트는 반란을 일으켰다. 아드리아노플 전투에서 로마 황제 발렌스와 동로마 제국의 야전군 대다수는 압력에 시달리던 테르빙기를 구하기 위해 전장으로 달려온 그레우퉁기-알란 기병대의 맹렬한 돌격에 쓰러졌다. 이 전투에 훈인들이 직접 참가했으리라고 생각되지는 않는다. 이 전투의 주안점은 전략적으로 로마군이 알란 또는 그레우퉁기 지배자인 알라테우스와 사프락스가 이끄는 전형적인 초원식 군대인 그레우퉁기-알란 연합군에 비해 열세였다는 사실이다. 한때 무적이었던 로마 보병은 이제 과거의 유물이 되었고, 로마인들은 콘스탄티누스 대제와 그 뒤의 황제들의 개혁에도 불구하고 로마식 군제가 여전히 초원 지역에서 도입된 새로운 전술에 비교하면 뒤처져 있다는 것을 공포에 떨며 깨달았다.

훈이라는 이름이 불러오는 공포는 그들보다 먼저 로마령 발칸 지역에 몰려든 고트와 알란 난민들이 퍼뜨린 이야기를 통해 로마 제국에 전해진 상태였다. 당시 로마 대제 테오도시우스Theodosius의 군대에 독자적인 수령의 지휘를 받는 통칭 트라키아 훈Thrakiōn Ounnoi이 존재했다는 기록이 있다. 그러나 이들은 알피드주리 같이 훈 제국에 속하지 않았던 튀르크계 집단으로 보이며, 훈이라는 이름에서 느껴지는 군사적 명성을 취하기 위해 이를 칭했던 것으로 보인다. 심지어 도망 노예나 로마군 탈영자들도 훈을 자칭하여 훈 제국에 대한 공포를 활용했다. 이 방랑 집단은 서기 401년에 플라비우스 프라비타Flavius Fravitta 장군 휘하의 로마 정규군에 의해 쓸려나갈 때까지 트라키아에서 분탕질을 벌였다.[39]

서기 5세기 초 훈 제국의 중심지가 여전히 훨씬 동쪽의 쿠반 초원지대에 있었음을 감안하면, 이 트라키아 훈은 사칭으로 보는 것이 합당해 보인다. 서기 370년대 훈의 전위대는 다뉴브강에서 활동했다.[40] 후대인 5세기 후반과 6세기 초의 로마 역사가 조시무스Zosimus는 서기 381년 혹은 382년에 스키리Scirii와 카르포다케Karpodakai란 집단이 훈 제국의 통제 아래 다뉴브강을 건너 로마 영토를 공격했다고 기록했다.[41] 기록상 훈이 처음 로마령을 약탈했을 때 주가 된 집단이 최근

정복된 복속민이었다는 사실은 서기 380년대 초 훈 제국의 서쪽 지역에서 훈의 병사가 극도로 부족했음을 알려주는 지표다.

암브로시우스Ambrosius 주교에 따르면 서기 384년에 훈은 일부 알란과 함께 이번에는 로마인들의 요청에 따라 로마령 라이티아에서 분탕질 치던 수에비 유퉁기Iuthungi(게르만계 부락 집단)를 공격한 뒤 갈리아(오늘날 프랑스) 방향으로 이동하다가 로마 황제 발렌티니아누스 1세Valentinianus I에게 설득당해 되돌아가서 알레만니를 공격했다.[42] 이번 서방 습격은 훈과 복속민 대군이 동원되었음이 분명했다. 에드워드 톰슨Edward A. Thompson은 훈 제국이 이때 로마 제국에서 판노니아 동부(대략 오늘날 헝가리 서부에 해당하는 지역)를 빼앗았을 거라고 추정했다.[43] 다뉴브강 인근에 대한 훈의 통치가 확립되었고 이로 인해 이 지역에 머물던 게르만 족속들의 로마 영토로의 이주가 촉발되었다.

서기 386년에 오도테우스 휘하의 고트계 집단이 훈 집단으로부터 탈출하기 위해 로마 영토로 진입하려 했다. 이 불행한 이들의 이주는 파멸로 끝이 났고, 이후 5세기 초까지 다뉴브강 인근에서 본격적인 부락의 이동은 없었다는 것은 최소한 387년에는 훈 제국이 헝가리 평원을 확고히 장악했음을 뜻했다. 이는 어떤 기준으로 보아도 인상적인 성취였다. 훈인들은 고작 10년이 조금 넘는 기간 동안 헝가리 서부에서 볼가강까지 이르는 방대한 영역을 정복하고, 직전까지 요동치던 지역을 대체로 안정시켰다. 물론 사고가 없지는 않았겠지만, 빠른 정복과 안정은 체계적인 행정 체제 없이는 이루어질 수 없었을 것이다.

유럽에서 훈의 대규모 군사행동이 재개되기까지 거의 10년이 걸렸다. 이 막간은 분명 서기 370년대 후반과 380년대 초반에 확보한 방대한 영역을 안정시키기 위한 시간이었을 것이다. 서기 395년에 훈인들은 다시 확장할 준비를 마쳤고, 재차 나선 원정은 유럽의 훈 제국이 막강한 조직 능력을 지녔음을 확실히 보여주는 거대한 사업이었다. 훈 제국의 동부는 캅카스를 따라 사산조 제국과 로마 제국을 동시에 공격했다. 훈 제국의 서부는 동시에 서쪽의 발칸반도를 급습했다.[44] 성 히에로니무스Hieronymus와 에브라임 시루스Ephraem Syrus를 공포에 떨게 한[45] 이 침공의 규모와 조직력은 오해의 여지없이 훈 제국의 정치적 통합성과 군사적 정교함을 보여주는 지표다. 로마 사료들은 훈 군대의 재빠른 기병 앞에서 동방이 얼마나 공포에 떨었는지를 기록했다. 에프라임은 가장 극적이고 폭력적인 비난을 전한 인물로, 그는 훈인들이 아이들을 잡아먹고, 여인의 피를 마시며, 악마 고그와 마고그의 화신이었다고 주장했다. 로마인들은 뒤늦게나마 힘을 합쳐 훈 제국에 대항하려 했지만, 강력한 훈의 침공군에 로마인들이 직접 대적했던 흔적은 없다. 로마군과 로마령 아시아 지역들을 약탈한 뒤 귀환하는 훈 군대 사이에 소규모 접전이 있었을 가능성 정도가 고작이다. 훈의 군대가 떠나자 대규모 충돌이나 그 비슷한 것도 일어나지 않았고, 로마 제국의 피해가 막대했음에도 황제와 궁정은 훈에 대한 '허깨비' 승리를 선언했다. 이러한 양상은 앞으로 로마와 훈이 접촉할 때마다 다시 볼 수 있을 것이다.

울딘

서기 5세기 초 로마 사료에 처음 나타난 훈의 왕은 다뉴브강 인근에 본거지를 둔 울딘Uldin/울디스Uldis였다. -in/-is라는 접미사는 그의 본명에 덧붙여진 그리스어식 접미사다. 따라서 그의 훈어식 이름은 울드Uld/울트Ult였을 가능성이 높으며, 이는 공통 튀르크어파에서 숫자 6을 뜻하는 알트altï에 해당하는 오구르 튀르크어일 가능성(오구르 튀르크어파 가운데 현대까지 유일하게 살아남은 추바쉬어의 울태ultă)이 있다. 과거 내륙아시아의 흉노와 유럽에서 훈 제국을 계승한 불가르Bulgar 양쪽 모두에게 여섯 명의 최고위 귀족으로 구성된 평의회/모임이 존재했다. 따라서 울딘은 사실 이 훈 제국 군주의 진짜 이름이 아니라, 단순히 그가 제국의 6대 귀족 가운데 한 명인 제왕諸王임을 의미하는 칭호일 가능성이 있으며, 훈의 체제상 이런 귀족들은 대개 통치 황가의 구성원이었다. 그는 훈 제국(이때 훈 제국의 본거지는 우크라이나와 러시아 남부였다)에서 서부 변경에 해당하는 다뉴브강과 판노니아를 맡은 부왕이었을 것이다. 그가 다스린 영토에 있던 그의 군대는 대부분 최근에 복속된, 믿음직스럽지 못한 게르만계 등 토착민들로 구성되었을 것이다. 그의 지위는 사실상 약했음에도 불구하고 울딘은 로마 대사에게 태양 아래 모든 땅이 자신과 훈 제국의 것이라고 자랑했다.

울딘이 다스리던 훈 제국의 서부 영토는 서기 405년에 라다가이수스가 이끄는 고트 집단이 훈 영토에서 로마령 이탈리아로 탈출하면서 시험에 들었다.[46] 20여 년 가까이 상대적으로 안정적이었던 훈 제국의 서부에서 일어난 이러한 갑작스러운 분리 시도의 원인에 관한 한 가지 추측은 울딘이 체제 정비를 마친 뒤 이전에는 자치 또는 토착 군주의 지배를 받았던 복속민을 상대로 초원 내륙아시아의 관례에 따라 훈의 왕공을 지배자와 행정관으로 임명하려 했다는 것이다. 울딘은 라다가이수스 집단의 탈주에 격렬한 반응을 보이며 서로마 제국의 장군 스틸리코Stilicho와 야합해 라다가이수스의 반란 세력을 완파했다. 이로써 다뉴브 지역에 대한 훈 제국의 통치가 가진 안정성과, 새로 정복된 신민들 사이에서 일어나는 분리주의적 시도를 무자비하게 처벌할 능력이 있음을 보여주었다.

울딘과 스틸리코의 동맹은 서로마 제국에도 얼마간 이득이 되었다. 동맹은 이탈리아를 위협하던 알라리크Alaric와 비시고트Visigoth(당시 발칸 서부에 있었다)의 야심을 억제했다. 서로마 황제 호노리우스Honorius는 (아마 울딘으로부터) 1만 명의 훈 군인을 고용해 알라리크를 공격했다. 또한 울딘은 한동안 동로마 제국과도 좋은 관계를 맺기 위해 본래 로마 제국에서 일하다가 반란을 일으켜 서기 400년경 훈 제국의 손에 최후를 맞이한 변절자 고트인 장수 가이나스Gainas의 목을 콘스탄티노플로 보내주었다. 울딘이 로마인들과 협력하려 했던 이유는 아마 서쪽의 게르만계 족속을 향해 더욱 세력을 확장하기 위해 남부 측면을 안정시킬 필요가 있었기 때문일 것이다. 서기 405년 혹은 406년에 알란 집단이 반달과 수에비를 이끌고 라인강을 넘어 갈리아로 진입했고 이 과정에서 프랑크를 격파하며 서방에서 큰 혼란이 일었다.[47] 이 이주는 십중팔구 울딘이 옛 반달과 수에비 영토를 공격한 결과일 것이다.

그러나 스틸리코가 훈 호위병(아마 울딘이 그에게 제공했을 것이다)과 함께 로마의 또 다른 용병 지휘관 사루스Sarus에 의해 잔혹하게 살해되면서 훈과 서로마의 동맹은 갑작스런 종말을 맞이했다. 울딘이나 그의 동료들은 알라리크의 처남 아타울프Athaulf를 통해 알라리크를 지원하여 서기 408년에 훈 군인들은 고트의 이탈리아 침공에 참여했다. 이 침공에서 로마시가 약탈당한 사건은 로마인들에게 오랫동안 충격적인 사건으로 기억되었다. 같은 해 울딘은 직접 로마령으로 출정했다가 불행한 운명에 처했다.[48] 이 침공은 실패로 끝이 났는데, 울딘의 부하와 장군이 로마 제국에 매수당해 반란을 일으킨 것이 원인의 하나였다. 로마인들은 비교적 정정당당하지 못한 승리를 거둔 뒤 울딘의 군대에서 사로잡은 스키리인 등 게르만계 포로들을 노예로 팔았는데, 이는 이 시기 서부의 '훈' 군대 대다수가 신뢰할 수 없는 게르만계나 알란계 등으로 구성되었음을 확인해준다. 그렇다 하더라도 로마 제국이 울딘의 침공 이후 다뉴브강 인근의 성채와 함대를 보강해 장래 훈의 침공에 대비했다는 사실은 로마인들이 여전히 후퇴한 훈의 군세를 두려워했음을 보여준다. 이 패배에 대한 훈 제국의 응징은 로마인들에게 끔찍한 결과를 가져왔다.

이 대실패 이후 울딘은 기록에 등장하지 않는다. 또 이후 10년 동안의 사료들은 이전보다 훨씬 단편적이어서 루가와 옥타르가 왕이 되기 전 20년간은 훈 역사의 윤곽조차 그려볼 수 없을 정도다. 서기 5세기 초의 사가인 올림피오도루스를 통해 5세기의 두 번째 10년기(412년경) 동안 카라톤이라 불린 대왕이 훈을 통치했음을 알 수 있다. 올림피오도루스는 도나투스Donatus라는 훈의 봉신왕과 협상하기 위해 대사로 파견되어, 훈 제국 내부의 사건을 직접 목격한 몇 안 되는 인물 중 하나다. 그는 도나투스가 알 수 없는 상황에서 살해당했다고 기록했는데, 아마 로마의 첩자가 부린 술수였을 것이다. 도나투스의 주군, "왕들 가운데 제1인자"인[49] 카라톤은 이 사건에 격분했으나, 어째서인지 로마인들이 바친 값진 선물을 받고는 누그러졌다. 여하튼 올림피오도루스의 증언은 (과거 흉노나 중앙아시아의 훈 제국과 마찬가지로) 유럽의 훈 제국에도 최고 지배자와 휘하 봉신왕 사이에 계급적 구분이 존재했음을 알려주는 드문 기록 중 하나다.

루가와 옥타르

서기 420년대 훈 제국의 왕권은 두 형제의 손에 있었는데, 루가(루아Rua나 고트화된 이름인 루길라Rugila라 기록되기도 했다)는 동부에서 대왕으로서 통치했고, 그의 형제 옥타르는 서부에서 루가의 대리인으로서 행동했던 것 같다. 이 형제에게는 블레다와 아틸라의 아버지인 문주크와 오이바르시우스(대단한 영예를 누렸고 아틸라 시대에도 여전히 그러했던 인물)라는 형제가 또 있었다. 루가와 옥타르에게는 조카가 되는 문주크의 아들들이 그들을 계승한 데 반해 문주크 자신은 로마 사료에서 왕이라 지칭되지 않은 것으로 보아, 문주크가 네 형제 가운데 맏이였으나 훈 제국의 전임 대왕(아마 이들 네 형제의 아버지이거나 삼촌이었을 것이다)이 죽기 전에 요절했다고 추측할 수 있다. 초원에서 황가의 최연장자 남성은 대개 전임 군주에게 아들이 있었느냐 없었느냐와 관계없이 가장 강력한 계승권을 지녔다. 따라서 블레다와 아틸라가 루가와 옥타르의 조카였음에도 불구하고 훈 제국의 옥좌를 계승한 일은 연장자 상속의 원칙과 삼촌 오이바르시우스(네 형제 중 막내였을 것이다)가 후보군에서 물러난 덕분이었을 것으로 보인다.

훈의 왕 루가와 옥타르는 볼모로서 훈의 궁전에서 청년기를 보낸 로마의 독재자 아에티우스Aëtius와 밀접한 관계를 맺었던 것 같다. 아에티우스는 훈 제국의 총애와 군사적 지원을 업고 로마 제국에서 자신의 야망을 이룰 수 있었다. 서기 425년 아에티우스는 테오도시우스 2세Theodosius II의 군대에 맞서 6만 명에 달하는 훈 군대를 동원해 서로마의 제위 참칭자 요한네스Johannes를 지원했던 것으로 추정된다. 이 상황은 훈 군대가 실제로 개입하기 전에 해소되었다. 그러나 아에티우스와 훈 제국 사이의 동맹은 이후 10년 동안 지속되었고, 루가는 동맹 아에티우스가 요청만 한다면 언제든지 군사적으로 지원해주었다.

루가와 옥타르의 재위 동안 훈 제국은 계속 확장되었다. 교회사가 소크라테스 스콜라스티쿠스에 따르면 서기 430년에 옥타르는 1만 명 규모의 군대를 이끌고 훈 제국의 서쪽 경계인 라인강을 넘어 약 3000명가량이었던 부르군트 탈주자 집단을 공격했다. 대다수의 전문가들은 이후 소크라테스가 기록한 옥타르의 최후가 단순히 지어낸 것이고 비역사적인 것으로 간주한다. 그에 따르면 옥타르는 지나치게 게걸스러운 인물로 밤중에 '폭발하여' 수치스러운 최후를 맞이했다. 이 사건으로 훈 군대는 혼란에 빠져들었고 부르군트인들은 기회를 틈타 야영지를 습격, 훈 군대를 격파했다. 소크라테스는 이 사건이 훈의 위협 앞에서 기독교로 개종한 부르군트인들에 만족한 그리스도교의 신이 개입한 결과라고 썼기 때문에 역사학자들은 이 기록의 역사성을 부정하는 경향을 보인다.

그러나 이 이야기를 좀 더 진지하게 고려해야 할 이유가 있다. 이 사건 이후 부르군트인들은 로마령 갈리아의 안보를 위협하는 강력한 세력으로 성장했다. 부르군트의 힘이 갑작스레 커진 것은 이들이 실제로 훈 군대에 맞서 누구도 예상치 못한 승리를 거두었고, 훈의 대왕 중 한 명의 죽음을 야기했기 때문이라는 가설을 세울 수 있다. 이 승리로 부르군트인은 서방의 게르만계 부락들 사이에서 막대한 권위를 얻었고, 부르군트 연맹에 참여하는 이들도 자연히 늘어났을 것이다. 부르군트인들이 훈 제국에 어떤 형태로든 피해를 주었다는 사실은 서기 437년 후반에 훈 제국이 패배한 부르군트에 유달리 가혹한 처벌을 가했다는 것에서도 추정할 수 있다. 서기 5세기 로마의 연대기 작가 프로스페르 아퀴타누스Prosper Aquitanus는 이 해에 아에티우스와 동맹을 맺은 훈 제국이 부르군트를 파괴했다고 기록했다.[50] 훈 제국은 부르군트의 왕 군다하리우스Gundaharius를 비롯해 2만 명의 부르군트인을 학살했다고 한다. 이 시점에 훈 제국의 대왕이자 동부를 지배하던 블레다의 아래에서 서부를 담당하던 왕이었을 아틸라는 부르군트를 파멸시키는 데 중요한 역할을 했을 것이다. 후대의 서사시 〈니벨룽의 노래〉에서 에첼Etzel로 등장하는 아틸라는 부르군트인을 절멸시킨 주요 인물 중 하나로 묘사되었다.

훈 제국과 루가가 봉신으로 여겼을 가능성이 높은 아에티우스와는 관계가 좋았던 반면, 동로마 제국과의 관계는 다난했다. 서기 422년 루가가 이끄는 훈 군대가 동방 황제 테오도시우스 2세를 압박해 평화 조약을 맺고 350로마파운드(114킬로그램)의 금을 연공으로 바친다는 약속을 받아냈다. 이 해에 동로마인들은 사산조 페르시아와의 전쟁에서도 패배했다. 이런 대실패 이후에 로마 황제가 에브도몬에 비문을 세워 자신이 모든 곳에서 승리를 거두었다고 주장한 것이 흥미롭다.[51] 로마인들이 군사적 패배를 승리로 묘사했다는 사실은, 로마 사료들에서 거론된 승리를 그대로 받아들여서는 안 된다는 점을 알려준다. 434년에 루가는 이슬라Esla를 콘스탄티노플에 사신으로 파견해 아밀주리Amilzouroi, 이티마리Itimaroi/Itimari, 툰수레스Tounsoures, 보이스키Boiskoi 등 동로마 제국 내부의 도망자 집단을 내놓으라고 요구했다. 재미있는 점은 이들 부락명 중 일부는 튀르크어란 사실이다. 즉 앞서 논의한 바와 같이, 훈 제국이 유럽에 등장하기 이전에 튀르크어 사용 집단이 이미 존재했을 가능성이 있으며, 이들은 여전히 저항하고 있었다.

앞서 언급했듯이 서기 420년대에 루가는 이미 트라키아를 침공하여 로마 제국에 연공을 강요한 바 있다. 이제 연공 액수는 더욱 높아졌음에도 루가는 대군을 이끌고 재차 트라키아를 침공해 로마인을 충격에 빠뜨렸다. 상황을 더 악화시킨 것은 동로마 제국 군대 중 많은 수가 서방 제국에 속한 북아프리카로 건너가 반달 왕국과 전쟁을 치르고 있었다는 점이다. 콘스탄티노플이 제도를 지키기 위해 모을 수 있는 군대는 루가의 군대에 비하면 너무나 미약했다. 소크라테스나 테오도리투스 키르후스Theodoritus Cyrrhus, 니키우 주교 유한나 알무답비르Yuḥannā al-Mudabbir 등이 남긴 기록에 따르면, 신이 에게키엘서

(38:2, 22)에서 예언한 바와 같이 루가와 그 추종자들을 멸했다. 콘스탄티노플의 총대주교 성 프로클루스(재위 434~447)는 겁먹은 신도들에게 루가의 자만심 때문에 신이 번개로 루가를 벌했다고 설교했다. 진실은 아마 이런 환상적인 이야기들보다 평범했을 것이지만 어쨌든 루가는 콘스탄티노플에 결정적인 공격을 가하기 전에 죽었다. 콘스탄티노플 전체가 축제를 벌였고 로마군이 그 어떤 승리를 거두지 못했음에도 테오도시우스 2세 황제는 훈 제국에 '완승'을 거두었다고 자랑했다. 훈 군대는 왕을 잃고 본거지로 귀환했다. 로마인들은 이 사실을 승리로 해석했다. 이런 일은 처음도, 마지막도 아니었다.

유럽 훈 제국의 정치 조직

이쯤에서 잠시 아틸라와 블레다가 삼촌들에게서 물려받은 정치체의 성격과 규모를 가늠해 보는 것이 적절할 것 같다. 일부 학자마저 유럽의 훈 제국이 국가라기보다는 엉성하게 조직된 부락의 우두머리에 가깝다고 보고 있다. 그러나 로마 사료들을 면밀히 검토하면 전혀 다른 그림이 펼쳐진다. 앞서 검토했듯이 카라톤의 재위와 그보다 앞선 레굴루스 울딘의 시대에 내륙아시아적이라 할 수 있는 대왕과 봉신왕 사이의 계급적 구분이 존재했다. 로마 사절의 일원으로 아틸라의 궁전을 방문한 프리스쿠스나 훈의 정치 관행과 관습을 직접 목격한 사람들은 아틸라와 블레다의 재위에 기능했던 훈 제국의 정치 조직에 대한 명확한 상을 제공한다.

프리스쿠스는 우선 훈 제국의 군사력에 대한 평가로 기록을 시작한다. "그(아틸라)는 어떤 나라도 버텨낼 수 없는 군대를 가지고 있다."[52] 물론 로마인들이 훈의 군사적 기량을 눈치 챈 것은 이것이 처음은 아니다. 서기 4세기에 활동한 섹스투스 아우렐리우스 빅토르Sextus Aurelius Victor는 이미 훈과 그에 복속한 알란을 모든 악 가운데 가장 끔찍하며 로마의 이름에 "극도로 위험하다"라고 기록했다.[53] 고故 데니스 사이노어와 같은 내륙아시아 역사학자는 이처럼 어마무시한 군사력이 내륙아시아식의 기동력 넘치는 군대와 발전된 군사 관행 덕분이라고 설명했다. 내륙아시아인들은 원시적인 오랑캐 무리가 아니었다. 군사 분야의 정교함은 로마 제국을 능가할 정도였다. 그러나 이 군사적 우월성에는 전제 조건이 있었다. 바로 초원민 사이의 정치적 통일이었다. 강력한 정치적 통제를 받는 내륙아시아 기병 군단은 그 군인들의 우월한 군사 기량(세계에서 제일가는 기마술과 영국 장궁보다 사거리가 두 배나 긴, 초원 무기의 '경이'라 할 수 있는 합성궁을 활용하는 궁술)과 장군들이 활용하는 우수한 전술 덕분에 사실상 무적이었다.

이 가공할 전쟁병기를 가진 훈인들은, 프리스쿠스에 따르면 동쪽으로 메디아(즉 이란의 페르시아)에 가까운 영역까지 방대한 영토를 통제했다.[54] 그는 420년대에 있었을 메디아(이란)에 대한 훈의 침공이 "왕족"이자 "대병력의 지휘관"인 바시흐Basich와 쿠르시흐Koursich의 지휘 아래 이루어졌다고 썼다.[55] 훈 제국이 동쪽으로 최소한 볼가 지역까지 지배한 것은 카마강변에서 발견된 훈식 가마솥을 통해 고고학적으로 확증되었고, 아틸라가 모피를 방문한 사절들에게 선물한 것도 이를 확인시켜 준다. 이는 훈 제국의 조공 체제가 폰토스 초원을 넘어 러시아 서부의 삼림 지대까지 도달했다는 표시일 수 있다. 황금 활(훈 제국의 계급을 알려주는 휘장) 등 훈의 유물을 통해 훈 제국 군주들의 무덤을 식별할 수 있는데, 5세기 초에는 라인강부터 동쪽으로 드네프르강까지 방대한 영역에 걸쳐 훈 제국의 통치가 중부 유럽과 동부 유럽 대부분에 미쳤음을 고고학적으로 증명한다.

프리스쿠스가 사절단의 일원으로 훈 제국을 방문해 또 다른 목격자인 서로마 제국 출신의 콘스탄티올루스Constantiolus에게 전해 들은 바에 따르면, 아틸라는 스키트 땅 전체부터 대양의 섬들(당대에 섬으로 여겨졌던 스칸디나비아 일부로 추측된다)까지 지배했다.[56] 프리스쿠스는 사절단이 머무르는 동안 아틸라가 페르시아 정복을 고려했다고 기록했다.[57] 프리스쿠스를 비롯한 로마인들이 아틸라와 훈 제국이 로마가 아니라 페르시아를 공격하게 해달라고 기도하자, 콘스탄티올루스는 그들에게 만약 훈 제국이 페르시아를 정복한다면 아틸라는 더 이상 로마의 '독립'을 좌시하지 않을 것이며, "그들을 종복으로 만들어" 로마인들로 하여금 자신을 황제라고 부르게 할 것이라고 경고했다.[58] 사실 아틸라는 이미 로마 제국의 패권을 경멸하고 있었는데, 프리스쿠스는 그가 로마 황제들을 자신의 장군들과 동격으로 여겼다고 기록했다.[59]

프리스쿠스의 증언은 서기 5세기 중반과 그 이전 훈 제국의 정치 조직에 관해 여러 중요한 사실들을 알려준다. 황가에서 가장 높은 지위의 두 인물을 주요 군사령관으로 임관시키는 것은 황족에게 주력군을 맡기던 옛 흉노식 관행임이 분명하다. 프리스쿠스는 또한 훈 귀족 에데코Edeco가 아틸라의 절친한 친구(에피테데이오스epitēdeios) 중 한

명으로[60] 왕의 곁에서 호위했다고 언급했다. 이를 통해 군주의 친위부대라는 내륙아시아의 공통적인 관행을 볼 수 있다. 에데코와 같은 군주의 친위군은 같은 시기 동쪽 몽골고원의 유연 제국에서도 찾아볼 수 있다. 한편 아틸라의 선택된 사람들(로가데스logades)에 관한 기록도 훈 제국을 다룬 사료들에서 여러 차례 찾아볼 수 있다. 이 로가데스들은 훈 군대에서 아마도 부락에 따라 편성됐을 부대를 지휘했고, 이들의 계급은 스키리의 통치자인 에데코처럼 저명한 인물부터, 귀족 출신으로 '스키트 땅에 있는 많은 취락의 통치자'인 베리크Berik나,[61] 최후의 서로마 제국 황제 로물루스 아우구스툴루스의 아버지인 오레스테스Orestes(아마 그리스·로마 출신이었을 것이다)처럼 비교적 낮은 계급 출신까지 다양했다.

'선택된 사람들'은 군사 업무뿐만 아니라 민간행정 업무도 수행했으며, 이는 앞서 확인했듯이 내륙아시아 정부 관리/고위관리가 군사 부문과 행정 부문을 아울러 담당했던 모습과 일치한다.[62] 프리스쿠스는 여러 로가데스 사이를 정확히 구분하지 않았으나(물론 그것이 사절단의 임무는 아니었으며, 훈 제국 정치 조직의 복잡한 모습을 포착한 것만으로도 대단한 일이다), 얼마간 단서는 남겨주었다. 그에 따르면 로가데스 내부에도 분명하고 정리된 서열이 존재했다. 이는 아틸라가 로마 사절을 위해 준비한 연회에서 보이는 내륙아시아식 좌석 배치에서도 확인할 수 있다. 로가데스 오니이시오스Onêgêsios와 베리크는 각각 왕의 오른쪽과 왼쪽에 앉았는데, 이는 가장 명예로운 자리로 여겨졌다. 대개 간과되지만 옛 흉노-훈 제국부터 시작하여 모든 초원 사회에서는 오른쪽(북쪽을 바라볼 때 동쪽)은 왼쪽(서쪽)보다 상위라 여겨졌다.

무슬림 지리학자 이븐 파들란Ibn Faḍlān의 예(922)에서도 볼 수 있듯이, 하자르 제국과 볼가 불가르(부분적으로 훈 제국의 후예)에서도 오른쪽 (동쪽)이 더 영예롭다고 여겨졌다. 따라서 제국에서 주요한 제왕은 최고통치자/카간의 오른쪽에 앉은 것이다.

아틸라의 궁정 연회의 좌석 배치에서 흥미로운 점은 로가데스보다 지위가 더 높았던 훈 제국의 황가 구성원들, 예컨대 왕의 삼촌 오이바르시우스나 왕의 맏아들은 왕의 바로 곁에, 같은 의자에 앉아 눈에 띄는 영예로운 자리를 차지했다는 점이다.[63] 로가데스도 그저 임의로 뽑힌 사람들이 아니라, 흉노 등과 같은 전통적인 초원 제국에서 보이는 관리들 같은 존재였다. 이는 이후의 비잔티움 사료에서 아바르 제국 내의 관리들을 구분할 때도 같은 용어를 사용한 점에서 확인할 수 있다.[64]

프리스쿠스가 확실하게 여러 로가데스가 속했던 지방관이나 관리의 지위를 밝히지 않았기 때문에 훈 제국의 계급이 옛 흉노식과 같다고 확신할 수는 없다. 분명한 것은 이들이 훈 제국의 중앙정부의 직접적인 통할統轄 아래에 있었고, 적어도 그 일부는 흉노의 24 '만기萬騎'와 같은 주요 지방관과 비슷하게 중요한 지역(초원과 훈 제국의 영토에서 부락 집단들은 엄격하게 정의된 영토 구역이 아니라 대개 고정된 지역에서 살았다)을 다스리고 중앙정부와 주변의 속국 사이의 관계를 통제했다는 것이다. 이는 에데코나 다른 로가데스들이 규모가 큰 봉신 부락에 대해 황실 대사나 의사소통 수단으로서 기능했던 점에서 개연성이 매우 높은 추측이라 할 수 있다. 로가데스 가운데 가장 중요한 지위에 있었던 오니이시오스는 우크라이나 지역의 아카트지리Acatziri 부

146

락에 파견되어 훈 제국의 황태자 엘라크가 부락을 직접 지배하는 군주로 임명되는 과정을 감독했다.[65] 주요한 흉노의 지방관이나 부왕들이 매우 유사한 업무를 수행한 예가 있다.[66] 아틸라의 친척이라 알려진 엠메드주르Emmedzur는 인명 또는 칭호로 보이는데, 프란츠 알타임Franz Altheim은 이것이 훈어로 '기병 군주'로 읽을 수 있는 애매추르ämäčur의 라틴어식 표기로 보았다.[67] 이는 흉노 제국의 주요 지방관의 칭호, '만기'에 정확히 들어맞는 것이다.

물론 이 로가데스들은 아틸라 재위에 불쑥 나타나지 않았다. 서기 5세기 초 훈 제국 서부의 왕 울딘이 로마 제국을 공격했을 때 그를 배신한 유지들(이키이oikeioi)과 지휘관들(로하이loi lochagoi)은 아틸라 시대의 로가데스로 따지면 그 가운데 하위층이었을 것이다. 이 지휘관/지방관들은 군사 원정 중 각자에게 할당된 특정한 훈 부대뿐만 아니라 또한 각자가 다스리는 영역의 복속민에게서 징발한 병사들도 지휘했다.[68]

복속민에게서 세금과 공물을 거두는 일도 로가데스 또는 그 아래에서 일하는 더 낮은 계급의 관리의 몫이었는데, 대개 현물(다양한 종류의 농업 생산물)을 받았던 것으로 보인다. 당시 로마 제국과 마찬가지로 훈 제국의 징세도 상당히 가차 없는 방식이었다고 전해진다. 나중에 뎅기지흐(아틸라의 아들)가 로마 제국을 침략하던 460년대 말 훈의 헬할Chelchal은 훈 제국이 고트인들로부터 세금(공물)을 거두는 방식을 생생히 묘사했다. 세금 징수관에게 당한 굴욕은 훈 제국 내의 고트인들이 반란을 일으키기에는 충분한 이유가 되었다.[69]

흉노나 다른 내륙아시아 제국들과 마찬가지로 훈 제국 역시 '유목' 제국이 아니었고, 농업 기반을 보유하고 있었다. 유럽에서 농업 기반은 대체로 고대 스키트 시대부터 농경을 수행해온 우크라이나의 피정복민(예컨대 고트인 등)으로 구성되었다. 또한 적지 않은 수의 농민들이 로마 영토에서 훈 제국으로 (대개 포로로서) 수입되었다.[70]

관료 조직의 존재는 아틸라의 궁정에서 로마 출신의 루스티키우스Rusticius나 콘스탄티우스Constantius, 오레스테스에게 중요한 역할이 주어졌다는 기록을 통해 추정할 수 있다. 판노니아와 다뉴브강 인근 지역을 정복하는 과정에서 로마화된 인구를 흡수한 일은 분명 훈 제국의 관료 기반을 강화했다.[71] 알타임이 지적했듯이, 훈인들은 대다수 전문가들의 의견과 달리 문맹의 야만인이 아니었다. 훈인들은 실은 고유의 문자를 가지고 있었을지 모른다.[72] 프리스쿠스는 훈 제국의 서기들이 훈 제국에서 로마 제국으로 도망친 망명자들의 이름을 서면으로 된 목록에서 읽어나갔다고 기록했다.[73] 알타임은 이때 읽힌 기록이 그리스어도, 라틴어도 아니었을 것이라고 보았다. 그는 이것이 현재 불가리아에 남겨진 비문들을 통해 알 수 있는, 훈-불가르인들이 사용한 오구르 튀르크어 룬 문자 체계이며, 이 문자는 훈 제국을 통해 중앙아시아에서 유럽으로 우리 생각보다 이전에 전래된 것이라 추정했다. 훈식 문자 체계가 존재했을 가능성을 말해주는 또 다른 자료는 미틸리니의 자카리아스 스콜라스티쿠스Zacharias Scholasticus의 시리아어 연대기로, 사실 이 책은 서기 507년 또는 508년에 캅카스 훈의 땅에 가서 7년간 머물렀던 아란의 카르두스트Qardust 주교가 기록한 것이다. 그는 돌아올 때 훈 언어로 된 책들을 가지고 왔다고 한다.

오니이시오스는 연회에서 훈 대왕의 오른쪽에 앉을 정도로 고위직이었는데, 이는 그가 명예와 상당한 권력을 누린 일종의 대재상과 같은 지위(아틸라가 자신의 아내와 같이 그를 정중히 대했다거나, 오니이시오스가 수도에서 두 번째로 거대한 궁전을 보유했다는 서술 등이 그가 가졌던 영향력을 보여준다)로, 훈 제국 관료층에서 비非훈 출신의 수장이 아니었겠느냐는 추정도 있다. 그를 훈 제국 관료계의 우두머리로 보는 것은 꽤 그럴듯하지만, 관료들의 책임자라는 이유로 그가 훈계가 아니라 그리스·로마계라 추정하는 것은 비논리적이다. 오니이시오스라는 이름 자체도 그리스어로 적힌 훈어식 인명으로 보인다. 이는 아마 고대 튀르크어의 온이이즈on-iyiz를 옮겨 적은 것일 터다. 내륙아시아 제국들에서 고위직은 대체로 황가 구성원이나 그 친척들이 독점했던 것을 고려하면, 그는 로마 제국의 망명자보다는 훈인이었을 가능성이 더 크다. 만약 오니이시오스가 훈인이라면 오니이시오스의 형제 스코타스Skottas도 마찬가지로 훈인이어야 할 것이나, 인명 자체는 고트어로 추정되며 이는 종족과 인명의 어원이 꼭 일치하지는 않는다는 점을 보여준다. 더 흥미로운 사실은 오니이시오스란 인명이 사실 "열 명의 추종자를 거느린"이란 의미로,[74] 전형적인 초원식 십진법 체제로 조직된 군대의 지휘관이라는 그의 직책을 가리킨다는 추정인데, 그렇다면 이 또한 인명이 아니라 칭호로 보아야 할 것이다.

이상의 논의들은 앞서 흉노나 중앙아시아의 훈 제국에서 검토한 바와 같이 계급에 따른 중층의 정부 구조가 유럽의 훈 제국에서도 존재했음을 보여준다. 심지어 하층이라 할 수 있는 부락 수준의 집단에서도 이러한 엄격한 계급 구분이 존재했음이 분명히 드러난다. 프리스쿠스는 훈 제국에 복속된 유목 집단으로 흑해 연안을 따라 살았던 아카트지리 훈 부락에 대한 이야기를 전해준다. 아카트지리의 훈 사람들은 아틸라에 불만을 품고 반란을 계획했는데, 아마 아틸라가 훈 제국의 정당한 대왕이었던 형 블레다를 몰아내고 집권한 일로 인해 아카트지리가 훈 제국의 중앙 정부에서 소외되었기 때문일 수 있다. 아카트지리는 훈 제국의 동부 영역에 있었고, 따라서 아틸라가 아닌 블레다의 관할이었을 것이므로, 이들은 살해당한 군주를 위해 복수하겠다는 열망을 품었을 것이다.[75]

아카트지리의 반란 계획은 로마 제국의 적극적인 지지를 받았다. 그러나 로마 대사들은 황제가 반란 지도자들에게 보낸 선물들을 분배하는 과정에서 실수를 범했다. 고위직에 있던 쿠리다호스Kouridachos는 두 번째로 선물을 받았는데, 그는 이를 자신의 지위에 적합한 명예를 부인하는 것이라고 해석했다.[76] 이 모욕 때문에 쿠리다호스가 아틸라에게 반란 계획을 알려주었고 훈 제국의 대왕은 재빨리 반란을 진압해버리고 그 뒤에 맏아들 엘라크를 이 중요한 동부 '영지'의 지배자로 세웠다.[77] 지위와 관직, 그리고 계서에 대한 언급은 훈 제국이 내륙아시아 행정식의 복잡한 계급제를 이처럼 아래에 있던 부락 수준에서도 시행했음을 분명하게 보여준다. 훈식 정부기관은 과거 게르만계 연방 중 서부는커녕 고트의 그레우퉁기 연맹에서도 찾아볼 수 없는 것이었다. 이는 분명 이전의 흉노와 다른 내륙아시아 종족들에게서 훈 제국이 물려받은 내륙아시아적 정치 유산이었다. 훈식 정치 관행의 전래로 말미암아 엄격한 정치적 지배구조와 정부 관리들 사이의 엄밀한 계급체제, 피정복민에게 명확히 규정된 임무를 할당하는

관행이 나타났다.[78]

　엘라크가 아카트지리의 통치자로 지명된 일 역시 초원의 관행으로, 과거 흉노가 주요 영지를 황가의 일원에게 부여했던 것과 같다. 아틸라의 방대한 제국은 나중에 분열되는데, 이는 바로 아들과 친척들 사이에서 영지의 분배를 두고 일어난 쓰디쓴 분쟁 때문이었다.[79] 또한 《511년 갈리아 연대기Chronica Gallica ad annum LXI》에 따르면 아틸라의 혈족cognatus Attilae이었다고 하는 라우다리쿠스Laudaricus(게르만어로 라우다릭스Laudareiks)[80]의 경우도 있다.[81] 보녀 이슈트반Bóna István이 지적한 것처럼, 엘라크가 동부 아카트지리의 통치자로, 에데코가 복속당한 스키리의 통치자로 지명되었듯, 라우다리쿠스는 게르만계 부의 봉신왕이었을 것이다.[82]

　양익(좌익과 우익 또는 동부와 서부)으로 대별되는 전통 초원 제국 체제의 이원정치는 앞서 다루었듯 흉노 왕정의 특징이었고, 마찬가지로 유럽의 훈 체제에서도 주요한 요소로 나타난다. 훈 역사에서 여러 차례 두 사람의 최고 통치자를 발견할 수 있다. 루가는 형제 옥타르와 함께 통치했는데, 옥타르는 훈 국가의 서부에서 주로 활동했고, 때로는 아에티우스의 동맹자로도 움직였다.[83] 이는 옥타르가 제국의 서부를 통치했고, 분명 더욱 지위가 높았던 루가가 전통에 따라 동부 절반을 다스렸을 개연성을 의미한다. 요르다네스의 《게티카Getica》에 나온 문장 "옥타르와 로아스 형제는, 아틸라 이전의 왕들로 알려져 있다germani Octar et Roas, qui ante Attilam regnum tenuisse narrantur"는 이 점을 확실히 보여준다.[84] 요컨대 옥타르와 루가는 아틸라 집권 이전에 왕권을 공유했다. 이들의 뒤를 조카들이 계승했고, 블레다는 동부를, 아틸라는 옥타르의 영지를 이어받은 듯하다. 아틸라가 서부를 다스렸다는 사실은 아틸라가 게피드 훈Gēpidōn Ounnōn에 속했다(즉, 그의 영지는 게피드부였고, 게피드는 훈 제국 서방의 핵심인 오늘날 헝가리에 해당했다)는 프리스쿠스의 진술과도 맞아떨어진다.[85]

따라서 아틸라가 잠시 단독으로 왕권을 장악한 것은 표준적인 초원의 관행에 반하는 '독재'로 여겨졌다. 그는 물론 곧 익숙한 이원정 체제에 따라 동방의 통치를 아들 엘라크에게 맡겼다. 프리스쿠스는 아틸라를 "프라이키푸우스 훈노룸 렉스praecipuus Hunnorum rex", 즉 훈의 으뜸가는 왕이라고 불렀다.[86] 엘라크는 아틸라의 대리인이자 동방에서의 공동 통치자였고, 제국 내에는 그 외에도 더 작은 영역을 다스리는 제왕들이 있었다. 아틸라가 죽은 뒤 내전과 혼란의 시기를 거친 후 이원정은 다시 부활하여 뎅기지흐와 에르나흐가 (각각 서방과 동방에서) 함께 훈의 옥좌에 올랐다. 동쪽 영역에서 훈 제국의 계승자인 에르나흐의 후손들이 다스렸을 불가르 훈 제국에도 양익, 즉 쿠트리구르Kutrigur(서방)와 우티구르Utigur(동방)가 존재했다.

이원 체제의 두 왕 아래에는 초원 동부에서, 어쩌면 흉노에게서 직접 파생된 것으로 보이는 또 다른 제도인 여섯 명의 최고 귀족으로 구성된 귀족 평의회가 있었다. 이 기관을 튀르크어식으로 추정해보면 알트altï/울태ultä 추르čur(여섯 귀족)이라 불렸을 것이다. 이 말은 그리스어 울티주리Oultizouroi로 옮겨졌다.[87] 아틸라의 아들인 에르나흐의 친척이었다는 훈 군주의 인명(또는 칭호) 울트진주르Ultzincur(ult는 '여섯', čur는 '군주') 역시 훈 제국에서 여섯 귀족의 평의회가 존재했으리라는 가정에 신빙성을 더해준다. 6대 볼리아데스ex Boliades oi megaloi(여섯 보야르/귀족)는 훈의 후예들이 세운 다뉴브 불가르 제국의 핵심 정치체가 되었고,[88] 불가르 훈의 지파인 볼가 불가르에서도 옛 흉노 제국과 같은 네 명의 고위 제왕(제국의 4대 주요 지방을 상징하는 흉노의 사각四角에 해당)이 있었으며, 최고 통치자의 오른쪽에 앉았다.[89]

훈 제국에 '육각'이 존재했다는 사실은, 이전의 흉노나 후대의 볼가 불가르에서와 마찬가지로 제국의 4대 주요 구역을 지배하는 4대 제왕이 존재했음을 암시한다. 프리스쿠스가 아틸라의 경력을 요약할 때 아틸라가 스키트와 게르마니아 땅을 지배하고, 두 로마 제국을 공포에 떨게 했다고 기록했던 점도 이와 관련이 있는 듯하다. 알타임은 이 기록이 황제/카간이 천명에 따라 사방四方을 지배한다는 훈/초원의 이데올로기를 반영한다고 보았다.[90] 이와 비슷한 관념이 나중의 돌궐 오르혼 비문에서 나타나는 것은 사실이고, 이것이 훈 제국에는 존재하지 않았다고 가정할 이유는 없다. 그러나 스키트와 게르마니아의 구분은 로마식 지리 관념이지, 훈 제국의 것은 아니다. 즉, 이 묘사가 훈식 초원 이데올로기를 반영한다고 가정해야 할 이유도 없다. 그러나 프리스쿠스가 훈 사람들이 죽은 군주를 위해 외친 구호를 로마식으로 해석하였고, 로마인 독자들을 위해 훈식 지리 관념을 로마식으로 번역했을 수도 있다. 프리스쿠스의 기록에 훈 사람들이 아틸라의 행운을 빌었다는 대목도 흥미롭다.[91] 하늘에서 받은 행운은 내륙아시아 군주권에 있어서 핵심적 요소였고, 훈 사람들이 보는 아틸라에게도 예외는 아니었을 것이다.

훈이 내륙아시아적 기원과 흉노와의 관계를 의식했다는 사실은 유명한 불가르 왕명록을 통해 엿볼 수 있다. 아틸라의 아들 에르나흐는 불가르 군주와 둘로Dulo 황가의 조상 중 한 명으로 등장한다. 대다수의 전문가들은 둘로라는 이름이 서기 6세기와 7세기 서돌궐 제국의 양대 하위 연맹 가운데 하나였던 돌육咄六과 동일한 것으로 파악한다. 중요한 점은 서돌궐 제국의 돌육 연맹이 점유하던 영토가 훈 제국이 유럽으로 이주하기 이전에 중앙아시아의 흉노-훈 국가가 존재했던 곳이라는 사실이다. 불가르 왕명록에서 언급되는 또 다른 부명 에르미Ermi는 (서투르키스탄의) 에르미히온Ermēchion 지방을 가리키는 듯하다.

이상의 논의를 통해 훈 제국이 조상인 흉노나 당대 동방의 친척인 키다라 왕조-에프탈 왕조 백훈 제국과 매우 유사한 조직을 보유했음을 확인할 수 있었다. 훈은 이 복잡한 준봉건적 사회·정치 체제와 대단히 훌륭한 조직력을 통해 게르만계, 이란계, 슬라브계, 핀우그르계, 튀르크계 등 무수한 복속민을 하나의 제국으로 묶어 유럽에서 계속해서 전쟁을 치르면서도 성공적으로 통치할 수 있었다. 즉 훈 사람들이 유럽에서, 로마 국경 너머의 땅에서 처음으로 통합된 제국을 세우고, 유럽의 사람들에게 로마의 패권을 대체할 수 있는 실제적이고 실현가능한 정치적 대안을 제시한 것은 결코 우연이 아니다.

유럽의 훈이 무질서한 부락들의 집합이 아니라 제국적 국가를 구성했음을 알 수 있는 마지막 지표는 피정복민을 대상으로 대대적으로 펼친 사민 정책이다. (초창기 울딘 같은 왕도 이보다 작은 규모의 사민 정책을 펴기는 했지만) 루가와 아틸라의 재위 훈 제국은 정복한 알란이나 고트, 스키리 등 비훈계 부락 집단들을 대량 징집하고 강제로 이들 부락 전체를 본래 살던 지역에서 다뉴브강 유역으로 이주시켰다.

예를 들어 오스트로고트는 훈 제국에 의해 우크라이나에서 판노니아 지역으로 옮겨져서, 피터 히더가 티서강 중류 훈 제국의 핵심 영역을 보호하는 원형이라 부른 것의 일부가 되었다.[92] 이 대량 이주는 루가 또는 그 조카들인 블레다와 아틸라의 명에 따라 이루어졌을 것이다. 이처럼 대규모 인구를 통제해 움직이는 것은 행정 조직이 체계적으로 작동하는 국가에서만 실행될 수 있다. 인력을 조직적으로 동원하고 피정복민에게 세금을 부과하는 능력은 행정 효율과 국가 능력을 가늠할 수 있는 핵심 지표다. 훈은 두 능력 모두를 보유했고, 따라서 이들의 제국은 유럽에서 명백히 국가로서 존재했다.[93]

5장

아틸라의 훈

블레다와 아틸라

서기 434년 루가가 죽은 뒤 조카인 블레다와 아틸라가 훈의 권좌에 올랐다. 이 시기 이전에 아틸라나 다른 고위 황족이 이미 옥타르를 대신해 제국의 서부를 다스리고 있었을 가능성도 있다. 루가는 죽기 전인 433년경에 갈리아에 있는 아에티우스를 돕겠다고 약조했던 것 같다. 그의 조카들이 다스리는 훈 제국은 이 약속을 존중해 최소 439년, 최대 440년대 중반까지 아에티우스에게 군대를 지원했다. 아에티우스는 훈 군대를 이용해 갈리아에서 로마 제국의 권위를 다시 세웠다. 훈 군인들은 437년 바가우다이Bagaudae(로마 제국에 맞서 봉기한 집단)의 지도자 티바토Tibatto를 사로잡는 데 중요한 역할을 했다. 앞서 언급했듯이, 이 해에 훈은 아에티우스와 동맹을 맺어 부르군트를 격파했다. 또 다른 훈의 소규모 분견대는 로마 장군 리토리우스Litorius를 도와 비시고트의 공격을 받은 나르본(남프랑스)을 구했다. 아에티우스는 또 한 번 훈의 도움으로 438년 비시고트에 맞서 중대한 승리를 거두었다. 그러나 439년의 비시고트에 대한 공세는 실패로 돌아가고 리토리우스도 전사했다. 살비아누스Salvianus에 따르면 이것이 훈을 믿은 리토리우스와 신을 믿은 고트의 차이였다! 그럼에도 훈의 도움은 비시고트의 위협을 막는 데 결정적이었고 효과적이었다.

아에티우스는 훈과의 동맹을 통해 적잖은 이득을 거두었다. 갈리아는 서기 5세기 초의 혼란 이후 다시 로마 제국 치하로 돌아왔다. 비시고트와 알란, 부르군트, 프랑크는 물론이고 골칫거리였던 갈리아 북부의 바가우다이까지 모든 세력이 훈 제국의 말발굽 아래 굴복했다. 서기 440년대 초 동서의 로마 제국이 처한 군사적 상황은 반세기 전에 비하면 훨씬 나았다. 서기 441년에 서로마 제국과 동로마 제국은 제국 전체에 있어 가장 골치아픈 문젯거리인 반달-알란(이들은 과거 로마 영토를 가로질러 북아프리카에 정착했다)을 쓸어버릴 준비가 된 상태였다.

그러나 서기 434년에 루가가 죽은 뒤로 계속 유지되어 왔던 동로마 제국과 훈 제국 사이의 평화는 441년에 산산이 부서졌다. 훈의 두 왕은 로마령 발칸반도를 침공했다. 사산조 페르시아도 같은 때에 동방에서 로마를 공격했는데, 이것이 의도된 것인지 우연이었는지는 판단이 쉽지 않다. 이 공격은 서기 5세기에 페르시아가 로마령에 취한 마지막 공세였다. 이후 페르시아인들은 동방에서 백훈의 위협에 대응하느라 급급했기 때문이다. 북방에서 침공해 들어오는 훈 군대에 대적하기 위해 로마 정부는 반달과 그 왕 게이세리크를 공격하기 위해 보낸 아레오빈두스Areobindus 장군 휘하 군대를 소환해 콘스탄티노플을 방비하게 했다.[1] 서기 442년 말, 로마가 훈 제국에 전보다 연공을 늘려 지불하는 데 동의하면서 전쟁은 끝이 났다.[2]

아틸라, 최고 권력자

이 시점까지 훈의 대왕은 제국의 동방을 다스리는 블레다였음이 분명하다. 서기 442년에서 447년 사이에(아마 444~445년경) 아틸라는 형을 암살하고 최고 지배자의 자리를 찬탈했다. 훈 국가는 옛 흉노 제국과 마찬가지로 연맹체적 성격과 황족들의 공동통치라는 원칙을 가지고 있었다. 초원 제국에서 최고 지배자가 이론상 절대 권력자였음은 맞지만, 권력을 독점하려 들면 심각한 반란과 정권 전복으로 이어지기 십상이었다. 흉노의 경우 악연구제握衍朐鞮 선우가 모든 정치권력을 자신에게 집중시키려 하며 흉노 귀족이 정통적으로 누리던 권리를 침해했다가 타도당한 바 있다.[3] 악연구제를 생각나게 하는 아틸라의 폭거와 독재가 아마 아틸라 사후 잇따른 혼란을 야기한 원인이 되었을 것이다. 그의 권위주의에 대한 반발은 이미 재위 중에도 나타났으니, 마마Mama와 아타캄Atakam 등 훈 왕족들이 로마인에게로 도망친 것이다. 이 불운한 훈의 왕족들은 곧 콘스탄티노플에서 패배한 황제에 의해 아틸라에게 넘겨졌거나, 아틸라에게 넘겨지기를 거부하다가 로마인들에 의해 죽음을 맞이했다.[4]

아틸라는 최고 통치자의 지위를 쟁취한 뒤 서기 447년에 로마에 대한 전쟁을 재개했다. 이때의 싸움은 상대적으로 공평해서, 두 제국 중 어느 쪽도 속임수나 이중전선의 부담을 지지 않았다. 현전하는 사료들은 이 전쟁이 이전에 일어난 441~442년의 것보다 훨씬 거대했다는 사실을 알려준다.[5] 이 해에 발칸반도의 로마군 전체가 말 그대로 쓸려나갔다. 동로마 야전군은 전력을 다해 훈 군대와 싸웠지만 차례대로 파괴당했다. 아틸라는 고트 출신 사령관 아르네기스클루스Arnegisclus가 이끄는 로마군을 우투스강 인근에서 격파한 뒤, 그들이 작전의 거점으로 삼았던 마르키아노플을 약탈하고, 동로마 제국의 마지막 가용 야전군(아르네기스클루스는 우투스 전투에서 전사했으므로 이 군대는 아마 아스파르와 아레오빈두스의 지휘를 받았을 것이다)을 격파했다. 테오파네스는 위에서 언급된 세 장군이 모두 끔찍하게 패배했고, 아틸라는 '두 바다', 즉 흑해와 헬레스폰토스로 진군하면서 동로마 황제 테오도시우스 2세에게 조약을 강요했다고 전한다.[6]

《452년 갈리아 연대기Chronica Gallica A. CCCCLII》에 따르면 훈 군대는 발칸 반도에서 70여 개 도시를 함락했다.[7] 아드리아노플과 이라클리아를 제외한 트라키아의 모든 도시는 점령당하고 약탈당했고,[8] 콘스탄티노플 자체도 엄청난 위협에 노출되었다. 이 재앙에 이어 훈의 군대는 그리스의 깊숙한 곳인 테르모필라이까지 진입해 약탈을 시도했다. 동로마 제국이 입은 피해는 너무나 막대했다. 파괴당한 발칸 반도는 황폐해진 상태로 5세기 말까지 남아 야만인 무리에도 사실상 대적할 수 없었다.[9] 서기 6세기의 연대기 작가 마르켈리누스 코메스Marcellinus Comes는 이 모든 재앙을 아래와 같이 요약했다.

과거의 어느 전쟁보다 거대한 전쟁이 아틸라 왕에 의해 우리에게 닥쳐와 거의 유럽 전체와 도시들, 성채들을 침공하고 약탈했다.[10]

프리스쿠스는 이 전쟁의 결과에 대해 좀 더 자세히 적었다.

로마인들은 짐짓 자신들이 자발적으로 협상[연공을 늘린 것을 뜻한다]을 맺은 듯 행동했지만, 그 지휘관들을 사로잡은 압도적인 공포 때문에 로마인들은 평화를 열망하여 모든 명령을 설사 가혹하다 할지라도 흔쾌히 받아들일 수밖에 없었다.[11]

로마인들은 일시불로 금 8100로마파운드(2648킬로그램)를 즉시 훈의 왕에게 개인적으로 바쳤고, 또한 정확한 금액은 알려져 있지 않으나 훈에 잡혀간 막대한 전쟁 포로에 대한 몸값(심지어 훈 영토로 도망쳤으나 이제는 더 이상 훈 제국의 관할권에 남아있지 않았던 이들에 대한 몸값마저도 평화 조약의 조항이었다)도 지불했다.[12] 아마 약간의 과장을 섞었겠지만 프리스쿠스는 로마인들이 궁핍한 상황을 조금이라도 모면해보려고 원로원 의원들은 아내의 보석 처분을 강요했고, 부자들은 가구를 팔아넘겼으며, 일부는 심지어 황제가 훈 제국에 바칠 공물로 요구한 할당량을 채우지 못해 자살했다고까지 말했다. 근근이 버티는 군대와 파괴된 성채, 발칸 방위를 재건하는 비용과 파괴된 지역의 재정 상실까지 고려하면 로마 제국의 재정은 일시적으로 파산에 이르렀을지도 모른다.[13]

더 중요한 것은 서기 447년의 전쟁 이후 맺어진 평화 조약의 조건이었다.[14] 로마인들은 동서로는 판노니아 변경의 싱기두눔〔오늘날 세르비아 베오그라드〕부터 노바이〔오늘날 불가리아 스비슈토프〕까지약 500킬로미터, 남북으로는 다뉴브강으로부터 남쪽으로 5일 걸리는 거리, 즉 150~200킬로미터에 이르는 거대한 영토를 훈 제국이 차지하는 것을 받아들여야 했다. 이로써 다키아 리펜시스 전역과 발칸반도의 3개 속주 일부가 훈 제국에 속하게 되었다. 아나톨리우스Anatolius와 노무스Nomus가 사절로 방문한 뒤에 아틸라가 다뉴브강 이남 영토를 돌려주었다는 주장이 있다. 심지어 아틸라는 로마령에서 물러나는 데도 동의했다고 한다. 그러나 이후의 일들로 보건대, 아틸라는 자신이 차지했던 로마령을 절대 포기하지 않았다. 특히 이듬해 협상을 진행했던 테오도시우스 2세가 죽은 뒤 즉위한 마르키아누스는 아틸라와 테오도시우스 사이의 조약을 즉각 파기했다. 아틸라는 이에 크게 노했다. 그러나 동로마 제국에게는 다행스럽게도, 아틸라의 눈길은 이제 다른 곳, 서방의 옛 동맹 아에티우스에게로 옮겨갔다.

아틸라의 서방 침공

서기 440년대 중반까지 아에티우스와 훈 제국은 최고의 동맹이었다. 따라서 아틸라와 아에티우스의 사이가 갑작스레 틀어지고, 또아틸라가 갈리아로 침공하여 지금까지의 동맹을 파기하기로 결심한 것에 대해서는 설명이 더 필요할 것이다. 서기 451년에 서로마 제국에 대한 훈 제국의 원정의 목표는 오랫동안 곡해되어 왔는데, 가장 큰 이유는 우리가 많이 의지하는 사료인 고트인 요르다네스의 전쟁에 대한 기록이 심각한 수준으로 왜곡되었기 때문이다. 요르다네스의 목적은 이 분쟁에서 그가 속한 고트 집단의 역할을 영광스럽게 치장하는 것이었으므로, 훈의 원정이 전적으로 북아프리카를 지배하던 반달과 알란의 왕인 가이세리크Gaiseric의 책략에 따른 일이라고 묘사했다. 요르다네스에 따르면 가이세리크는 테오도리트Theodorid의 분노를 두려워하고 있었다. 가이세리크와 그의 아들 후네리크Huneric가 비시고트의 왕 테오도리트의 딸(후네리크의 아내이자 가이세리크의 며느리)을 잔혹하게 학대했기 때문이었다. 따라서 가이세리크는 비시고트의 보복 원정을 막기 위해 아틸라를 매수해 비시고트의 수도 툴루즈를 공격하도록 부추겼다는 것이다.

물론 이 이야기는 전혀 믿을 수 없는 것이다. 서기 451년에 비시고트 집단은 어떤 방식으로든 반달 집단을 위협할 수 없었다. 반달 왕국은 지중해 건너편에 있었고, 고트 왕국에게는 해군이 없었다! 그렇다면 가이세리크가 두려워한 것은 비시고트가 서로마 제국과 힘을 합쳐 로마 함대를 이용해 침공해 오는 것이었을까? 불가능하지는 않으나, 그렇다면 훈 제국이 가이세리크를 위해 툴루즈를 공격할 이유는 또 무엇이란 말인가? 사실 요르다네스 자신도 이 매수설에 아틸라가 이미 이러한 원정을 오랫동안 생각해 왔다는 사족을 붙였다.[15] 요르다네스는 당시 비시고트의 중요성을 과장하여 이들을 아틸라 원정의 최종 목표로 만들었던 것이다.

아틸라가 호노리아Honoria와 그의 재산을 얻기 위해 서로마를, 가

이세리크를 지지하여 고트를 공격했다고 전하는 프리스쿠스의 기록 파편들 역시 진위가 매우 의심스럽다.[16] 콘스탄티노플 궁정의 가십거리처럼 들리는 이 이야기에 따르면 나태하고 무능한 서로마 황제 발렌티아누스 3세Valentinian III의 누이이자 당시 스캔들에 시달렸던 호노리아가 비밀리에 훈의 아틸라에게 결혼(혹은 그 제의로 해석될 수 있는 무언가)을 제안하여, 남동생이 강요하는 원치 않는 결혼으로부터 탈출하려 했다. 아틸라는 호노리아의 지참금으로 서로마 제국의 절반을 요구하며 발렌티니아누스 3세로서는 거절할 수밖에 없는 제의를 했다. 이후 아틸라는 '고통받는 처녀'를 그의 남동생으로부터 구하고 지참금을 받아내기 위해 군대를 이끌고 로마 제국으로 진군했다. 아틸라가 정말로 그의 놀기 좋아하는 신부를 구하기 위해 갈리아를 침공했고(호노리아는 당시 이탈리아에 있었을 것으로 보이는데, 그렇다면 우회로를 택했다는 것인가?), 또한 동시에 또 다른 불쌍한 처녀(테오도리트의 딸)를 학대한 가이세리크를 도우려 했을까? 이것이 TV 드라마나 중세 서사시에나 어울릴 법한 이야기인 것은 논외로 치더라도, 훈의 왕이 한 고통받는 처녀를 구하면서도 다른 고통받는 처녀의 학대는 조장하려 했다는 것은 상당히 모순적이지 않은가?

우스꽝스러운 이야기들을 제쳐놓고 살펴보면, 갈리아 원정의 실제 목적과 의도된 목표가 프리스쿠스의 또 다른 기록의 단편에서 더 분명하게 드러난다. 이 기록은 최초의 충돌이 프랑크 계승 문제와 관련해서 발생했음을 전한다. 서기 440년대 중반 아에티우스는 훈 제국의 지원을 통해 갈리아를 통제하고 있었다. 그러나 이 무렵 그는 라인강 연안 지역의 프랑크 내부 문제까지 손을 뻗치기 시작했다. 아에티우스와 아틸라, 양자 모두가 프랑크를 자신의 세력권이라고 여겼을 것이다. 프리스쿠스는 프랑크를 장악하고 싶어 했던 아에티우스와 아틸라가 각기 다른 프랑크 왕(프랑크계 집단 중 살리Salii부일 가능성이 가장 높다)[17]의 계승 후보자를 지원했다고 전한다. 이로 인해 두 사람 사이에 분쟁이 발생하며 수십 년에 걸친 아에티우스와 훈 제국의 공조 체제가 끝났을 것이다.

아에티우스가 프랑크 문제에 개입한 것에 훈 제국이 분노했다는 것은, 아르모리카(센강과 루아르강 사이)의 바가우다이 반군 지도자 에우독시우스Eudoxius가 아에티우스가 파견한 고아르 왕의 알란군에게 패배한 뒤 448년경 아틸라의 궁전으로 도망가서 환영받은 사실에서 드러난다. 훈의 왕과 아에티우스의 관계는 빠르게 악화되었기 때문에, 아에티우스는 바가우다이 진압을 위해 (437년에 비슷한 반란을 제압할 때 훈을 활용했던 것과 달리) 알란 군대에 의존할 수밖에 없었다. 이는 갈리아에서 아에티우스 군사 활동의 중추였던 훈 군대를 아틸라와의 갈등으로 인해 더 이상 이용하기 어려워졌다는 사실을 방증한다. 또 블레다가 아에티우스와의 동맹을 주도했고 아에티우스가 서기 444년이나 445년에 아틸라가 블레다 정권을 전복시킨 사태에 우호적이지 않았기 때문에 이후 훈 제국과 서로마 제국 사이의 관계가 냉각되었다고도 추정할 수 있다. 서기 445년 이후 실제로 아에티우스는 훈이 아닌 알란과 고트의 도움을 받아 군사 원정을 수행했다. 그러나 고트는 변덕스러운 동맹이었기에 446년에 이들의 반란으로 로마인들은 스페인에 정착한 게르만계 수에비 왕국에 대한 원정에서 참패했다. 훈의 갈리아 원정 전야에 고트와 로마는 다시 한번 갈등을 빚었고, 요르다네스의 서술과 달리 아에티우스를 우선적으로 처리할 적수로 여긴 아틸라가 당시 아에티우스와 불화하던 비시고트를 목표로 선택할 이유는 없었다.

그러나 프리스쿠스의 기록에서 명확하게 확인할 수 있는 것은, 아틸라의 주요 목적이 라인강 인근의 프랑크에 대한 훈 제국의 영향력을 확립하는 것이었지만 당대 로마인에게는 서로마 제국의 절반을 떼어가려는 것으로 받아들여졌으리라는 점이다.[18] 이러한 공포는 아틸라의 적대적인 발언에서 기인하기도 했다. 요안네스 말랄라스 Ioannes Malalas와 《부활연대기Chronicon Paschale》는 훈의 사절이 서로마 황제 발렌티니아누스 3세에게 훈의 왕 아틸라가 자신은 물론 로마 황제에 대해서도 주군(!)이라 말했다고 전한다.[19] 훈 제국이 갈리아 전체를 정복할지도 모른다는 두려움은 아마도 아에티우스가 동맹을 얻어내기 위해 전파했을 것이고, 이는 비시고트를 훈이 아닌 로마에 가담하는 선택으로 이끌었다. 비시고트는 훈의 다음 목표가 자신이 될 것이라고 느꼈을 것이다.

이 시점에서 서로마 제국을 정복하는 것이 훈의 군주 입장에서 군사적으로 실현 불가능한 일은 아니었지만, 훈 제국의 대로마 정책에서 로마 영토를 영구적으로 점령하려는 의도를 찾아보기는 어렵다. 예컨대 아틸라는 서기 447년에 동로마 제국에 압도적인 승리를 거둔 후 발칸의 점령지 대부분을 방기하고 다뉴브강 이남에 제왕의 분봉지를 설치하여 핵심 영토 인근에 방위망을 구축해 이 지역을 훈의 영토라고 공식적으로 선언하는 선에서 만족했다. 심지어 자신이 합병한 이 좁은 로마 영토조차 곧 로마인들에게 돌려주려 했다. 이를 볼 때 훈 군대의 목표가 서로마 제국 전체는커녕 갈리아 전역을 장악하는 것이었을 가능성은 거의 없다.

모든 시기 훈의 외교 정책의 핵심 목표는 제국 내부의 피정복민이 로마로 도망치는 것을 막고, 핵심 영역 인근에 '야만인' 속신으로 방위망 고리를 만들고, 로마 제국을 제압해 연공을 바치게끔 하는 데 있었다(앞서 유럽 훈의 조상인 흉노가 일찍이 동아시아에서 또 다른 제국인 한나라에 대해 취한 정책을 연상케 한다). 이런 정책적 맥락에서 갈리아 원정의 제한적인 목표는, 아틸라가 훈 제국의 영향권으로 간주한 라인강 인근 지역의 모든 야만인 부락들(특히 프랑크)에 대한 통제력을 확립하고 서로마 제국을 압박해 조공을 바치게 하는 것이었다. 주요 목표가 프랑크였다는 점은 훈 군대의 갈리아 침략 경로에서도 확인할 수 있다. 투르네와 쾰른, 트리어 등 프랑크가 주로 주둔했던 지역들이 훈의 공격을 받아 무너졌다.

원정의 전략은 동로마 제국과의 전쟁 때와 마찬가지로 서로마 제국의 주력군(이 경우 아에티우스의 군대는 갈리아에 있었기 때문에, 서로마 정부가 위치한 이탈리아보다 갈리아가 더 매력적인 선택지였다)을 확실하게 제압하여 로마인에 우호적인 다른 야만인들을 복종시키고, 로마인이 훈 제국에서 도망친 망명자를 받아들이지 않게 하는 데 있었다. 그런 다음 서로마 황제를 속신으로 삼고 조공을 바치게 했다. 아틸라의 군대는 서기 451년에 갈리아로 진입해 갈등을 빚은 프랑크의 영토를 로마에게서 빼앗고, 이후 더 서쪽으로 진군하여 아에티우스와 결정적인 전투를 벌였다.

그러나 아에티우스는 비시고트를 동맹으로 확보했음에도 전투를 피하며 갈리아의 깊은 후방으로 물러났는데 의심할 여지없이 훈 제국에 비해 군사적 열세를 느꼈기 때문이다. 하지만 갈리아에서 로마의 권력을 지탱하는 대들보가 된 알란인들이 오를레앙에서 훈 군대의 공성에 격렬히 저항하면서 사태는 예상치 못한 방향으로 흘러갔다. 아틸라가 알란을 보복의 목표로 삼았다는 점은 비시고트가 아틸라의 주요 목표가 아니었다는 분석을 뒷받침하는 사례이기도 하다. 최종적인 목표는 물론 아에티우스였고 알란은 갈리아 내 아에티우스 세력의 핵심이었다. 공성전은 지지부진했고, 아틸라는 알 수 없는 이유로 공성을 포기하고 헝가리의 본진으로 돌아가기 시작했다. 원정에 적합한 계절이 끝났기 때문에 아틸라의 귀환 결정은 훈의 관습에 따른 바일 것이다. 그러나 훈 군대가 퇴각하는 모습은 아에티우스와 비시고트가 행동을 취하게 만들기에는 충분했다. 오를레앙을 지키는 데 성공한 용맹한 알란과 힘을 합친 이들은 훈 군대를 추격해 샬롱에서 따라잡았다.

이후 벌어진 샬롱 전투는 역사상 가장 중요한 전투 가운데 하나라고 일컬어진다. 그러나 훈과 서로마 사이의 전쟁이라는 큰 맥락에서 보자면, 이 전투는 절정도 아니었을 뿐더러 가장 중요한 싸움이라고 보기도 어렵다. 그러나 이러한 역사적 진실에도 불구하고 이 전투는 흔히 서구 그리스도교권 문명을 '아시아'의 '야만'에서 구원한 역사의 '결정적 순간'이라고 여겨진다. 이런 방식으로 이 전투를 묘사하는 경향은 19세기에 시작되어 20세기 중반까지 곧장 이어져 왔다. 최근에도 이 전투는 무적의 훈이라는 신화를 깨뜨린 훈 제국의 패배[20] 또는 《사진과 그림으로 보는 케임브리지 전쟁의 역사 The Cambridge

Illustrated History of Warfare》가 부제로 선택한 '서구의 승리The Triumph of the West'처럼 로마 방어 전략의 결정적인 승리로 분석되었다.[21] 로마 또는 고트가 훈에게 거둔 '승리'를 강조하는 이면에는 훈 제국의 승리와 유럽 정복이 문명의 완전한 파멸이라는 믿음이 있다. 만약 이게 사실이라면, 이 시점에 유럽의 해안가를 제외한 거의 전 지역이 훈 제국에 70년가량 복속된 상태였던 점은 어떻게 해석해야 할까? 마지막장에서 검토하겠지만, 훈 제국의 정복은 그다지 기쁜 일이 아니었지만(한데 역사상 어떤 세력의 정복이 피정복민에게 유쾌하게 여겨지는 일이 있었는가?) 게르만 유럽에 대한 훈 제국의 통치가 마냥 부정적인 결과만을 낳은 것도 아니었다.

전투로 돌아가서, 샬롱에서 대치한 두 군대의 형태는 놀랍도록 유사했다. 양자 모두 내륙아시아 기병이 주력이었다. 로마 측에는 고아르의 알란인이, 훈 측에는 훈-알란이 그러했다. 심지어 아에티우스 군대에도 소규모 훈 부대가 있었는데, 이들은 수십 년에 걸친 로마 제국과 훈 제국의 협력이 빚어낸 결과물이며, 아틸라는 이들을 도망자나 반역자로 간주했을 것이다. 그레우퉁기 고트(후일 오스트로고트의 핵심 집단이 된다)와 게피드 등 다른 동부 게르만계 족속들은 아틸라를 위해 싸웠고, 그 친척인 비시고트는 아에티우스와 로마를 위해 싸웠다. 프랑크나 부르군트 등 서부 게르만계 부락들은 양군 모두에 가담했다. 마지막으로 갈리아-로마 부대가 아에티우스 군대에 있었다면, 마찬가지로 갈리아의 로마인이었던 바가우다이가 아틸라 측에 있었다. 달리 말하자면 이 전투에서 어느 쪽이 승리했든 유럽의 성격이 달라지지는 않았을 것이다. 로마 이후 시대의 필수 요소들은 전장의 양쪽 군대 모두에 있었다.

군이 차이를 찾자면 양군 수장의 외모에 있었을 것이다. 요르다네스의 서술이 맞다면, 아틸라는 출신에 맞게 몽골로이드 외모를 가지고 있었다.[22] 그러나 그의 수행단이나 병사의 대다수는 유럽인이었다. 샬롱 전투는 인종 전쟁도, 종교 전쟁도 아니었다. 양군 모두 그리스도교도와 이교도를 가지고 있었다. 훈인들은 다른 내륙아시아인과 마찬가지로 종교적 문제에서 다원론적 입장을 견지했고, 실제로 당대 로마인보다 제국 내의 다양한 종교 집단에 관용적이었다.

만약 샬롱 전투가 인종도, 종교도, 문화 전쟁도 아니었다면 그 중요성은 어디에 있는가? 전투의 가장 직접적인 결과는 잔존 서로마 군사 조직이 말 그대로 소멸한 것이었다. 전투의 승자를 누구로 보건 간에, 이 전투 이후 서로마군이 더 이상 로마인으로 구성된 제국군이 아니게 되었다는 사실은 부정할 수 없다(물론 이전에도 외국 출신 병사들이 있었으나, 이들은 로마군 체제에 완전히 통합되어 있었다). 이후 서로마는 로마화되지 않고 로마 제국에 통합되지도 않은 야만인 왕/수령과 수행단의 지휘를 받는 용병군으로 전락했는데, 그들은 로마 제국 정부에 전혀 의존하거나 충성하지도 않았다.

전투 결과 자체는 현전하는 그리스·로마 사료들의 신뢰도가 낮기 때문에 불분명하다. 전투 과정을 자세히 다룬 요르다네스의 기록은 사건이 발생한 지 100여 년이 지난 뒤에 쓰인 사후 기록이다. 상황을 더 악화시키는 것은 요르다네스가 지금은 파편만 남은, 더 신뢰할 만한 프리스쿠스의 원전을 심하게 왜곡하고 변형시켰다는 점이다. 예를 들어 프리스쿠스의 기록 21장 1절에는 비시고트 왕 테오도리트가 요르다네스의 기록처럼 말에서 떨어져 죽은 것이 아니라 화살에 맞아 전사했다고 전한다.[23] 새뮤얼 바니쉬Samuel J.B. Barnish가 정확히 지적했듯이,[24] 요르다네스는 프리스쿠스가 남긴 본래의 서술을 "주로 친親고트적으로 재구성"했다.《게티카》에 기록된 이 전투의 서사 역시 마찬가지로 고트의 행적을 미화하는 데 애썼던 카시오도루스Cassiodorus(서기 6세기 이탈리아의 오스트로고트 왕 테오도리크Theodoric를 섬기는 관리였다)의 문학적 표현으로 윤색했을 것이라는 바니쉬의 주장도 일리가 있다. 요르다네스가 훈이나 반달 등 고트의 적들을 고트 집단의 미덕과 위대함을 강조하기 위한 문학적 장치로 사용했다는 사실은 잘 알려져 있다. 따라서 그가 쓴 서사의 신뢰도는 낮으며, 고트가 관련된 전투의 경우 곧이곧대로 믿을 수 없다. 예컨대 요르다네스는 4세기 초 다뉴브강 북쪽에 유령 반달 왕국을 발명하였고, 마찬가지로 가상 인물인 고대 고트 왕 게베리크Geberich가 반달인에게 대승을 거두었다는 서술을 남겼다.[25] 요르다네스는《게티카》31장 161절과《로마나Romana》322절에서도 알란인과 반달인이 비시고트의 군사력과 귀환을 두려워하여 서기 406년에 판노니아에서 도망쳐서 갈리아를 침공했다는 기묘한 이야기를 지어내기도 했다.

전투에서 실제로 승리를 거둔 쪽이 어디였느냐에 대해서는 학자들의 의견이 갈린다. 가장 다수가 지지하는 설은 로마-비시고트 연합군이 승리했다는 쪽이고, 월터 고파트Walter Goffart(1988)와 조지 베르나드스키George Vernadsky(1951)는 유보적인 태도를 표명했으며, 소수만이 훈 제국의 승리했다는 설명을 선호한다. 특기할 점은 극히 신뢰도가 떨어지는 요르다네스의 증언에서 훈 제국에 대한 '승리'는 거의 전적으로 비시고트의 덕이고, 훈의 원정군이 목표로 삼았을 아에티우스 휘하의 서로마 군대나 전장의 중심에서 아틸라의 가장 강력한 훈 군단과 실제로 싸웠을 알란 군대는 거의 주목을 받지 못했다는 사실이다. 요르다네스의 기록에서 반박의 여지가 없는 유일한 서술은 비시고트의 왕 테오도리트가 전투 초기에 죽었고,[26] 비시고트군은 전투 이후 훈 군대가 장악한 전장을 떠나 툴루즈의 본거지로 퇴각했다는 것이다.

분명 이러한 사실들은 비시고트의 승리를 찬미하기 위한 서사에 걸맞지 않다. 고대 사회에서 최고 지휘관의 죽음은 군대의 패배를 의미했고, 승리를 주장할 수 있는 쪽은 전투가 끝난 뒤 전장을 장악한 곳으로 이 경우에는 훈 제국이다. 요르다네스는 이 어색한 세부 사항을 가리기 위해 전투 이후 비시고트가 허겁지겁 퇴각한 이유가 토리스무트Thorismud(테오도리트 사후의 새로운 비시고트 왕)가 툴루즈에서 자신의 상속을 확실히 해야 한다는 조급한 마음이 있었고, 영악한 아에티우스 역시 너무 강력해진 비시고트를 견제하기 위해 훈 세력이 필요했기에 토리스무트에게 훈의 퇴각을 방해하지 말자고 설득했기 때문이라고 덧붙였다.[27] 그러나 이러한 묘사는 아에티우스를 새로운 테미스토클레스(서기전 5세기 페르시아 전쟁 시에 활약한 그리스의 영웅으로 그의 공적은 그리스 사가 헤로도토스의《역사》에 기록되었다)로 만들기 위한 카시오도루스 또는 요르다네스의 가필임이 확실하다.

요르다네스의 서사에서 보이는 헤로도토스적 윤색에 대해서는 일찍이 월리스해드릴J.M. Wallace-Hadrill이 지적한 바 있다. 그는 요르다네스가 묘사한 아에티우스의 끊임없는 술책이 헤로도토스가 기록한 페르시아에 대한 그리스의 승리에서 보이는 테미스토클레스의 교활함, 음모, 기만과 유사하다는 점을 밝혀냈다.[28] 요르다네스의 샬롱 전투 서사는 실제 전투의 회고가 아니라, 그 구조를 감안할 때 헤로도토스의 서사까지 거슬러 올라가는 문학적 장치였던 것이다. 헤로도토스가 마라톤 전투(아테네를 중심으로 한 그리스 연합군이 페르시아 제국을 격파한 전투)를 다시 언급할 때의 페르시아 제국처럼 요르다네스의 훈 제국도 중앙에 위치하게 되었다. 헤로도토스의 서사 속 약한 아테네군처럼 요르다네스의 '신뢰하기 힘든' 알란군은 로마군과 고트군 사이에 배치되었는데, 이는 아에티우스가 그들이 페르시아/훈의 압력을 견뎌내지 못하리라 여겼기 때문이었다. 그러나 이들은 결국 양익이 페르시아/훈의 군대를 에워쌀 수 있을 때까지 버텨냄으로써 전투를 승리로 이끌었다. 두 증언 모두 좌익(플라타이아/로마군)은 특별히 언급하지 않았고, 모든 영광은 영웅적인 우익(전쟁 집정관 칼리마코스 휘하의 아테네 주력군/테오도리트 휘하의 고트군)에게 돌렸다. 칼리마코스와 테오도리트 모두 우연처럼 전투 와중에 죽었고, 뒤에 남은 밀티아데스/토리스무트가 승리를 쟁취했다. 그리고 승리를 거둔 아테네군/고트군은 허겁지겁 본거지 아테네/툴루즈로 돌아와, 페르시아 해군을 돕기 위해 방패로 신호를 보내는 아테네인 배반자/토리스무트를 위협하는 국내 폭동을 진압했다.[29] 요르다네스의 서사에 보이는 사건의 전개와 병력 배치, 주요 인물의 공적 등은 마라톤의 서사와 정확히 일치한다. 이는 우연이 아니라 요르다네스가 전하는 주요 인물들의 행동이 대부분 문학적 창작임을 방증한다.

또 한 가지 흥미로운 점은 요르다네스의 서사에서 토리스무트

(아버지 테오도리트가 죽은 뒤 고트군의 지휘관 역할을 수행)와 아에티우스 두 사람 모두가 전투 과정에서 군대를 잃어버리는 묘한 상황이 존재한다는 것이다. 요르다네스에 따르면 두 지휘관은 낮에 훈 군대를 격파했고, 이로 인해 아틸라는 수레를 원형으로 배치한 뒤 그 안에 틀어박혀 절망감을 곱씹고 있었다. 아틸라가 말안장을 쌓아놓고 그 위에서 자살할 생각을 했다는 요르다네스의 유명한 기록도 여기서 등장한다. 그러나 로마-고트 연합군의 승리라는 종래의 상과 대비되게도 아에티우스와 토리스무트는 각각의 지휘 관할에서 벗어나게 된다. 토리스무트는 어째서인지 결국 전투가 끝난 밤 훈 군대의 사이에 있었다. 그는 훈 군인에 의해 말에서 끌어내려져 거의 죽을 뻔했지만 추종자가 구해줘서 겨우 살아남았다.[30] 아에티우스 역시 밤중의 혼란에 부대에서 낙오했다는 사실을 알아챈 뒤 "적들의 한가운데서 방황하다가" 겨우 비시고트군의 진지로 도망쳤다. 요르다네스에 따르면 아에티우스는 재앙이 발생할까 두려워했다.[31]

정말 요르다네스의 주장처럼 그날의 싸움이 로마-비시고트 연합군의 승리로 끝났다면, 어떻게 연합군의 두 최고 사령관이 거의 동시에 아군에게서 떨어져 나와 적군 사이에 낙오하게 되었는지 이해하기 어렵다. 요르다네스의 서술에서 발견된 이 세부 사항은 고트군과 로마군이 훈군을 추격해 진지까지 쫓아간 것이 아니라, 훈군이 도망치는 연합군을 쫓아 로마군의 진지까지 도달했다는 것이 더 그럴듯하게 만든다. 아마 패주하는 상황에서 아에티우스와 토리스무트는 빠르게 붕괴되는 군대에서 낙오했을 것이다. 요르다네스에 따르면 '패배한' 훈 군대가 로마군의 화살 세례 때문에 로마군의 진지에 접근할 수 없었다는 기이한 서술 역시 그날 전투의 진실을 말해준다.[32] 전투 후 포위된 것은 훈 군대의 진지가 아니라 로마군의 진지였다. 승자가 누구였는지도 쉬이 추정할 수 있다. 이렇게 볼 때, 앞서 언급했던 비시고트가 전투 직후 툴루즈로 퇴각하고, 연합군의 사령관이었던 아에티우스가 프랑크 동맹군을 돌려보냈다는 기록을 더 자연스럽게 이해할 수 있다.[33]

또 한 가지 유의할 점은, 샬롱 인근에서 발견된 유일한 고고학적 유물이 훈식 가마솥이라는 것이다. 이 또한 훈 제국이 전투 이후 전장을 장악하고 있었다는 증거로 해석할 수 있다. 가마솥은 아마 전투 후에 아틸라의 친척으로, 훈 측 전사자 가운데 가장 높은 신분이었을 라우다리쿠스의 장례를 위해 사용되었을 것이다.[34]

다른 그리스·로마 사료들은 이 대전투의 결과에 대해 피상적이거나, 애매모호하게 전한다. 《452년 갈리아 연대기》에는 "거대한 도살gravi clade inflicta"이 있었다고만 기록되어 있고, 승자는 로마 측이라고 전한다. 그러나 분명 이전의 연대기를 출전으로 사용했을 《511년 갈리아 연대기》는 로마의 승리도, 훈의 패배도 언급하지 않고, 파트리키우스• 아에티우스와 고트인의 왕 테오도리트가 훈인의 왕 아틸라에 맞서 마우리아쿠스에서 싸웠고, 테오도리트와 아틸라의 혈족 라우다리쿠스가 전사했다고 전한다.[35] 기록의 정밀함이나 정확한 세부 사항으로 볼 때 이쪽이 《452년 갈리아 연대기》보다 더 믿을 만한

• 파트리키우스Patricius는 5세기 서로마 제국에서 마기스트리 밀리툼Magistri Militum(최고 군사령관)에게 주어지는 칭호였다.

사료들을 출전으로 사용했고, 상황을 더 정확히 묘사하고 있는 것으로 보인다. 아틸라가 전투 이후 군대 대부분을 이끌고 다뉴브강 지역의 본거지로 돌아가기로 결정했기 때문에, 《452년 갈리아 연대기》, 당대 로마 시인 시도니우스 아폴리나리스Sidonius Apollinaris, 히스파니아 지역에서 활동하던 히다티우스Hydatius 주교 등은 (다수의 현대 역사학자들과 마찬가지로) 로마 제국이 피로스의 승리를 거두었다고 판단했다. 당대 사가인 프로스페르 아퀴타누스Prosper Aquitanus는 로마인들이 전투의 결과를 어떻게 가늠했는지 명확히 알려준다. 프로스페르는 양쪽 모두 무너지지 않았기 때문에 살육당한 이들의 수를 헤아릴 수 없으나, "훈 군대가 전투 이후 전의를 상실하고 고향으로 돌아감으로써 그들이 패배했음이 드러났다"고 기록했다.[36] 요컨대 로마인들이 승리를 주장한 이유는 전투의 결과 때문이 아니라, 훈 제국군의 본대가 갈리아에서 더 진격하지 않고 퇴각했기 때문이었다. 이것이 승리로 해석되면서 아에티우스와 비시고트는 훈 제국을 '멈춰 세운' 공로를 인정받았다.

그러나 앞서 언급했듯이 훈 군대가 동진하여 본거지로 향한 것은 샬롱 전투 때문이 아니었다. 시간만 잡아먹은 오를레앙 포위전이 알란인의 격렬한 저항으로 실패한 것을 제외하면 프랑크를 정복하는 등 다른 목표는 대체로 이루어냈기 때문에 (아에티우스의 신중함으로 인해 원하는 순간에 결정적인 전투를 치르지는 못했지만) 아틸라는 이미 동쪽으로 퇴각하고 있었고, 아에티우스와 비시고트는 갑작스레 이를 추격했다. 로마인들은 퇴각을 역습의 기회로 보고, '후퇴하는' 훈 제국군을 타격하기 위해 서둘렀을 것이다. 흥미로운 점은 역사적으로 초원 지역의 군대가 퇴각을 가장하여 싸움을 회피하는 신중한 적군을 다시 전투로 끌어들여 공격하는 전술을 가장 애용했다는 것이다. 따라서 샬롱 전투는 훈 제국이 전투를 회피하는 로마인을 전투로 다시 유인하기 위해 시도한 거짓 퇴각(전형적인 초원식 전술)일 수도 있고, 훈 군대가 헝가리에서 겨울을 나기 위해 이미 돌아가고 있는 것을 아에티우스 휘하의 연합군이 추격했다고 해석할 수도 있다.

따라서 어떤 이유였건 간에 훈의 본대가 다뉴브강 지역으로 퇴각한 것은 군사적 패배의 결과가 아니었다. 훈 제국군의 퇴각은 원정에 적합한 계절에 성공적으로 임무를 완수하고 본거지로 돌아간다는 관습에 따른 것이었다. 이 양상은 아틸라가 서기 447년에 동로마로 원정을 갈 때나, 이후 서기 452년에 이탈리아로 원정을 갈 때도 확인할 수 있다. 특히 후자의 경우, 아틸라는 자신의 군대 앞에서 아무런 방비도 하지 못했던 라벤나나 로마를 공격하지 않고 이탈리아에서 물러났다. 게다가 샬롱 전투 이후 훈의 군대가 전부 갈리아에서 퇴각한 것도 아니었다.

요르다네스는 샬롱 전투 이후 비시고트가 서기 452년에 훈 제국의 2차 침공과 이탈리아 원정을 격퇴했다고 기록했다.[37] 역사학자들은 일찍이 군사적 시각에서 이 일화가 신뢰하기 힘들다는 점을 지적해왔다. 같은 해에 헝가리 지역에서 두 지역을 침공하는 일이 불가능하기 때문이다. 갈리아 중부에서 비시고트와 알란을 공격한 군대가 같은 해에 이탈리아를 침공한 훈 제국의 주력군이 될 수 없다는 점은 분명하다. 이들은 서기 451년에 훈의 주력군이 퇴각한 뒤 갈리아의 상황을 마무리하기 위해 남겨진 훈 제국의 분견대였을 것이다. 샬롱에서 훨씬 서쪽에 있는 루아르 지역에서 전투가 벌어진 사실은 또한 샬롱 전투가 훈 제국의 승리로 마무리되어 이듬해에 훈군이 더 서쪽으로 진군할 수 있었으리라는 추정도 가능하게 한다.

갈리아에서의 전쟁이 훈의 승리로 끝났다는 점은 452년에 아틸라가 이탈리아를 침공했을 때 아에티우스가 아무런 저항도 하지 못했다는 사실에서도 방증된다. 《452년 갈리아 연대기》에는 훈 제국에 대한 저항이 무너졌고, 아에티우스는 영영 아욱토리타스auctoritas(권위)를 잃었다고 기록돼 있다.[38] 아에티우스는 실제로 황제에게 이탈리아를 포기하고 함께 훈 제국의 맹습에서 벗어나자고 조언했다. 그리 믿을 만하지 않은 《히다티우스 연대기Chronica subdita Hydatii Limici》는 동로마 황제 "마르키아누스가 아에티우스에게 원군을 보냈으며, 훈인들은 전염병과 마르키아누스의 군대에 의해 그들의 자리에서 도살당했다missis per Marcianum principem Aetio duce caeduntur auxiliis pariterque in sedibus suis et caelestibus plagis et per Marciani subiuguntur exercitum"라고 하는 흡족한 허구를 창작했다. (만약 "그들의 자리sedibus suis"가 다뉴브강 이북의 훈 제국령을 가리킨다면) 히다티우스는 위 문장을 통해 동로마 제국이 마르키아누스의 군대를 이용해 452년에 다뉴브강 이북의 훈 제국의 영토를 침공했던 것도 기록했다고 할 수 있다.

당연히 이 기록은 사실이 아니다. 동로마 정부는 서기 450년대 중반까지 다뉴브강 이남의 영토조차 제대로 건사하지 못하는 상황이었다. 이 지역은 450년에 아틸라와 마르키아누스가 보낸 로마 사절 아타톨리우스 및 노무스 사이에 평화 조약이 맺어진 이후, 혹은 더 높은 확률로 그 이전에 이미 훈 제국과 그 복속 부락이 옮겨와 있었다.

히다티우스의 기록은 그의 소망을 반영한 것으로 보인다. 이탈리아에서 로마인의 저항에 대한 기록이 없었던 점도 이를 증명한다. 프로스페르는 452년의 실제 상황에 대해 전혀 다른 기록을 제공한다. 그는 황제와 원로원, 로마 시민들이 훈에 복속하고 연공을 지불하는 것 외에는 위험을 벗어날 방법이 없다고 생각했다고 썼다.[39] 《452년 갈리아 연대기》, 《511년 갈리아 연대기》에 아에티우스와 마르키아누스가 이탈리아를 지키기 위해 노력했다는 기록이 없는 것으로 보아, 설사 실제로 원군이 있었다 해도 무시할 만한 정도였을 것이다. 로마인들이 회전에서 훈인들에게 승리를 거두었다는 기록도 존재하지 않는다. 마르키아누스의 승리에 대한 주장은 훈인이 원정의 계절이 끝난 뒤 관례에 따라 겨울을 나기 위해 로마 주교에게서 약탈한 물품과 공물을 가지고 헝가리로 물러난 일을 치장한 것에 불과하다. 로마인을 복속시키고 연공을 받아내는 것이 침공의 목표였기 때문에, 아틸라와 훈 제국의 입장에서 이 원정은 썩 성공적이었다고 평가할 수 있다. 게다가 다른 사가들보다 훨씬 신뢰할 만한 프리스쿠스는 452년의 사건에 대해 아틸라가 "이탈리아를 노예로 만들고" 난 뒤에 자신의 영토로 돌아갔다고 요약했다. 프리스쿠스의 기록에서는 훈 제국이 패배 비슷한 것을 당했다는 흔적조차 없다.

게다가 히다티우스의 허세와 달리, 동로마인으로서 멀리 서쪽 스페인에 있던 히다티우스보다 동로마의 상황에 대해 훨씬 밝았을 프리스쿠스에 따르면, 승리를 거두었다는 마르키아누스는 453년에 돌아올 훈 제국의 군대를 두려워했다.[40] 이는 수차례 승리를 거두었다는 히다티우스의 증언에 나타난 개선황제에 어울리는 모습은 아니다. 프리스쿠스에 따르면 선대 황제인 테오도시우스 2세와 마찬가지로 마르키아누스는 서기 453년에 아틸라가 죽어버리는, 신의 뜻이라고밖에 해석할 수 없는 놀라운 행운 덕분에 살아남았다. 훈 제국의 내전으로 인해 북방의 위협은 사라졌다.

동로마가 서기 453년에 훈의 군대에 대적하기 어려웠다는 것은 로마인들이 다뉴브강 이남의 훈 제국령을 탈환한 것이 훈 제국에서 내전이 일어난 지 거의 4년,[41] 아틸라가 죽은 지는 5년이 지난 서기 458년이었다는 사실에서도 알 수 있다. 아틸라가 죽고 10년이 지나 훈 제국이 해체되고 나서도 동로마 제국은 여전히 호르미다크Hormidac 같은 소규모 훈 군벌이 다뉴브강 이남에서 활동하며 사르디카를 약탈하는 일을 막는 데 어려움을 겪고 있었다. 훈 제국의 침공이 로마 제국의 서방과 동방 모두에 재앙이 되었다는 사실은 서기 454년에 벌어진 일에서도 확인할 수 있다. 반달 왕 가이세리크는 이탈리아를 침공해 로마를 약탈하여 반달의 악명을 드높였다. 두 황제 모두 이 잔학한 사건에 어떠한 대응도 하지 못했다. 서기 467년이 되어서야 동로마 제국은 겨우 반달에 대한 보복 원정군을 소집할 수 있었다. 로마 제국이 아틸라에게 패하면서 입은 군사적 피해로 인해 로마군은 10년이 넘게 무력한 상태였다.

아틸라의 적인 로마나 고트의 입장에서는 훈의 역사를 재구성할 수밖에 없는데, 당연하게도 훈 제국 왕의 최후에 대한 기록도 상당히 극적으로 묘사되었다. 프리스쿠스를 인용한 요르다네스는 아래와 같이 기록했다.

종족의 관습에 따라 수많은 아내를 가졌던 그는 일디코Ildico라는 아주 아름다운 소녀와 결혼했다. 결혼식에서 그는 크게 기뻐하며 포도주를 많이 마신 뒤 돌아가 바닥에 등을 대고 잠이 들었는데, 평소라면 코로 나와야 했을 엄청난 양의 피가 목구멍으로 흘러내려 그를 죽음으로 이끌었다. 주취酒醉가 전쟁에서 명성을 떨친 왕을 치욕스럽게 끝내버린 것이다. 다음 날 아침이 훌쩍 지난 뒤 궁정의 조신 일부가 왕이 병들었다고 생각하여 소란을 일으켰고, 곧 문을 부수고 들어갔다. 그들이 찾은 것은 아무런 상처도 없이 피를 쏟아낸 아틸라의 시신과 베일 뒤편에서 얼굴을 숙이고 훌쩍이고 있는 소녀였다. 그들은 종족의 관례에 따라 자신의 머리카락을 잘라내고 얼굴에 깊은 상처를 냄으로써 여자 같이 눈물로 통곡하는 것이 아니라 명망 높은 전사답게 피로써 애도했다. 아틸라의 죽음과 관련해서 더 놀라운 일이 있었다. 꿈에서 어떤 신이 동방 황제 마르키아누스의 옆에 서서, 황제가 무시무시한 적 때문에 불안해하자 신은 아틸라의 부러진 활을 보여주었다. 활은 훈 종족이 가장 애용하는 무기였다. 사가 프리스쿠스는 이 이야기를 진실된 증거에 근거하여 받아들인다고 했다. 아틸라가 너무나 끔찍한 인물이었기에 신들이 그의 죽음을 특별한 방식으로 알려주었다. 우리는 그의 종족이 그의 유해를 받든 여러 방식에 대한 설명을 빠뜨려서는 안 될 것이다. 그의 시신은 평원의 중앙에, 사람들의 감탄을 자아낼 만한 비단으로 만든 천막 아래에 안치되었다. 훈 부락 전체에서 최고의 기사들이 사냥하듯 원을 그리며 그 주변을 돌았고, 사람들은 다음과 같은 만가를 부르며 그의 업적을 칭송했다. "훈의 지배자, 아틸라 대왕, 문디우크의 아들, 가장 용감한 부락의 주인, 스키트와 게르만 영토에 홀로 선 지배자, 그 권력은 전례 없었고, 수많은 도시를 정복하고, 양 로마 제국을 공포에 떨게 했으며, 그들의 간청을 받아들여 연공을 받는 대가로 약탈하지 않았다. 행운이 살핀 바, 이 모든 것을 완수한 그는 적의 공격이나 친구의 배신에 의해서가 아니라, 그의 나라에서 즐겁고 행복하며 평화로운 상태에서 어떠한 고통도 느끼지 않고 죽음을 맞이했다. 누가 이를 죽음이라고 말할 수 있겠고, 복수라 부를 수 있겠는가?" 그들은 그를 애도하며 '스트라바'라 부르는 왁자지껄한 축제를 무덤 위에서 벌였다. 그들은 감정의 극단을 오가며 장례의 슬픔과 기쁨을 번갈아 보여주었다. 그리고 밤이 되자 비밀리에 그의 시신을 땅에 묻었다. 그들은 시신을 처음에는 금으로, 다음에는 은으로, 마지막에는 단단한 쇠로 감쌌는데, 이 세 물질이야말로 전능한 왕에게 어울린다는 인식 때문이었다. 철은 그가 여러 나라를 정복한 일을, 금과 은은 그가 양 제국의 추앙을 받은 일을 상징한다. 그들은 또 전투에서 획득한 적들의 무기와 귀한 마구, 빛나는 보석들, 가치를 매길 수 없는 희귀한 장식물들을 함께 넣었다. 그리고 사람들의 호기심으로부터 이 귀한 물품들을 보호하기 위해, 작업을 완수한 이들을 죽임으로써 노동에 대한 끔찍한 대가를 치르게 했다. 묻힌 사람뿐만 아니라 그를 묻은 사람에게도 갑작스러운 죽음이 찾아온 것이다.[42]

위대한 훈 제국 대왕의 죽음은 북구 신화의 구드룬 전설에서도 기념되었다. 아틀리Atli(아틸라) 왕과 결혼한 팜므파탈 구드룬은 일찍이 아틀리에게 살해당한 가족들에 대한 복수로 아틀리와 그와의 사이에서 낳은 아들들을 암살했다. 흥미로운 점은 아틀리라는 이름이 북구 신화의 신인 오딘의 아들, 토르의 이명 중 하나란 사실이다. 오 딘 자신도 후일 아시아에서 온 정복자로 묘사되며, 그의 아들들에게 스웨덴과 덴마크를 영지로 내렸다고 전해진다. 아틸라와 훈 집단은 이미 중세 초에 신화의 영역에 들어섰던 것 같다. 그 유명한 니벨룽 사가에서 아틸라는 훈의 고귀한 왕 에첼로 다시 등장한다. 여기서 그 는 구드룬 사가에서처럼 아내의 손에 암살당하지 않고, 그의 복수귀 아내 크림힐트가 부르군트에 가한 유혈사태 이후에도 최후까지 살아 남는다. 아틸라의 시대에 훈 제국에게 절멸당한 부르군트에 관한 역 사적 기억이 후대에 이런 전설의 탄생을 촉진한 것으로 보인다.

6장

아틸라 이후의 훈

훈 제국의 내전과 붕괴

아틸라가 죽고 나서 훈 제국에는 그의 아들들과 주요 귀족들 사이에 계승 문제로 쓰디쓴 내전이 뒤따랐다. 아틸라가 죽기 전에 훈 제국은 80여 년간 확장을 거듭하며 놀라운 속도로 유럽 대륙 거의 전체를 장악했다. 이것이 가능했던 이유는 내부에 심각한 정치적 대립이 상대적으로 부재했던 덕분이었다. 블레다와 아틸라 등 훈의 왕들이 로마 제국에 훈의 망명자들을 돌려 보내라고 요구했던 사례는, 다른 초원 제국들과 마찬가지로 훈 제국에서도 새로이 군주가 즉위하면 선왕의 조신들이 차지한 직책을 젊은 세대에게 재분배함으로써 권력을 장악하기 위한 정치적 숙청이 의례적으로 이루어졌음을 보여준다. 이는 제국의 정치에서 이례적인 것이라고 하기 어려웠다. 불만을 품거나 권좌에서 밀려난 귀족과 왕공이 간혹 처형당한다고 해서 훈 제국의 안정이 흔들리지도 않았다.

그러나 서기 440년대 중반 아틸라가 최고 권력자로 대두한 사건은 훈 국가의 근본적인 구성에 극적인 충격을 가했다. 그는 폭력적인 방식으로 형인 블레다가 차지했던 권좌를 찬탈했을 뿐만 아니라, 찬탈을 성공시키기 위해 훈 제국 서방에 있던 게피드부 등을 이용해 블레다를 지지하던 동방의 부를 억압했다. 아틸라가 게피드부에 의존했다는 사실은 그리스·로마 사료들이 그를 게피드 훈이라 불렀던 점에서도 알 수 있다.[1] 이 서방의 부들이 대다수 거주했던 헝가리 인근은 아틸라의 찬탈 이전까지 훈 제국의 정치권에서 변방이었고, 주류는 우크라이나 방면 초원지대에 살던 동방의 부들이었다. 아틸라의 찬탈은 이후 동방의 중앙에서 가장 강성했던 아카트지리 훈이 대반란을 시도한 점에서도 확인할 수 있듯이 과거에 빈발했던 사소한 정치적 다툼의 수준이 아니었다. 반란 자체는 훈 제국에 정치적 타격을 입히지도 못하고 조기에 진압되었다. 그러나 아틸라의 재위 내내 훈 제국에서 서부 출신 귀족들이 동부 출신 귀족들을 압도했다. 아틸라의 주요 귀족이었던 오네게시우스Onegesius, 아르다리크, 에데코, 발라메르Valamer는 모두 서부의 대인으로, 권력 기반도 아틸라가 제국 행정의 중심지로 옮겨온 카르파티아 분지 가까이에 있었다. 따라서 아틸라의 사후에 벌어진 내전에서 게피드를 필두로 한 서부(아틸라 치하 훈 제국의 심장부로 각광받음)와, 아카트지리가 주도하는 동부(아틸라의 블레다 암살 이후 권력의 중심에서 배제되어 불만을 품고 복귀를 원했음)로 제국이 쪼개진 것은 우연이 아니었다. 아틸라의 찬탈과 서부 세력의 중용은 초원 제국의 전통적인 체제와 권력 분배를 뒤집는 일이었고, 그의 죽음 이후 훈 제국의 정치적 안정에 재앙적인 결과를 야기했다. 게다가 아틸라는 급사하는 바람에 후계자를 지명하고 권력의 이전을 준비하며 계승 문제를 해결할 시간도 갖지 못했다.

아틸라의 재위 동안 불만이 있었으나 잠잠했던 왕공들도 이제는 모두 큰소리를 치기 시작했고, 주요 인물들은 완력을 써서라도 문제를 해결하려 했다. 그리하여 내부의 군사 분쟁이 전례 없는 수준으로 확대되었고, 훈 제국의 통일성에 치명타를 가했다. 종래의 역사 연구는 훈 제국의 내전을 게피드 왕 아르다리크가 이끄는 게르만계 민중이 아틸라가 선택한 후계자 엘라크가 이끄는 튀르크계 훈족에게서 자유를 쟁취하는 전쟁이라고 여겼다. 그러나 이러한 해석은 이 싸움의 실상을 전혀 반영하지 못한 것이다. 아틸라 이후 훈의 내전기의 거대한 정치극에서 주요 인물들의 면면을 살펴보면 이 전쟁은 훈 제국 통치자에 대항하는 게르만계 주민들의 반란이 아니라 훈의 제왕들이 영지를 두고 싸운 분쟁이었음이 드러나게 된다. 이 사건의 대부분을 기록한 주요 사료 요르다네스의 《게티카》에서 분쟁 관련 인물들의 이름이 게르만어식으로 기록되어 이들이 게르만계라고 여겨졌기 때문에 분쟁의 성격도 오해를 받게 되었다. 나중에 다루겠지만 이들은 사실 훈의 권력자들이었다. 각자 다양한 튀르크계와 게르만계 부락 연맹을 이끌고 이들이 벌인 싸움은 훈 제국 체제 안의 내전이었으나, 결국 제국 체제의 해체를 야기했다.

서기 454년에 네다오에서 게피드 왕 아르다리크는 아틸라의 맏아들이자 아카트지리의 통치자인 엘라크를 격파하고 살해했다. 그런데 이 아르다리크는 누구이고, 엘라크를 패배시킨 '게피드부'는 정확히 무엇이란 말인가? 게피드는 훈 제국에 반란을 일으킨 '게르만계'

민중이었으리라는 일반적인 추정과 달리, 게피드부가 살았던 지역에서 이루어진 고고학 조사는 서기 5세기와 6세기 이들의 지배층이 몽골로이드 특성을 일부 지닌 혼종 집단이었음을 보여준다. 이는 훈 귀족들이 출신 종족과 상관없이 혼인을 했고, 게피드 귀족층과 지배가문 내에도 훈계의 사람이 존재했음을 분명히 알려준다. 게르만계 가운데 게피드의 엘리트들은 문화적으로, 또 신체적으로 아시아 출신의 훈인들과 가장 유사했다. 훈의 편두 풍습이 게피드 사람들 사이에서도 매우 유행했다는 점은 익히 알려져 있다.[2]

이들의 왕 아르다리크가 엘라크를 물리칠 수 있었던 것은 게피드부뿐만 아니라 수에비와 루기Rugii, 사르마트 일부의 지지도 확보했기 때문이었다.[3] 사실상 서부의 모든 부가 아르다리크와 함께 동부 부락에 대항했던 것으로 보인다.[4] 한데 요르다네스가 훈 제국의 제왕들 사이에서 영지를 두고 벌인 다툼이라고 말하는 이 사건에서 아르다리크가 두드러지게 등장하는 이유는 무엇일까?[5] 그 답은 아르다리크 역시 훈의 제왕일 가능성이 높다라는 것이다. 내륙아시아식 전통을 따른 훈 국가에서는 새로 정복한 백성들을 황가와 주요 귀족들에게 분봉해주었다. 게피드부는 아틸라가 형인 블레다에 대해 반란을 일으킬 때 그의 핵심 세력이었고, 이것은 아르다리크가 아틸라의 수행단에서 특권적인 지위를 누리고 아틸라가 죽은 뒤의 내전에서 주요한 역할을 한 이유를 설명해준다.

앞서 샬롱 전투를 다루며 아틸라의 친족으로 라우다리쿠스라는 인물에 대해 언급한 바 있다.[6] 그의 이름은 게르만어로 라우다릭스Laudareiks(라우다 왕)[7]를 뜻하는데, 이는 훈 제국에서 어떤 인물의 이름이 게르만어처럼 보인다고 해서 반드시 해당 인물이 '게르만' 종족이라고 확정할 수 없다는 점을 시사한다. 라우다레익스는 그의 이름이 게르만어식 이름, 더 정확히는 게르만어화된 훈어식 이름이었음에도 불구하고 아틸라와 마찬가지로 훈 사람이었다. 고트인들이 훈식 이름을 게르만어화하는 방식은 잘 알려져 있다. 예를 들어 고트어 접사 일라ila가 훈의 왕 로아스Roas/루가Ruga에 붙어 로일라Roila/루길라Rugila가 되는 것이다.[8] 아틸라의 아들인 엘라크, 에르나흐/이르니크, 뎅기지흐 같이 동부에 영지를 지녔던 훈의 제왕이나 다뉴브강 인근에 살던 아틸라의 친척 엠네트주르Emnetzur, 울트진두르Ultzindur(두 사람은 다뉴브강 우안의 영지 오에스쿠스, 우툼, 알무스를 보유했다)[9]와 아틸라의 삼촌 옥타르와 아버지 문주크, 그리고 훈 제국 황가의 구성원인 쿠르시흐와 바시흐 등의 이름이 모두 튀르크어였던 것을 보면, 아틸라가 죽을 무렵이나 그 이후에 훈계 왕공들의 본래 이름은 게르만어가 아니라 튀르크어였음을 알 수 있다. 훈어(오구르 튀르크어)의 게르만어화된 인명은 어쩌면 게르만계 부락 연맹을 지배하던 훈 제국 서부의 엘리트들이 독립을 공식화하기 위해 의도한 정책이었을지도 모른다. 아틸라의 셋째 아들 뎅기지흐Dengizich(튀르크어로 '호수'를 뜻하는데 '넓은', '위대한'으로 이해할 수도 있다)[10]의 이름이 변화한 과정이 좋은 예다. 동부에 있는 동안 그는 튀르크어식 이름인 뎅기지흐라고 불렸던 것이 분명하다. 하지만 그가 서부에서 활동을 시작하자 게르만계 신민들은 그의 이름을, 훈어식 이름을 게르만어식으로 옮길 때처럼 의례히 G 음가를 탈락시켜 딘치크Dintzic[11]/데니치크Denitsik라 발음했고, 결국에는 딘치리후스Dintzirichus(딘치크 왕)이라 변형시켰다.[12]

아르다리크Ardaric란 이름도 마찬가지로 (어원은 이란어지만) 훈어 인명이었을 가능성이 높다.[13] 사르마트어 인명 가운데는 아르다리크와 유사한 아르다그다코스Ardagdakos, 아르다라코스Ardarakos, 아르다리스코스Ardariskos, 아르다로스Ardaros 등이 다수 존재한다. 아르다리크의 어두 아르드ard는 어원적으로 오세트어(고대 알란어. 어쩌면 사르마트어에서 직계로 내려온 언어 가운데 오늘날에도 유일하게 사용되는 언어다)[14]에서 '맹세'를 뜻하는 아르드ard와 관련이 있다. 여기에 훈어/알란어 인명를 게르만어화하는 관례에 따라 게르만어의 접미사 '릭스reiks'가 붙었다.[15] 이 이름은 따라서 '맹세로 묶인 왕'(맹세왕)이라 이해할 수 있는데, 요르다네스가 수차례에 걸쳐 아르다리크가 아틸라의 계획을 공유했고 왕에 대한 대단한 충성심으로 유명했음을 강조한 것을 상기하게 한다.[16] 충성의 맹세보다 충성을 더 확실히 보장할 방법이 있을까? '아르드'는 또한 알란어에서 (아르다부리오스Ardabourios라는 이름처럼) 신성神聖과 관련이 있다.[17] 따라서 이 단어는 그 주군에게 바치는 충성 맹세의 신성성을 가리킨다고 할 수 있다. 아르다리크란 인명에서 보이는 혼종성을 비롯해, 제국 서부의 다른 훈 귀족들의 인명에 보이는 혼종성은 중앙아시아에서 정치·사회적 방편으로 여러 언어의 요소를 조합해 혼성 이름을 사용하던 관습에서 유래했다.[18] 따라서 아르다리크 또한 그런 방편의 이름으로 본다면, 이것은 진짜 인명이라기보다는 궁정 내에서 사용되는 칭호('아틸라에 충성 맹세로 묶인 충성스런 왕')일 수도 있다. 이 인물이 간단한 고트어 또는 동게르만어식 이름을 지니지 않았다는 사실은 그가 토착 게르만계 지배자가 아니라 정복자 훈 국가의 일원으로 게피드부를 다스리게끔 임명된 훈인 군주였을 가능성을 암시한다.

아르다리크가 훈의 고위 귀족의 일원이었다는 또 다른 암시는 그의 손자이자, 게피드 왕 트라프스틸라Trapstila(또는 트라우스틸라Thraustila)의 조카인 문도Mundo가 때로는 게피드, 때로는 훈으로 불렸다는 사실에서 드러난다. 실제로 그는 아틸라와 아르다리크 모두의 후손이었다.[19] 발터 폴Walter Pohl은 문도가 아르다리크의 딸과 아틸라의 아들 사이에서 태어났다는 사실을 지적했다.[20] 이는 아르다리크가 혼인이나 출생을 통해 훈 황실과 관계가 있었음을 암시한다. 다수의 역사학자들은 아이슬란드의 문헌《헤르보르와 헤이드레크의 사가Hervarar saga ok Heiðreks》에서 이 5세기의 사건들에 대한 희미한 역사적 기억을 간직하고 있다는 점에 동의하는데, 이를 보면 아르다리크 역시 실제로 '훈'에 대한 전쟁에 휘말렸다는 것과, 왜 휘말렸는지를 알 수 있다. 사가는 고트의 왕 헤이드레크에게 두 아들, 앙간티르Angantyr(그 어머니는 언급되지 않는다)와 홀로드Hloth(훈의 왕 훔리Humli의 딸과의 사이에서 탄생)가 있었다고 전한다. 일부 역사학자들은 헤이드레크가 아르다리크임이 분명하다고 여기지만,[21] 사가의 내용을 볼 때 그 아들인 앙간티르가 아르다리크일 확률이 높다. 사가에 따르면 훈인 아내의 아들 홀로드는 외할아버지의 궁전에서 성장하다가 아버지 헤이드레크가 죽은 뒤 고트부의 절반을 요구했다. 앙간티르가 요구를 거부하자 훈인들은 홀로드의 권리를 힘으로 쟁취하기 위해 공격했다가 격퇴당했다. 홀로드와 그의 외할아버지 훔리 모두 고트와의 전쟁에서 목숨을 잃었다.[22]

훈 제국의 내전은 처음에 아틸라의 후계자들 사이에서 '영지' 계

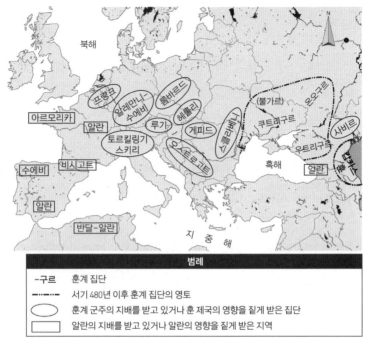

범례

-구르	훈계 집단
▪—▪—▪	서기 480년 이후 훈계 집단의 영토
⬭	훈계 군주의 지배를 받고 있거나 훈 제국의 영향을 짙게 받은 집단
▭	알란의 지배를 받고 있거나 알란의 영향을 짙게 받은 지역

훈 시대 이후

승을 두고 벌인 분쟁에서 시작되었고, 이 이야기의 요지는 실제로 일어난 일을 반영하고 있는 듯하다. 새로 훈 제국의 왕이 된 엘라크(아마 전승의 훔리)는 즉위했을 때나 혹은 아버지가 죽은 뒤 옥좌에 도전하는 과정에서 지지자들에게 영지를 재분배함으로써 자신의 권위를 아버지가 다스리던 영역 전체에 부과하려 했을 것이다. 이야기 속 앙간티르와 마찬가지로 아르다리크는 엘라크가 부과한 새로운 재산권 처분(즉, 그의 백성과 영토 일부를 홀로드에게 넘기라는 처분)으로 인한 손해에 저항하여 반란을 일으켰을 수도 있고, 아니면 자신의 사위이기도

했던 다른 왕위 도전자를 지지했을 수도 있다. 아틸라의 아들이자 아르다리크의 사위인 기에스모스Giesmos는 일련의 내전이 끝난 뒤 스스로의 권리로 게피드 왕국의 왕으로 옹립되었을지 모르는데,[23] 그의 존재가 게피드인에게서 볼 수 있는 양두정에 대한 설명이 될 수 있다. 이는 물론 게피드 왕국이 훈의 정치적 관행을 모방했다는 것도 뒷받침한다. 따라서 아르다리크는 훈 제국의 '폭정'에 대항하는 게르만의 '자유를 위한 투사'가 아니라 실은 훈 제국 황실에서 상당한 존경을 받던 일원이자 아틸라 사후 일어난 계승 분쟁의 주요 인물이었던 것이다. 전투 이후 그가 세운 국가가 훈이 아닌 게피드 왕국이 되었다는 것은 서부 훈 제국의 인구 대다수가 게르만계였음을 고려하면 그리 놀랍지 않다.

그러나 아르다리크가 카르파티아 분지에 대한 통제력을 공고히 하기 위해 훈 제국식 체제를 계속 사용했던 것은 분명하다. 앞서 간략히 언급했지만 게피드의 정치 체제는 훈 제국의 체제와 동일하게 동부의 티서 지역의 핵심 영토에 대왕이 있고, 시르미움에 있는 서부 제왕이 그를 보좌하는 양두정이었다. 양 게피드 왕의 아래에는 공작(즉, 각자의 군사 수행단을 거느린 제왕)이 있었는데, 대표적인 인물이 트란실바니아의 옴하루스Omharus이다. 또한 게피드 왕국에는 귀족들의 회의기구가 있었는데, 훈 제국을 비롯한 내륙아시아의 정치체와 마찬가지로 왕의 권력을 견제했다. 흥미로운 점은 지리적으로 게피드와 가까웠고 네다오 전투 이후 다뉴브 지역을 두고 경쟁했던 수에비에서도 훈 제국의 정치적 영향력을 관찰할 수 있다는 사실이다. 그들에게는 동쪽의 강력한 이웃인 게피드와 마찬가지로 후니문트

Hunimund와 알라리크Alaric라는 두 왕이 있었다.[24]

아틸라 이후 유럽의 왕들

아르다리크뿐만 아니라 훈의 내전 이후 등장한 다른 주요 인물들도 모두 아르다리크처럼 훈 제국의 지방관이었거나 궁정의 고위 관리였다. 프리스쿠스가 분명히 적시했듯이 스키리의 왕 에데코는 훈인이었다.[25] 그가 세운 스키리 국가는 단명했으나 그가 다스렸던 부락들은 후일 오스트로고트 왕국의 태조 발라메르의 죽음에 관여했다.[26] 에데코의 아들로 훈인을 조상으로 둔 오도아케르는 이탈리아에 최초의 '야만인' 왕국을 세우고 서로마 제국의 잔존 세력에게 최후의 일격을 날렸다.

유명한 오도아케르와 그의 아버지 에데코의 훈 정체성은 나의 전작인 《훈, 로마, 그리고 유럽의 탄생The Huns, Rome and the Birth of Europe》 (2013)에서 상세히 논의한 바 있다. 이 책에서는 지면의 한계 때문에 모든 근거와 논의를 일일이 거론할 수는 없다. 그러나 가장 중요한 근거로, 그가 소속된 부락인 토르킬링기Torcilingi는 튀르크계(즉 훈계)임이 분명하다. 요르다네스와 랑고바르드 역사가 파울루스 부제 Paulus Diaconus[27]가 이 같은 신원을 여러 차례 확인해주었고, 또 요르다네스는 자신의 서술에서 투링기Thuringians(투링고스Thuringos/토링고스 Thoringos)를 언급하였는데, 아마 토르킬링기와 게르만의 투링기를 혼동한 결과였을 것이다.

요르다네스는 토르킬링기를 오도아케르의 이탈리아 정복과 관련하여 세 차례 언급했다.[28] 이 부명은 어원상 그 이전 시대 투르카이 Turcae(1세기 남러시아 아조프 지역)[29] 및 티르카이Tyrcae(같은 지역의 주민)[30] 와 연관이 있는 것이 분명해 보인다. 또한 7세기 중반 프랑크 사가 프레데가르Fredegar의 기록에 나오는 토르키Torci(혹은 투르퀴Turqui)는 다 뉴브 지역의 훈계 집단을 가리킨다.[31] 토르키와 토르킬링기 모두 토르크Torc+매개모음 i+게르만어 접미사 –ling과 같은 구조로 볼 수 있다. 토르크/토르키와 튀르크 사이의 어원적 연관성 또한 부정할 수 없다. 튀르크란 이름은 서기 12세기 후반까지 토르크Torc[32](세칭 체르니 클로부치Chernii Klobutsi 연맹의 일부로 루시인 휘하에서 싸운 서방 오구즈 Oğuz 튀르크계 부를 지칭함)로 기록되는 일이 잦았다.[33]

뿐만 아니라 오도아케르는 훈계 기원을 지녔을 가능성이 있는 또 다른 집단인 로기Rogi로 지칭되기도 했다. 요르다네스는 오도아케르를 "종족으로는 로기인genere Rogus"이라며,[34] "토르킬링기와 로기 왕(오도아케르)의 압제sub Regis Torcilingorum Rogorumque tyrannide"라는 표현을[35] 쓰기도 했다. 대다수 학자들은 이 로기인들을 북해 지역의 게르만계 루기Rugi와 동일시해 왔다. 그러나 이런 비정比定은 오도아케르가 게르만 왕이라 예상하고, 따라서 그와 관련된 집단들 또한 게르만계일 것이라 예단한 것이다. 게네레 로구스genere Rogus라는 표현은 그보다는 오도아케르가 아틸라의 삼촌이자 훈의 대왕이었던 루가/로가 씨족/부락에 속했다는 의미일 가능성이 높다. 예컨대 서기 454년경 다뉴브강 인근에 유목하던 훈계 울트진주레스Ultzinzures 집단의 이름은 아틸라의 친척, 울트진두르에서 따온 것이었다.[36] 로기 또한 훈의 대왕으로 게르마니아 전체를 지배한 군주 로가/루가를 기리는 이름이었을 수 있다. 따라서 루가와의 관련성 덕분에 게르마니아 전체에서 얼마간 위신을 세울 수 있었을 것이고, 이러한 이유로 훈과 게르만계 부민을 한 집단으로 융합시키기 위해 이 이름을 택했을 것이다.

오도아케르의 아버지의 이름 에데코/에디코Edico[37] 또는 에디카 Edica는 게르만어에 어원을 두지 않았고, 그 자체도 비非게르만계 인명임이 분명하다. 대신 튀르크·몽골계적 어원을 지니고 있다. 이 이름은 고대 튀르크어 인명 애드귀ädgü('좋은'을 의미)[38]와 몽골어 에드구 Edgü와 관련이 있는 것으로 보인다.[39] 오도아케르란 이름 역시 루가와 문주크의 형제인 훈의 왕자 옥타르Octar 그리고 튀르크어 인명 오트 토가르Ot-toghar와 어원적으로 관련이 있을지 모른다.[40] 그 아들의 이름인 오클란Oklan은 튀르크어 단어 오글란Oğlan(청년)임이 분명하다.[41] 오도아케르의 형제의 이름은 훈울푸스Hunoulphus(훈-늑대)이다. 오도아케르와 가까운 거의 모든 개인과 부락이 훈과 연관되어 있다는 것은 그 역시 훈 출신임을 입증한다. 그러나 에데코와 그의 아들 오도아케르는 다른 훈인들과 마찬가지로 인종적으로나 종족적으로 복잡하게 섞인 혼종적 정체성을 지녔을 것이다. 오도아케르는 모계로는 스키리, 부계로는 튀르크계 훈의 혈통이었을 것이다.

훈 내전에 출현한 세 번째 중요한 인물은 오스트로고트 왕 발라메르이다. 그 역시 앞서 언급한 아르다리크나 에데코와 마찬가지로 훈의 왕공이었다. 발라메르의 출신이 훈이라는 증거도 여기서 모두 언급할 수는 없기에,《훈, 로마, 그리고 유럽의 탄생》을 참고하길 바란다. 그러나 발라메르의 경력은 아틸라 이후 훈의 역사, 특히 아틸라의 아들 뎅기지흐와 밀접하게 얽혀 있다. 따라서 그의 훈계 기원 및 뎅기지흐와의 분쟁에 대해서는 간략하게 다루고자 한다.

요르다네스는 발라메르를 옛 동고트 지배가문인 아말 왕조의 합법적 후계자로 소개했다. 하지만 현전하는 사료들을 엄밀히 검토한 결과는 그와 다르다. 발라메르 왕조는 실제로는 고트인에게는 새로운 왕조로, 훈의 정복 이전 고트인들을 지배한 에르마나리쿠스 왕의 가문과는 연결되지 않는다.[42] 피터 히더가 정확히 지적했듯이, 훈 제국의 정복은 과거 고트의 정치 질서에 심대한 영향을 남겼다.[43] 에르마나리쿠스의 이름은 어느 시점엔가 발라메르와 그의 후손들을 더욱 순혈 고트인으로 보이게끔 하기 위해 발라메르의 계보에 삽입되었을 것이다. 80년가량 이어진 훈의 지배가 오스트로고트의 왕가에도 중대한 영향을 미쳤음은 의심할 여지가 없으나, 이런 이유로 대단치 않게 보이게 된 것이다.[44]

《게티카》의 아말조 계보를 살펴보면 그 가운데 많은 왕들이 사실은 고트인의 왕이 아니라 훈 제국의 통치자였음이 드러난다.[45] 두 번째 왕 훌물Hulmul은 어원적으로 훈의 왕을 뜻하는 훔리Humli와 관련이 있을 터인데, 이에 관해서는 아르다리크와 엘라크 사이의 분쟁에서 다룬 아이슬란드 사가에서 이미 확인한 바 있다.[46] 네 번째 왕 아말과 여섯 번째 왕 오스트로고타Ostrogotha는 각각 아말 씨족 및 오스트로고트의 시조격인 인물인데, 나중에 창작된 존재일 것이다. 다섯 번째 군주의 이름인 히사르니스Hisarnis는 '강철'을 뜻하는데, 첫 번째 왕 가프트Gapt와 마찬가지로 신화적인 인물이다.[47] 그러나 잘 알려져 있듯이 내륙아시아 문화에는 철과 대장장이에 대한 숭배가 있었는데

(예컨대 칭기스 칸의 본래 이름인 테무진Temujin은 '철인鐵人'을 뜻한다), 이를 감안하면 이 인명 또한 훈계 기원 또는 초원 전통의 영향을 암시하는 것일지 모른다. 요컨대 오스트로고트의 왕가 계보는 훈계 인물과 훈의 전통에서 따왔을 가능성이 높은 인물로 가득하다.

이 왕조의 훈계 기원은 계보에서 신성과 명백히 관련이 없는 첫 번째 조상인[48] 후누일Hunuil의 이름에서 더욱 분명하게 드러난다. 후누일은 튀르크어 합성어일 가능성이 높다. 만약 그렇다면 제국의 이름 훈Hun에 백성 또는 국가를 뜻하는 튀르크어 단어 일il이 합쳐졌을 것이다. 일il은 튀르크멘 일리Türkmen ili(투르크멘 사람)과 외즈베크 일리Özbek ili(우즈베크 사람)와 같은 용법으로 사용되었다. 이러한 용어는 인명이라는 느낌이 들지 않지만, 오스트로고타나 아말과 같이 한 개인의 이름이 아니라 집단명과 씨족명에서 나온 것이라고 이해할 수 있다. 아말 계보에서 보여주는 이 같은 집단명과 동일한 인명을 위해 지배 왕조가 오스트로고트(오스트로고타)와 아말 씨족 내지 하위부락이라는 정치체/부민에 소속되어 있다는 것을 알 수 있다. 만약 이 왕조가 본래 훈 계통이었다면, (훈 사람/제국/국가를 뜻하는) 후누일과 같은 이름 또한 이 사실을 반영한다고 해석할 수 있다.[49]

아말 계보에서 후누일 이후 인명의 끝에 울프ulf(늑대)가 붙은 이름이 널리 사용된 것 또한 주목할 만하다. 늑대는 튀르크·몽골 문화권에서 토템이자 신화적 조상으로 숭배되었다. 훈 제국과 같은 시대 몽골고원과 투르키스탄에 존재했던 유연 제국에서 황실 호위부대가 '늑대'라고 불리기도 했다. 늑대 토템은 초기 시베리아 남부, 특히 서기 1세기와 2세기 알타이 지역의 미술과 도상에서 널리 사용되었다.

물론 이 지역은 훈 집단이 서방으로의 기나긴 여정에 오르는 출발점이었다.[50] 튀르크계 부락인 철륵(고차)은 훈의 옛 땅에 살았는데, 이들의 기원 설화는 흉노/훈 선우의 딸과 늑대가 결혼해 낳은 자식이 통치 왕가의 조상이 되었다고 전한다. 또한 늑대는 아틸라의 후예들이 다스린 후대의 불가르와 연관이 있는 온오구르Onoğhur의 토템적 조상으로 숭상받았다.[51] 불가르 왕명록은 대大불가리아의 창건자 쿠브라트Kubrat를 쿠르트Kurt라 불렀는데, 이 또한 튀르크어에서 늑대qurt를 뜻한다.[52] 훈의 시대부터 약 1세기 가량 지난 뒤 동방에 있는 옛 훈의 땅에서 일어난 돌궐 제국 아시나 씨족의 조상 역시 암늑대였다고 전해진다.[53] 늑대와 연관된 신화와 형상이 훈이나 후대 튀르크 문화권에서 유행했던 데 반해, '울프'가 인명에 사용되는 경우가 있기는 했지만(예컨대 서기 4세기 중반에 등장한 울필라스Ulfilas) 훈의 등장 이전에 게르만계 종족들에서 늑대를 조상이나 신성한 동물로 본 경우는 매우 드물다. 또한 -ulf로 끝나는 인명의 유행이 훈 시대에 시작되었다는 사실과 아말 계보에서 -ulf로 끝나는 이름이 우세하다는 사실은 우연으로 보기 힘들다.[54] 또한 -ulf 접미사가 중앙아시아 백훈의 인명 카툴프Katulf처럼 -ulf로 끝나는 유사한 소리의 훈식 인명을 고트인들이 차용했을 가능성도 있다.

후누일의 아들의 이름 아탈/아탈라Athal(a)[55] 또한 게르만어/고트어로 '고귀한'을 뜻하는 아델Adel과 관련이 있을 수 있지만, 고대 튀르크어에 어원을 두었을 가능성도 있다. 고대 튀르크어에서 아달Adal은 '이름을 취하다'라는 뜻으로, 위대한 업적을 통해 명성을 얻기 이전의 아들에게 주어지는 호칭이었다.[56] 흥미로운 점은 오스트로고트 왕가에서도 어린 왕자에게 유아기에 이름을 주지 않는 매우 유사한 관습이 있었다는 사실이다. 왕자들은 스스로 이름을 얻어냈는데(예컨대 테오도리크Theodoric는 백성의 왕을, 트라사리크Thrasaric는 전사의 왕을 뜻한다), 훈식 명사에서 따온 칭호가 많다는 사실은 이 관습이 훈 사회에서도 존재했을 가능성이 높다는 것을 뜻한다. 아탈이라는 이름의 또 다른 어원일 가능성이 있는 단어는, 만약 카시오도루스의 기록에서 발견된 -a로 끝나는 형태를 받아들인다면, 다름 아닌 아틸라! 두 인명의 유사성은 훈계 인명이 게르만어화되는 융합 과정에서 만들어진 것일지 모른다.

　오스트로고트의 왕가가 훈계 기원을 가지고 있었다는 증거는 더 있다. 앞서 언급했듯이, 프리스쿠스의 기록에 보이는 아틸라 시대 훈 제국의 거물 중 하나의 이름은 베리그/베리크Berig/Berik(튀르크어로 '강함')였다. 당황스럽게도 고트인들이 스칸디나비아를 떠날 때의 지도자로, 고트인 조상의 왕이었던 인물의 이름도 베리그Berig였다.[57] 아르네 쇠뷔 크리스텐센Arne Søby Christensen은 이 베리그란 인명의 기원이 훈어나 켈트어 모두에 있을 수 있다는 신중한 태도를 취했다.[58] 카시우스 디오Cassius Dio가 기록한 유사한 켈트어 인명이 브리튼에서 관찰된 시기와 요르다네스의 시대 사이의 큰 격차를 감안하면 베리그란 이름과 그 전설은 켈트와 관련되었을 가능성은 낮아 보인다. 반면 요르다네스가 직접 이용한 사료는 의심할 여지없이 프리스쿠스였을 것이다. 다른 아말 왕조의 '고트인' 조상들과 마찬가지로 베리그 역시 본래는 훈인 조상으로서, 북쪽에서 떠나는 고트의 이주가 아니라, 내륙아시아에서 서쪽으로 온 훈의 이주를 이끈 지도자가 원형이 되었을 가능성이 매우 높다. 이 모든 논의를 고려하면 아말 계보가 지닌 것이 북방 어디에선가 이주한 고트라는 공허한 기억 위에 덧붙여진 훈 왕가의 전통임을 드러낸다.

또한 요르다네스에 따르면 유럽에서 처음으로 알려진 훈의 왕은 서기 4세기 후반의 '훈의 왕' 발람베르Balamber였다. 이 발람베르가 사실 4세기 중반에 활동한 오스트로고트의 발라메르와 동일인이었다는 가설은 꽤 오래 전에 제기되었다. 발라메르는 그리스어로 발라미르Balamēr라 기록되었다.[59] 흥미로운 사실은 요르다네스의 기록에서 훈의 발람베르가 또 다른 고트의 왕공 후니문트의 아들 게시문트Gesimund의 도움을 받아 비니타리우스Vinitharius를 죽였는데, 전해지는 바에 따르면 비니타리우스는 아말조의 고트인이자 발라메르의 할아버지였다. 발람베르는 그 뒤에 죽은 이의 손녀인 바다메르카Vadamerca를 아내로 취했다. 비니타리우스란 이름이 웬드Wend와 싸우는 전사(즉 슬라브와 싸우는 전사. 슬라브란 말은 서기 5세기 후반은 되어야 사료에 등장한다)를 뜻한다는 것을 고려하면, 그는 4세기 훈의 발람베르/발라메르의 적이 될 수 없고, '고트'의 발람베르/발라메르가 활동하던 5세기 중반의 인물이었음이 분명하다. 이는 또한 비니타리우스가 5세기 슬라브계 안테스Antes에 수차례 원정하여 명성을 얻었다는 사실에서도 확증된다. 안테스 집단은 훈의 정복 이후 오랜 기간이 지난 뒤에야 겨우 북방 어딘가에서 우크라이나 남부와 몰다비아로 움직이기 시작했다.[60] 따라서 게시문트 및 발람베르, 비니타리우스와 관련된 일련의 사건들은 동일인이었던 훈·고트 왕 발라메르를 훈의 발람베르(4세기)와 고트의 발라메르(5세기)로 분리하기 위해 의도적으로 4세기로 앞당겨진 것이다.

그렇다면 오스트로고트 왕 발라메르의 할아버지 불투울프Vultuulf 와 아버지 반달라리우스Vandalarius는 누구인가? 앞서 언급했듯이 훈 어식 왕족명에 게르만어식 접미사를 더하는 것이 고트인들이 인명 을 게르만어화나 고트어화하는 방식이었다. 따라서 아틸라와 루길 라(루가) 등에는 게르만어 접사 일라ila가 첨가되었고, 뎅기지흐에는 게르만어 접사 -reik(왕)가 붙어 딘치리히Dintzirich가 되었다. 게다가 이름 자체가 고트어 인명과 유사한 발음으로 변화하는 경우도 있었 다. 예컨대 아틸라의 아버지 문주크/문추크Mundzuk/Munčuq(튀르크어로 '보석', '진주')는 문디욱스Mundiuks로 변했는데,[61] dz 음이 고트어 인명 문데리히Munderich와 같은 문드mund의 요소로 더욱 고트어스럽게 변 한 것이다. 아틸라의 본래 이름도 같은 방식으로 튀르크어 아스틸라 Astila('큰 강', '바다')[62]에서 더욱 고트어스러운 발음인 아타일라attaila('작 은 아버지')로 변했다.

발라메르의 할아버지의 이름인 불투울프Vultulf도 아마 같은 과 정을 거쳤을 것이다. 훈울푸스Hun-oulphus(-ulf, 게르만어로 '늑대'를 뜻 하는 단어)와 마찬가지로, 불트울프는 불트Vult와 접미사 -ulf가 합쳐 진 것이다. 그리고 '불트'는 시기스불투스Sigis-vultus(5세기에 활동한 오 스트로고트인)와 같은 고트어 인명에서도 한 요소로 등장한다.[63] 불투 스Vultus(고트어 울투스wulþus)는 '장엄한', '명성'을 뜻한다. 따라서 불투 울프는 wulþ(u)-wulfs, 즉 '장엄하고 영광스런 늑대'일 것이다. 그러 나 일부 사료들에서는 불트Vult의 Vu-가 기불두스Gib-uldus나 울디다 Uldida에서처럼 Uld로 옮겨지기도 한다.[64] 현전하는 사료들에 나오는 서기 5세기와 6세기의 훈계 인명들 가운데 Uld/Ult 요소는 울딘Uld-in, 울트진주르Ult-zin-cur(에르나크의 친척), 울트지아기리Ult-zia-giri(훈 제국의 부명),[65] 울다흐Oul-dach(550년 동로마군 소속 장군) 등 넘칠 만큼 많이 발견할 수 있다. 따라서 불투울프는 고트어스러운 외양과 달리, 여러 가능성을 고려해, 특히 불투울프의 손자 발라메르가 훈 정체성을 지녔음을 고려하면, 훈어 인명이 고트어화(훈계 인명 Uld/t+게르만어 접미사 -ulf, 이후 더 친숙한 고트어 단어 울투스wulþus에 동화되어 불투울프의 형태로 변화)되었음을 알 수 있다. 흥미로운 사실은 불투울프의 활동 시점이 서기 5세기 초로 추정되는데, 훈의 제왕 울딘Uld-in(-in은 그의 이름에 덧붙여진 그리스어 접미사다)도 서기 410년경에 죽었다는 점이다. 게다가 게르만어 인명에서 울투스wulþus가 접미사로 사용되기 시작한 것이 울딘의 경력이 끝난 뒤라는 점도 주목해야 한다. 마치 게르만어 접미사 -iok(훈어 인명 문주크 등에서 보이는 juk 또는 dzuk 요소로부터 비롯된 것으로 보인다)[66]가 군디옥Gundiok 등 게르만어 인명에서 사용된 것이 아틸라의 아버지, 훈의 제왕 문주크의 경력 이후이듯 말이다. 발라메르는 따라서 울딘 왕의 후손일 가능성이 높다.

이 점은 그의 아들로 추정되는 이의 이름이 '반달의 정복자'란 의미의 반달라리우스란 사실을 고려할 때 더욱 그럴싸해진다. 반달부는 서기 405년 훈의 정복을 피해 알란부 및 수에비부와 함께 중부 유럽의 고향을 떠났다. 376년에 훈이 정복한 이후 반달부와 싸울 수 있는 오스트로고트 왕은 존재할 수 없기도 하거니와, 반달라리우스가 활동했을 것으로 보이는 시기(5세기 초)에는 오스트로고트와 반달 사이에 싸움이 있었다는 기록이 남아있지 않다. 서기 5세기 초에 반

달부를 정복하거나 격파할 수 있는 이는 누구였을까? 그들을 밀어
낸 울딘임이 분명하다. 울딘은 분명 불투울프였고, 반달라리우스는
405년경 반달부와의 전투에 참여한 그의 아들이었을 것이다.

그러므로 80년에 이르는 훈 제국의 지배기 동안 고트인들은 독
자적인 지도자의 통치를 받은 것이 아니었다. 오스트로고트부는 훈
귀족 가문 출신의 지배자의 지도를 따랐다. 발라메르와 그의 형제인
티우디메르Thiudimer, 비디메르Vidimer는 울딘의 피를 이은 훈의 영지
보유자였다.[67] 후일 대왕으로서 발라메르의 수위권을 인정하되 발라
메르와 그 형제들이 오스트로고트를 분열한 일은 훈식, 내륙아시아
식의 황실 내에서 '영지'를 분봉하는 관행을 이어나간 것이다.[68]

게다가 발라메르와 그의 형제들이 훈의 왕공이었다면, 요르다네
스의 서사에 등장하는 그의 사촌이자 고트와 수에비의 왕이었던 후
니문트 대왕과 후니문트의 아들 토리스무트Thorismud 및 게시문트의
출신은 고트가 아닌 훈이 된다. 따라서 이들 중 누구도 혼인 관계(예컨
대 발라메르가 비니타리우스의 손녀와 결혼한 경우)가 아니었다면, 에르마
나리쿠스와 고트의 옛 지배 가문과는 무관했던 것이다. 요르다네스
는《게티카》에서 보이는 계보의 일부를 카시오도루스가 서기 533년
초에 작성한 문서에서 참고했는데, 여기에서는 에르마나리쿠스나 요
르다네스의 아말 계보에서 보이는 게르만계 반신들의 존재를 찾아볼
수 없다.[69]

발라메르의 아버지 반달라리우스와 그의 형제들은 불투울프/
울딘이 죽은 뒤 아버지의 영지를 이어받아 왕이 되지 못했다. 때문
에 고트부가 주를 구성하는 영지를 통치하는 제왕으로서 울딘의 지

위는 죽은 울딘의 사촌 또는 어쩌면 조카였던 후니문트 대왕이 이어 받았다고 가정할 수 있다. 그는 얼마 전에 서방에서 정복한 수에비부로 구성된 영지를 이미 보유하고 있던 상태였다. 이 후니문트 대왕은 '훈의 수위권 아래에 있다'는 뜻의 이름 그대로, 훈 제국의 제왕이었다.[70] 그의 후손 가운데 하나였던, 이름이 같은 후손 수에비의 후니문트 왕은 발라메르 및 그 형제들과 싸움을 벌였는데, 추측컨대 조상의 영지를 어떻게 나누느냐가 문제였을 것이다. 요르다네스에 따르면 후니문트 대왕의 아들 게시문트는 훈 제국에 대한 충성의 맹세에 충실한 인물이었다.[71] 이들은 모두 훈 제국의 제왕이자 영지 보유자로, 스키리의 에데코나 게피드부의 아르다리크와 같은 존재였다.

이 가문이 세습해온 제왕 지위는 울딘에게서 사촌 또는 조카에게로 갔는데, 이는 블레다와 아틸라가 삼촌인 루가의 지위를 계승한 일과 마찬가지로, 훈식·중앙아시아 초원식 계승법의 흔한 특징이다. 이는 카시오도루스가 기록한 영웅 겐세문트Gensemunda의 일화를 이해할 수 있게 해준다.[72] 많은 사람들이 왜 일부 고트인이 이 인물을 왕의 후보로 적합하다고 여겼는지 궁금해 했다. 겐세문트는 결국 발라메르의 의견에 따라 그 뒤에 새로운 고트왕의 양자(즉 봉신)가 되었다. 그는 바로 후니문트의 아들 게시문트로, 발람베르가 비니타리우스를 죽이는 것을 도운 동맹이었다. 이 역시 훈의 발람베르가 고트의 발라메르와 동일인이라는 또 다른 지표이다. 겐세문트/게시문트는 왕으로 옹립될 수 있다고 여겨졌는데, 이는 그와 발라메르 모두가 훈 왕가의 손위 계통에 속했기 때문이다. 따라서 발라메르는 고트부와 수에비부를 통치하던 훈 왕가의 후보 지류에 속한다.

요르다네스는 훈의 종족 집단 형성에 관해 고트 마녀들이 사악한 정령들과 교접하여 훈인을 낳았다고 전한다.[73] 이 이야기는 고트인이, 혹은 최소한 그 통치 가문이 훈의 일부로 여겨졌음을 말해주며, 신성한 또는 '악마적' 기원은 초원 황실들에서 혈연으로 이어져 내려오던 신성 왕권의 관념을 반영한 것임이 분명하다.[74] 여인들이 정령(정교회 그리스도교도인 요르다네스의 시각에서는 '악마')의 주목을 끌어내 왕가를 만든 점은 초원 동부에서 자주 발견되는 이야기(만주 지역에 있던 부여의 동명왕 신화나 몽골 지역에 있던 칭기스 칸의 조상인 보돈차르의 탄생설화 등)이다. 요르다네스가 전하는 설화는 훈 왕조의 기원을 그가 재해석한 것이다. 왕조 탄생의 전설에 고트 여인이 등장한 것은 훈의 발람베르/발라메르가 고트 공주와 결혼한 일을 상기시킨다. 따라서 훈의 기원 설화는 발라메르 자신도 훈의 왕자였기 때문에, 발라메르의 기원에 관한 이야기이기도 하다.

발람베르와 비니타리우스, 게시문트 등이 서기 5세기 중반의 사건으로 연결될 수 있고, 발라메르와 발람베르가 동일한 훈 제왕이었다는 점을 보여주는 마지막 증거는 토리스무트이다. 게시문트의 형제이자 후니문트의 고트부를 이어받은 이 인물은 게피드부와의 싸움 중에 전사했다. 요르다네스는 이 사건이 5세기 초에 일어났다고 주장하며, 이후 발라메르가 5세기 중반에 왕위에 오르기 전까지 40년 동안의 고트부 공위기를 만들어냈다. 그러나 5세기 초 고트부와 게피드부, 양쪽 모두가 훈의 지배를 받았기 때문에 전투는 일어날 수 없다. 토리스무트가 전사했다는 게피드부와의 전투는 분명 454년에 일어난 네다오 대전이 분명하다. 토리스무트와 그의 고트군은 아틸라의 아들 엘라크의 편에 서서 아르다리크와 게피드부에 대항했다. 토리스무트의 죽음과 발라메르의 즉위는 모두 454년 이후에 급속히 진행되었으니, 40년에 달하는 공위기도 없었다는 말이 된다. 발라메르와 발람베르는 동일인이다.

이렇게 오스트로고트의 태조인 발라메르의 훈 정체성을 복원할수 있었다. 요르다네스에 따르면 아틸라가 죽은 직후 발라메르는 훈의 '멍에'를 벗어던졌고 454년에 네다오에서 훈에 대항해 싸웠으며, 455년 이후의 언젠가 아틸라의 아들들을 격파했다. 발라메르와 그수행단은 발라메르와 고트부를 도망자 노예로 간주한 아틸라의 아들들과 충돌했다고 전해진다. 그러나 발라메르는 형제들인 티우디메르와 비디메르의 조력 없이(두 사람 모두 전투에 참여하지 않았다) 스스로승자가 되었다. 요르다네스에 따르면 발라메르는 형제 티우디메르에게 대승의 소식을 전했는데, 이 소식이 닿은 그때 티우디메르의 아들이자 발라메르의 조카가 되는 테오도리크 대왕이 태어났다.[75]

아틸라 시대 이후 고트의 활동에 대한 요르다네스의 이 환상적인일화가 가지는 유일한 문제는 전적으로 허구란 것이다. 테오도리크는서기 459년 콘스탄티노플에 인질로 보내질 당시 거의 8세였다.[76]요르다네스도 《게티카》 55장 282절에서 테오도리크가 469년경 콘스탄티노플에서 귀환했을 때 18세였다고 말한다. 이는 그가 471년에군대를 이끌고 싱기두눔을 점령했을 때가 20세였다는 의미이다. 설사 테오도리크가 (가장 가능성이 높은 시점인) 459년이 아니라 461년에콘스탄티노플로 보내졌다고 하더라도, 이는 그가 453/454년경에 태어났다는 것을 의미하며, 역시 요르다네스가 만든 이야기에 비하면 너무 이른 시기다. 만약 고트부가 여전히 아틸라의 지배를 받고 있던 451/452년경에 테오도리크가 태어났다고 한다면, 형제가 아틸라의 아들들을 격파했다는 소식과 아들 테오도리크가 태어났다는 소식에 티우디메르가 크게 기뻐했다는 요르다네스의 기묘한 이야기를 어떻게 받아들여야 하는가? 또 다른 문제는 요르다네스를 제외한 모든 사료들이 테오도리크가 티우디메르가 아니라 발라메르의 자식이라고 전한다는 점이다.[77]

이 이야기는 훈 내전 도중과 이후에 실제로 일어났던 일을 고의로 왜곡하기 위해 만들어진 것이 분명하다. 물론 발라메르는 훈의 '멍에'를 벗어던지지 않았다. 그 역시 훈의 일원이었다. 흥미롭게도 가장 신빙성이 높은 사료인 프리스쿠스의 기록에서 스키트인이란 말은 고트인보다는 훈인을 가리키는 데 주로 사용되었는데, 발라메르Balamer(즉 발라메르Valamer) 역시 스키트인이라 불렸으며[78] 이는 그가 훈인임을 뜻한다.[79] 또한 요르다네스의 기록과 달리 발라메르는 아틸라가 죽은 직후 그의 아들들을 상대로 반란을 일으키지 않았다. 발터 폴과 헤르비히 볼프람Herwig Wolfram이 정확히 지적하였듯 발라메르 고트부는 454년 네다오 전투 이후에서야 아틸라의 아들들과 다른 길을 걷기 시작했다.[80] 결정적인 결별은 459년(테오도리크가 인질로 콘스탄티노플에 보내진 시점) 또는 발라메르가 로마와 동맹을 맺은 461년 이후였을 것이다.[81]

발라메르와 그의 형제들이 서기 453년 아틸라가 죽은 직후 그의 아들들에게서 벗어났다는 인상을 만들어내기 위해 요르다네스는 450년대 중반 훈과 고트 사이에 전쟁이 있었다는 이야기를 만들어냈다. 아틸라의 아들들이 이끄는 훈인과 발라메르의 고트인 사이에서 일어난 실제의 유일한 전쟁은 460년대 중반에 일어났다. 따라서 그는 한 인물을 두 사람의 발라메르(하나는 훈, 다른 하나는 고트)로 쪼갰고, 460년대에 일어난 분쟁을 두 개의 전쟁으로 만들었다.

비록 지루할 수 있지만 요르다네스가 《게티카》에서 아말 계보와 마찬가지로 서기 5세기 중반에 일어난 일련의 사건들을 어떻게 왜곡했는지에 대해서는 다룰 필요가 있을 것 같다. 이를 그냥 넘어간다면 아틸라 이후 훈인들의 역사를 복원할 수 없기 때문이다. 요르다네스는 네다오 전투 이후 454년에 훈 집단이 다뉴브강 이남 로마령 발칸으로 진입하여 로마 당국을 무시하고 이 지역을 점령했다고 기록했다.[82] 요르다네스에 따르면, 454년경 훈에 대항하여 로마 제국과 동맹을 맺은 게피드부와 마찬가지로 오스트로고트부는 불법적으로 로마 영토를 차지한 탐욕스러운 훈 집단과 달리 온건한 방식으로 로마인들에게 땅을 요청하여 마르키아누스 황제로부터 판노니아를 얻어냈다.[83] 이 또한 사실이 아니다. 발라메르는 마르키아누스 재위 동로마와 일종의 평화 협정을 맺고 로마령에 진입했으나 이는 판노니아 정착 허가와는 관계가 없었다. 실제로 오스트로고트는 아틸라가 죽기 전에 훈 제국에 의해 이곳에 정착한 상태였다! 아마 이 협약은 얼마 안 되는 금전적 보상을 받는 대신 로마 영토를 침공하지 않겠다는 내용이었을 것이다.[84] 발라메르는 적절한 '조공'을 받지 못하자 459년 로마 제국을 공격, 일리리쿰을 초토화한 뒤 에피루스까지 남하하여 약탈을 벌였다.[85]

콘스탄티노플과 갈등을 빚은 직후 발라메르의 대로마 입장은 변화했고, 그는 아들 또는 조카 테오도리크를 인질로 콘스탄티노플로 보냈다. 로마 측에서 고트 측에 연간 300로마파운드(98킬로그램)의 금을 지불한다는 더 확실한 포에두스가 461년에 체결되었다. 동로마 제국이 다뉴브강 이남 지역 일부를 부분적으로 수복한 것은 450년대 후반이었는데, 458년 언저리에 툴딜라Tuldila라고 불린 훈의 제왕이 공식적으로 통제하던 훈·고트 영지를 흡수한 일[86]은 발라멜가 로마 인과 평화 협정을 맺은 이유를 설명해준다. 아마 아틸라의 아들들을 저버린 것도 이 시점이었을 것이다.

그러나 아틸라의 아들들 및 그들과 함께하는 동부 훈 제국은 아 직 끝장난 것이 아니었고, 이 상황을 두고 보지도 않았다. 454년 엘라 크가 죽은 뒤 훈 제국의 왕권은 아틸라의 다른 두 아들, 에르나흐와 뎅기지흐에게 이어졌다. 아마 에르나흐가 대왕, 뎅기지흐는 서방제 왕이었을 것이다. 461년 포에두스를 통해 로마의 지원을 확보한 발 라메르는 아틸라의 아들들에게 반기를 든 뒤 스스로를 훈의 왕이라 선언했고(따라서 훈의 왕 발람베르라고 지칭되었다) 460년대 중반에 뎅기 지흐의 세력 하에 있던 부락 가운데 하나인 사다기스Sadagis를 공격했 다. 뎅기지흐는 발라메르와 오스트로고트에 대응하기 위해 울트진주 레스, 앙기스키리Angisciri, 비투구레스Bittugures, 바르도레스Bardores의 군 대를 모았다.

이 시점에 고트부는 또한 수에비의 왕 후니문트 및 훈 귀족 에데 코 휘하 스키리와도 적대 관계에 있었다.[87] 발라메르의 친척이자 후 니문트 대왕의 후예였던 것으로 추정되는 후니문트는 발라메르의 형 제인 티우디메르와의 극심한 불화를 겪은 뒤 스키리의 에데코와 발라메르의 고트부 사이의 본래의 평화를 헤쳤다고 전해진다. 이 불화를 이해하기 위해서는 454년 후니문트 대왕의 후계자 토리스무트가 네다오에서 게피드부와 싸우던 때로 돌아가야 한다. 토리스무트가 죽은 뒤 발라메르는 사촌의 고트부와 비니타리우스의 고트부를 얻고 왕위에 올랐다. 후니문트 대왕에게서 수에비를 계승한 후니문트는 아마 이 계승에 불만을 품었을 것이고, 발라메르가 후니문트 대왕의 후손인 자신을 비롯한 친척들의 머리 위에 형제인 티우디메르와 비디메르를 올려두는 분봉에 특히 분노했을 것이다.

그러므로 발라메르는 뎅기지흐 휘하의 훈 세력과 후니문트와 에데코의 수에비-스키리 동맹에 의해 양쪽에서 협공을 당하는 형세에 처했다. 요르다네스는 고트인들이 대단한 승리를 거두었다고 찬양을 늘어놨지만, 게피드부와 싸우던 토리스무트나 샬롱 전투에서 고트의 왕이었던 테오도리트와 마찬가지로 발라메르 역시 이때 살해당했다. 요르다네스는 샬롱에서 테오도리트가 죽을 때 사용했던 것과 마찬가지로 승리한 왕이 전투 도중 말에서 떨어지는 바람에 끔찍하게 죽음을 맞이했다는 모티브를 그대로 사용했다. '승리한' 발라메르 역시 말에서 떨어졌을 때 살해당하고 말았다.[88] 두말 할 필요 없이 이는 말도 안 되는 일이다. 왕의 죽음은 곧 전투의 패배였다.

요르다네스는 발라메르가 벌인 (460년대 중반에 일어난 것이 분명한) 스키리와의 전쟁을 뎅기지흐의 훈과 벌인 전쟁을 분리하고, 뒤의 일을 450년대로 밀어버렸다. 그러나 스키리는 465/466년경 발라메르를 죽일 때 뎅기지흐의 훈과 동시에 움직였다. 특기할 점은 요르다네스가 훈과의 전쟁과 스키리와의 전쟁 모두에서 발라메르가 급습을 당했고, 형제들 없이 홀로 훈 및 스키리와 싸웠다고 기록했다는 점이다.[89] 두 서술 모두 하나의 동일한 사건을 옮긴 것이 분명하다. 이 전투에서 고트 쪽이 승자가 아니라 패자였다는 점은 요르다네스의 기록을 통해서도 알 수 있다. 《게티카》 54장 278절에 따르면 발라메르가 죽은 뒤 고트인들이 그의 형제 티우디메르에게로 '도망'쳤고, 티우디메르는 셋째인 비디메르에게 도와달라고 요청했다.

좀 더 분별력 있는 프리스쿠스에 따르면, 로마 황제 레오는 이 전쟁에서 중립을 지키라는 아스파르 장군의 조언에 반해 스키리 편에 섰다. 프리스쿠스는 고트부와 스키리가 한 차례 중요하지 않은 충돌을 벌인 뒤 각자 로마를 포함한 여러 세력에 도움을 호소했다고 덧붙였다. 스키리를 도우라는 레오의 명령에도 불구하고, 만약 존재했다는 전제하에, 로마군의 활동이 고트 측에 큰 문제가 되었던 것 같지는 않다.[90] 프리스쿠스의 단편 기록은 훈과 고트의 충돌이 고트가 스키리와 싸우기 전이 아니라, 고트와 스키리가 벌인 큰 성과 없는 싸움으로 인해 양쪽 모두가 이웃들에 도움을 청한 뒤에 벌어졌을 가능성을 보여준다. 요컨대 수에비 및 스키리와 갈등이 있던 고트 쪽은 이들과 결정적이지 않은 전투를 치렀고, 465년경 사다기스에 얽혀들어 분투했다. 이는 스키리뿐만 아니라 사다기스가 훈 제국에 개입을 요청하는 일을 야기했다.

그 다음에 이어진 것은 훈과 스키리 연합군의 발라메르에 대한 기습이었고, 고트 왕은 패배하고 전사했다. 발라메르의 죽음 이후 발라메르 휘하 고트부의 상당수는 뎅기지흐의 훈 집단에 복종했으나, 발라메르의 형제로 그의 부락보다 더 서쪽, 오늘날 크로아티아에 자리했던 티우디메르와 비디메르가 어떤 중요한 의미에서 뎅기지흐에 복종했는지는 불분명하다. 어쨌든 467년에 훈 제국 휘하에서 상당수의 오스트로고트인이 싸웠다는 점은 확실하다. 전해지는 바에 의하면 발라메르의 사촌이자 오스트로고트의 전임 왕 토리스무트의 아들 베레무트Beremud[91]가 훈(즉 뎅기지흐)의 통치에 불만을 품고 고트가 그들에 복종한다는 현실에 부끄러움을 느껴 오스트로고트를 떠나 갈리아로 향한 것이 이때라고 한다.[92] 뎅기지흐와 그의 형제이자 상위 군주 에르나흐는 또한 헝가리의 강력한 게피드부를 다시 복속시켰거나, 최소한 게피드부와 화해했다. 이후 게피드부가 위험한 상황을 맞으면 아틸라 왕조 훈 제국 불가르부를 불러 도움을 받았다는 점을 고려하면 이는 실제로 일어났을 가능성이 아주 높다. 예컨대 서기 504~505년 오스트로고트의 테오도리크가 시르미움을 침공했을 때 불가르 훈 군단이 게피드부를 도왔다.

서부 훈 제국의 일시적 재통일과 최종 해체

이제 권력이 절정에 오른 뎅기지흐는 466년에 콘스탄티노폴리스로 사절을 보내[93] 아버지가 이전에 누리던 권리의 일부를 요구했다. 이는 물론 훈 제국이 로마 제국에 대한 공세를 다시 고려할 수 있을 정도로 다뉴브 지역을 확고히 장악했음을 보여준다.[94] 훈 제국이 아틸라가 죽은 뒤에 바로 사라지지 않았듯, 454년 네다오에서 엘라크가 죽은 뒤에도 종말을 맞지 않았다. 460년대 중반 훈의 권위는 다뉴브 지역에서 생생히 살아있었다. 그러나 로마 제국에 대한 뎅기지흐의 전쟁이 일어난 467~469년에 일어난 일들은 서방에서 훈 제국을 최후의 해체로 이끌었다.

뎅기지흐의 모험은 비극적인 실패로 끝났고, 그의 머리는 469년에 콘스탄티노플로 보내졌다. 인과응보라 해야 할까. 447년에 뎅기지흐의 아버지인 아틸라의 손에 죽은 아르네기스클루스Arnegisclus의 아들, 고트계 로마인 장군 아나가스트Anagast가 뎅기지흐의 머리를 옮겼다고 한다. 재앙을 촉발시킨 요소는 여럿이었다. 우선 형제이자 손위 군주인 에르나흐는 동방의 다른 전쟁에 시달리던 훈 제국이 로마와도 전쟁을 벌일 때가 아니라 여겨, 뎅기지흐의 군대를 축소시킨 상태였다.[95] 에르나흐는 앞선 463년에 훈 제국의 아카트지리를 패배시킨 샤라구르Saraǧur를 비롯한 오구르계 부락들과 싸우고 있었다고 한다. 이때 샤라구르는 페르시아도 침공했는데, 어쩌면 에르나흐가 이끄는 훈으로 말미암아 서방으로의 진격이 저지되었기 때문일지 모르겠다. 따라서 467~468년에 뎅기지흐는 최근에 재정복한 오스트로고트인이나 마찬가지로 의심스러운 비투구르Bittugur부에 의존할 수밖에 없는 상황이었다.

미심쩍은 병사와 에르나흐의 지원 부족은 뎅기지흐에게는 재앙이 되었다. 프리스쿠스에 따르면 로마인들은 어떻게 해서인지 뎅기지흐군의 고트인 일부를 '푹 꺼진 곳'으로 몰아넣고는, 당시 로마군으로 복무하던 헬핼이란 이름의 훈인을 보내 그들은 선동해 반란을 일으키게끔 했다.[96] 이 속임수로 인해 일어난 고트 반란이 퍼져나가면서 뎅기지흐는 후퇴를 선택할 수 밖에 없었다. 이 난리통 이후 알 수 없는 상황에서 그는 죽었는데, 아마 살해당했을 것이다. 그의 머리는 로마 제국으로 보내졌다.

469년 뎅기지흐의 패배와 급작스러운 죽음 덕분에 발라메르 형제들은 마침내 아틸라 왕조의 훈 제국에게서 벗어날 수 있었다. 아말 왕조가 로마 원정 도중에 뎅기지흐에 대항하는 반란을 이끌며 그의 패배와 죽음에 주요한 역할을 수행했을 가능성도 있다. 이렇게 보면 티우디메르(또는 발라메르)의 아들인 테오도리크가 이 사건이 있은 지 얼마 뒤 469년경 콘스탄티노플에서 풀려나 오스트로고트로 귀환한 이유도 설명이 된다.[97] 뎅기지흐가 몰락한 뒤 비투구르(뎅기지흐 휘하 부락 가운데 하나)가 아말 고트부를 지지한 일 또한 아말조의 반란이 뎅기지흐의 원정을 최종적인 실패로 귀결되게 했다는 가설을 강화해 준다. 이 일은 한 세기 앞서 울딘 최후의 원정이 로마의 책략과 징집병들이 벌인 반란으로 파멸을 맞았던 일을 생각나게 한다.[98] 분명 비투구르는 오스트로고트와 공조하여 제왕 뎅기지흐에게 종말을 선사했을 것이다.

서기 467~468년 로마와의 전쟁에 이은 뎅기지흐의 몰락은 오스트로고트에 있어 마침내 다뉴브강 인근 지역에서 적수들에게 독립적으로 대응할 수 있는 자유를 의미했다. 요르다네스에 따르면 469년경에 테오도리크가 콘스탄티노플에서 고트로 귀환하기 직전인 468년 말 오스트로고트는 수에비와 그들의 연합인 알레만니를 노리쿰 지역 어디쯤으로 생각되는 지역에서 과감하게 공격했다.[99] 또한 판노니아 저지대에 살던 고트인(즉, 티우디메르의 부락)은 노리쿰의 플라키데우스Flaccitheus 왕이 지배하는 루기와 적대 관계가 되어 매복해서 루기

왕을 죽일 계획을 세웠다.[100] 그러나 고트 세력의 이 공세는 인근 여러 부락이 그들에 맞서 연합하게끔 만들었다. 스키리와 루기, 수에비, 게피드가 맺은 대동맹이 야전에서 오스트로고트와 맞붙었다. 볼리아강에서 일어난 이 대전투를 요르다네스는 대략 465년 발라메르가 죽은 직후에 일어난 일로 배치했는데,[101] 실제로는 470년 언저리에 일어났을 가능성이 높고, 마찬가지로 오스트로고트의 패배로 끝이 났다. 발라메르 삼형제의 막내 비디메르는 휘하 고트부를 이끌고 처음에는 노리쿰 서부로 향했다가 다시 이탈리아로 진입했고, 그동안 티우디메르는 남쪽 마케도니아로 도망쳤다. 다뉴브강 지역의 오스트로고트령은 승자들 사이에 분배되었다.

이후 승리한 부락들 사이에 전리품을 둔 다툼이 발생했고, 이는 그 가운데 일부가 서쪽으로 이주하는 일을 야기했다. 수에비의 훈계 지도자로 보이는 후니문트는 부락을 이끌고 알레만니의 영토로 진입했다. 후니문트는 독일 남부로 이동하는 과정에 노리쿰 지역의 도시 바타비스Batavis(파사우)를 공격했는데, 비디메르의 고트부가 노리쿰을 지나간 472년경에서 얼마 뒤의 일이다. 토르킬링기 훈과 스키리 또한 오도아케르를 따라 471~472년 다뉴브강을 떠나 이탈리아로 이주했다(그의 군대에는 또한 루기/로기와 헤룰도 일부 포함되었다). 처음 이탈리아에서 오도아케르와 그의 훈 및 스키리 연맹은 익숙한 적수, 비디메르의 고트부와 마주했다.

비디메르 및 티우디메르와 동시대인이었던 로마의 시인 시도니우스 아폴리나리스가 476년경에 기록하기를, 비디메르와 그의 동고트부가 판노니아로부터 갈리아로 도망쳤는데 훈과의 분쟁 때문이었다.[102] 시도니우스는 오스트로고트가 어떻게 비시고트의 왕인 유리크Euric(466년 이후 통치)의 지원을 받아 '이웃한vicinosque' 훈 사람들에게서 승리를 거두었는지에 대해 기록했다. 470년대 초 오스트로고트 및 비시고트와 싸운 훈인은 갈리아 인근에 있었으니 이탈리아로 추정할 수 있고, 그렇다면 스키리와 루기/로기, 헤룰 등을 동반한 오도아케르의 토르킬링기 훈 외에 다른 집단을 생각할 수는 없다. 시도니우스는 이들을 스키티아의 무리들이라 부르며, '로마인'(즉 서로마 황제)이 476년경 스키트 지방의 무리들에 대항하기 위해 유리크에게 도움을 청했다고 덧붙였다. 여기서 언급된 '스키트인'은 물론 최후의 서로마 황제 로물루스 아우구스툴루스Romulus Augustulus에게서 이탈리아를 빼앗은 오도아케르의 군대일 것이다.[103]

오도아케르 휘하의 훈 부락이 이탈리아로 진입한 시점은 노리쿰 서부의 어딘가에 머물렀던 비디메르의 오스트로고트부가 이탈리아로 오기 직전이었던 것 같다. 472년경 오도아케르는 이탈리아에 있는 야만인 동맹군(포이데라티foederati)*의 지도자로 지칭되었다. 시도니우스와 마찬가지로 요안네스 안티오케누스Ioannes Antiochenus는 이들을 오도아케르의 '스키트인'이라 불렀다. 이 표현은 폰토스 초원에 해당하는 스키트 지역에서 온 사람들을 부르는 일반적인 표현일 수도, 훈 사람을 부르는 표현일 수도 있다. 로마의 저자들은 종종 5세기의 훈인을 스키트인이라 불렀다.[104] 한때 서로마 황제였던 글리케리우스Glycerius는 이 '스키트인'이란 표현을 이탈리아를 침공한 비디메르

---

* 포이데라티는 로마 제국을 위해 복무하는 비非로마인 부대를 지칭하는 말이다.

의 고트부를 갈리아로 몰아낸 오도아케르의 훈 군단을 지칭할 때 사용했다. 이런 맥락에서 '이웃한' 훈 집단(오도아케르 휘하의 토르킬링기와 여타 집단)으로 인해 곤경에 빠져 있던 오스트로고트부가 유리크의 비시고트부에 의해 구원받았던 것이다.

요컨대 훈 제국의 내전 후에 나타난 아틸라 이후 세 사람의 후보군인 아르다리크, 에데코, 발라메르는 모두 훈의 왕공이었지, 훈 제국에 대항한 게르만 '민족'의 지도자가 아니었다. 이들이 다스렸던 백성들과 군대는, 특히 에데코와 발라메르의 경우는 [각자의 아들인 오도아케르와 테오도리크(이 경우 조카일 가능성도 있다)의 시대에] 결국 서로마 제국을 끝장내고 세칭 '중간기Middle Ages'의 도래를 알렸다. 앞으로 옛 훈계 지배자들과 병사들이 만든 새로운 세계에 대해 다뤄야겠지만, 우선은 에르나흐 휘하의 동부 훈 제국에 대해 관심을 가져 보고자 한다.

이탈리아 오스트로고트 왕들의 계보

아말 계보: 굵은 글씨는 훈계 혈통일 가능성이 있는 인물

* **베리그**Berig: 요르다네스에 따르면 비非아말계 고트 왕으로, 고트인들을 이끌고 스칸디나비아를 떠났다. 그러나 그의 이름은 명백히 튀르크어 어원의 가능성을 보여준다. 그는 어쩌면 중앙아시아를 떠났던 훈인들의 지도자로, 그 전설이 과거 북방을 떠난 초기 고트인 이주의 전설과 합쳐진 것일지 모른다.

1. 가프트Gapt: 신화 속 인물/신격으로 카시오도루스 또는 요르다네스에 의해 아말 계보에 추가된 비실존인물
2. **훌물**Hulmul: 훈계 왕일 가능성이 있는 또 다른 인물로, 그의 이름은 어원상 사가들에 나오는 훈왕 훔리와 연관이 있는 것으로 보임
3. 아우기스Augis: 또 다른 신화 속 인물로, 역사상에 실존하지 않았음
4. 아말Amal: 아말 왕조와 이름이 같은 조상으로, 실존인물이 아님
5. **히사르니스**Hisarnis: '강철'이란 뜻으로, 내륙아시아의 강철 신앙을 연상시킴
6. 오스트로고타Ostrogotha: 오스트로고트와 이름이 같은 조상으로, 실존인물이 아님
7. **후누일**Hunuil: '훈 국가'를 뜻하는 훈＋일의 합성어일 가능성이 있는데, 이 경우 훈 제국과 같은 이름임
8. **아탈**Athal: 고트어화된 튀르크어 인명일 가능성이 있는데, 튀르크어 원형은 아달이나 아틸라로 보임
9. **아치울프**Achiulf: 늑대를 뜻하는 어미가 붙은 인명으로, 늑대는 튀르크 문화에서 신성한 동물
10. **불투울프**Vultuulf: '늑대 울트/울드'로, 훈의 제왕 울딘일 가능성이 있음
11. 발라라반스Valaravans: 카시오도루스 또는 요르다네스가 계보에 삽입한 인물로, 테오도리크의 부계 조상이 아님
12. 비니타리우스Vinitharius: 아말 계보에 추가된 5세기 무렵 활동한 인물로, 테오도리크의 부계 조상이 아님
13. **반달라리우스**Vandalarius: 반달에 패배를 안겨준 훈의 제왕 울딘의 아들일 가능성이 있음
14. **발라메르**Valamer: 훈의 왕 발람베르와 동일한 역사적 인물로, 티우디메르와 비디메르의 형제
15. **테오도리크 대왕**Theodoric the Great: 이탈리아 오스트로고트의 첫번째 왕

7장

폰토스 초원의 훈

우티구르-쿠트리구르 '불가르' 훈

오구르

서기 453년 아틸라의 죽음과, 훈 제국의 동방에서 정치체가 재출현하는 460년대 후반~470년대 초반 사이의 20년가량 되는 시간 동안 훈 제국은 격변을 겪었다. 그 원인은 대체로 새로운 내륙아시아 사람들이 유럽에 도래한 데 있었다. 이들은 대개 '오구르Oğur'(오구르 튀르크어로 '부락'을 의미)라 불렸다. 앞선 장에서 유연 제국과 (열반 흉노 등) 중앙아시아에 남은 훈 집단 사이의 분쟁을 언급한 바 있다. 434년경 몽골고원에 근거한 유연 제국은, 어쩌면 에프탈 왕조 휘하의 '바르'인들과 함께, 서진을 개시했다. 이 압력은 (중앙아시아 남부의) 백훈 제국에서 옛 훈계의 키다라 왕조가 새로 나타난 에프탈 왕조로 대체되는 한 원인이기도 했다.[1]

중앙아시아 북부(오늘날 카자흐스탄)에서는 열반 훈(약한 흉노) 세력과 최근에 형성된 철륵 튀르크계 부락 연맹, 속칭 오구르 집단도 유연의 압력을 받았다. 오구르인 일부는 분명 중앙아시아에서 훈 연맹의 초기 구성원 중 하나였을 것이다. 사비르Sabir(이 오구르 집단의 동쪽 이웃)는 아마 과거 강력했던 흉노의 옛 적수인 선비(전기중고음으로는 새르비Särbi 또는 새르위Särvi로 발음)[2]의 서쪽 지파로, 마찬가지로 유연(아바르일 가능성이 있다)에 패배하여 밀려나면서 여러 오구르 부락들에 압력이 되었다. 프리스쿠스는 이 패배한 오구르 집단들이 유럽의 훈 제국이 지배하는 서부 초원으로 밀려가면서 싸움이 일어났다고 기록했다.[3] 463년에 샤라구르('하얀 오구르'를 의미하는 것으로 보이는데, 하얀색은 초원에서 서쪽을 뜻하므로 서부 오구르라고 표기할 수 있다)[4]는 공식적으로 아틸라의 아들이자 454년 네다오에서 몰락한 엘라크의 지배를 받던 아카트지리 훈 집단을 압도해버렸다.

샤라구르 등 여타 오구르 집단의 아카트지리 훈에 대한 공격은 오랜 과정을 거쳤는데, 아마 450년대부터 시작되었을 것이다. 따라서 네다오 전투 직후 훈 제국 내전에서 동부 파벌은 아르다리크의 서부 파벌에 다시 공세를 취할 수 없었다. 동방에서 오는 더욱 강력한 침입자들에 대항하여 생존 투쟁을 벌여야 했기 때문이다. 네다오 이후 10여 년 동안 군사적으로 더욱 강력한 폰토스 초원의 훈 부락들이 군사적으로 열등한 서부 부락들의 분리주의적 움직임을 찍어 누르지 못한 데에는 동부의 튀르크계 훈 부락들이 위협을 받았던 이 같은 지리적 상황 전개를 고려할 때 이해할 수 있는 것이다.

동부 훈 제국의 잔존 세력을 구원하는 임무가 아틸라의 막내아들 에르나흐에게 주어졌다. 프리스쿠스는 에르나흐가 아틸라의 총애를 받았는데, 이는 아틸라가 죽은 뒤 아틸라의 종족이 멸망하지만 에르나흐에 의해 재건된다는 예언 때문인 것 같다고 기록했다.[5] 프리스쿠스의 이야기는 네다오 이후 10여 년 동안 에르나흐가 거둔 성공을 염두에 두고 윤색한 서술로 보인다. (불가르 왕명록에 따르면) 에르나흐는 소위 '불가르' 훈의 창건자인데,[6] 이 집단은 에르나흐에 복속한 훈 및 여타 오구르 집단들의 연맹이었다.[7] 이 연합은 훈인 대다수가 오구르계 튀르크어를 사용했기 때문에 쉽게 맺어졌을 것으로 추정된다. 유연(아바르?)과 사비르(선비?)의 지배를 피하기 위해 우크라이나와 남러시아로 쏟아져 들어온 오구르 부락들은 십중팔구 과거 중앙아시아에서 유연의 압력에 의해 파편화된 훈 연맹/국가(어쩌면 열반흉노)의 백성이었을 것이다.

그러나 새로 온 오구르인들은 5세기 말 훈 국가의 성격에 지속적인 영향을 미쳤다. 피터 골든이 날카롭게 지적했듯이, 새로 개편된 훈 국가의 양익, 서부의 쿠트리구르Kutrigur(← 9 오구르Qutur Oğur)와 동부의 우티구르Utigur(← 30 오구르Otur Oğur)는 둘 다 정치체의 명칭에 오구르 요소를 지니고 있었다.[8] 이 양익이 별개의 정치 집단이 아니라 훈 국가의 구성 요소였다는 사실은 프로코피우스와 메난드로스가 이들이 동일한 훈 기원을 가졌다고 기록한 것에서 확인 가능하다. 프로코피우스가 기록한 양익의 기원설화에 따르면, 초원에서 양쪽의 권력이 형성되기 이전에 존재한 국가들의 권력은 한 명의 군주(의심할 여지없이 아틸라의 아들 에르나흐)에게 집중되어 있었다. 이 군주는 이후 권력/제국을 나누어 우티구르와 쿠트리구르라고 불린 두 아들에게 주었다(아마 이 이름은 연맹을 이끄는 두 왕자에게 주어진 칭호이거나, 아니면 후대에 그들에게 부여된 시조 이름일 것이다). 이후 두 아들에게 부여된 족속은 각각 우티구르와 쿠트리구르라 불리게 되었는데, 우티구르가 항상 먼저 언급되는 것을 볼 때, 전형적인 내륙아시아의 방식에 따라 우티구르쪽이 연방/국가의 동부로서 손위 지위를 차지했던 것으로 보인다.[9] 프로코피우스가 전하는 이야기는 서기 5세기 후반 에르나흐가 폰토스 초원을 재통일하고 내륙아시아의 방식에 따라 자신의 제국을 양익으로 나누었던 실제 역사 전개 과정을 반영한 것이 분명하다. 프로코피우스는 우티구르가 쿠반 초원(러시아 남서부)에, 쿠트리구르가 '평원의 더 큰 부분'인 아조프해 서부, 즉 우크라이나 남부에 위치했다고 전했다.[10]

현전하는 또 다른 사료인 메난데르 프로텍토르의 기록에 따르면 유스티니아누스의 외교 활동이 쿠트리구르와 우티구르 사이의 내전을 야기했다고 한다. 우티구르 왕 산딜흐Sandilkh는 유스티니아누스에게 이는 '신성치 못한' 일일 뿐만 아니라, 누군가의(이 경우에는 자신의) 친족 부락민을 파괴하는 것은 부당하다고 답했다. 산딜흐가 쿠티구르를 자신의 친족이라 표현한 것은, 두 집단이 공통의 기원을 가졌음을 보여준다.[11] 이 양익과 또 다른 집단인 온오구르 역시 현전하는 사료에서 불가르라 불리는데, '불가르'는 이들 훈 사람들의 또 다른 이름이었거나, 아니면 정치적 명칭인 '훈' 외에 추가적으로 새롭게 만들어진 종족의 자칭이었을 수 있다. 이후에 이들은 두 이름을 합친 '불가르 훈'이라고 알려졌다. 우티구르, 쿠트리구르, 온오구르 등의 용어는 종족을 구분하는 명칭이 아니라, 초원민의 사회·군사적 조직을 지칭하는 용어로, 각각 30·9·10 오구르를 나타낸다.

6세기 사료들이 우티구르, 쿠트리구르, 불가르, 온오구르 등의 이름 뒤에 훈을 붙인 것은 단순히 시대착오적이거나 유목민에 대한 일반적인 지칭이 아니라는 점은 프로코피우스와 아가티아스, 메난 데르 등 사가들이 모두 우티구르 훈과 쿠트리구르 훈 같은 표현을 사용했고, 또 각각의 경우가 범칭도 아니었다는 사실에서 알 수 있다. 훈이라는 이름은 언제나 특정 부락 집단을 가리키기 위해 사용되었다. 예컨대 동로마 황제 유스티누스 2세는 아바르의 사절 타르기티스Targitēs에게 과거 유스티니아누스가 훈에게 바쳤고, 지금은 아바르에 바치는 조공을 더 이상 지속하지 않겠노라고 선언했다. 그런 다음 쿠트리구르와 우티구르 각각의 이름이 언급되었다.[12] 이 일화가 보여주는 바는 첫째 우티구르와 쿠트리구르가 훈이었다는 것, 둘째 아바르인과 로마인 모두가 당대 쿠트리구르와 우티구르를 훈으로 지칭한 것이 시대착오적 감각이 아니라 사실에 근거했다는 것이다. 아바르와 훈 모두 초원민이었지만 여기서 각각이 구분된 집단으로 서술된 점은 메난데르가 훈이라는 이름을 유목민의 통칭으로 사용하지 않았음을 알려준다(사실 이러한 관행은 7세기 테오필락투스 시모카투스 Theophylactus Simocattus가 아바르와 돌궐을 모두 훈이라 싸잡아 부르면서 시작되었다).

동로마 황제 유스티니아누스가 우티구르 훈의 왕 산딜흐에게 보낸 편지는, 동부 정치체에 수위권을 부여하는 초원의 전통적인 방식에 따라 훈 제국 동부의 왕이 서부 쿠트리구르의 왕 자베르간Zabergan을 억누를 수 있으리라는 로마인들의 기대를 보여준다. 따라서 훈 제국에 보낸 선물은 우티구르에게만 보내졌고,[13] 이것이 쿠트리구르에게는 모욕으로 받아들여졌다. 유스티니아누스는 그 서신에서 상위군주인 우티구르의 허락 없이 로마령을 침공한 쿠트리구르를 벌해달라고 요청했다. 그는 쿠트리구르의 로마 제국 공격이 그들이 우티구르보다 우월하다는 인식을 보이는 것이라고 암시했다. 아가티아스에 따르면, 산딜흐는 쿠트리구르가 로마를 침공했다는 사실을 알게 되자 격노하여 쿠트리구르의 무례함을 처벌하고 싶어 했다.[14] 로마인들의 속임수는 6세기 중반 훈 제국에 내전을 일으켰고, 결국 에르나흐가 앞선 5세기 후반에 전쟁을 통해 이룩해낸 정치적 안정과 통합도 끝나 버렸다.

따라서 아틸라가 죽자마자 훈 제국은 그 어떤 흔적도 남기지 않고 해체되었고 훈인들은 사라져버렸다는 세간의 오해와 달리, 그로부터 거의 100년이 지난 시점에도 훈 제국의 동쪽 절반은 여전히 잘 살고 있었다. 앞서 언급했듯이 이 동쪽의 훈 사람들은 이제 새로운 이름인 불가르Bulğar(튀르크어로 '뒤섞인', '혼란스거운', '혼혈')를 얻었는데,[15] 이는 아마도 새로 온 오구르와 아틸라 왕조 치하의 본래 훈 집단이 섞여서 부락 연맹이 되었다는 사실을 반영하는 것일 터다.[16] 그리고 통합이 마무리되자 훈인들은 재차 로마 제국을 위협하기 시작했다.

불가르 훈과 캅카스 훈, 아바르의 정치사

새로운 불가르 훈은 서기 5세기 후반에 역사 기록에 등장하기 시작했다. 480년에 동로마 황제 제노Zeno가 오스트로고트 견제를 위해 이들에게 도움을 청했다. 동로마의 약화를 감지한 훈 제국은 491,

493, 499, 502년 잇달아 동로마령 발칸반도를 약탈했다. 특히 499년의 약탈은 로마에게 4000명 이상의 병력과 네 명의 장수를 잃는 굴욕적인 패배를 안겨주었다. 그러나 6년 뒤인 505년에 불가르 훈은 로마 제국과 동맹을 맺고 오스트로고트 및 그 동맹인 아틸라의 손자이자 게피드부의 문도와 대치했다.[17] 훈 사람들은 단번에 사라져버린 것이 아니라, 유럽의 동부와 남동부에서 주요 정치 행위자로 계속 남아 있었다.

514년, 사료들이 스키트인이라 부르는 동로마 제위 참칭자 비탈리아누스Vitalianus가(따라서 훈이나 알란, 동고트 출신일 가능성이 있다)[18] 당시 황제인 아나스타시우스Anastasius와의 싸움에 불가르 훈의 도움을 청했다.[19] 이듬해인 515년 흑해의 반대편에서는 캅카스 훈(우크라이나와 남러시아의 아틸라 왕조 불가르 훈과는 별개의 독립 집단)이 아르메니아와 카파도키아, 리카오니아를 약탈했다. 훈의 세력은 약세와는 거리가 멀었다. 이들의 위협이 어찌나 강했는지 유스티니아누스 황제는 531년 킬부디우스Chilbudius란 인물을 트라키아 방면의 사령관으로 임명해 반복해서 침입하는 훈을 다뉴브강에서 저지하게끔 했다. 프로코피우스는 이 훈인들이 안테스나 스클라베니Sclaveni(초기 슬라브) 등 새로운 부락 집단과 함께 "로마인들에게 격심한 피해를 주었다"고 적었다.[20]

그러나 이 같은 예방책은 별 의미가 없었다. 쿠트리구르 훈은 538/539년에 모에시아와 일리리쿰을 침공했고, 540년에 훈 군대는 콘스탄티노플 인근과 테살리아(그리스 중부)까지 진군했다. 프로코피우스는 훈의 로마 제국 침략이 이전에 더 빈번했지만, 이 정도로 로마인에게 재앙이 되지는 않았다고 기록했다. 539년 훈인들은 일리리쿰에서만 32개 성을 무너뜨리고 12만 명이나 되는 포로를 잡아들였다.[21] 20년 뒤인 558년에 자베르간이 이끄는 쿠트리구르 불가르 훈은 발칸반도를 초토화시키며 로마 제국의 근간을 뒤흔들고 콘스탄티노플 성벽 앞까지 진출했다.[22] 발칸반도 서부에서 불가르 훈 군대는 코린트 지협까지 남진했다.

　서기 6세기 캅카스 훈의 활동도 이쯤에서 언급할 필요가 있겠다. 이 훈 집단은 506년경 사비르부가 볼가 지역에 영토를 확보하면서 다른 훈 집단에서 분리되었다. 북방에 사비르부, 서방인 쿠반 초원과 우크라이나 남부에 아틸라 왕조의 훈 제국이 존재하는 동안 이 캅카스 훈 집단은 오늘날 다게스탄 지역에 작은 왕국을 세웠다.[23] 이 국가의 규모는 작았지만 캅카스 훈의 군사력은 동로마와 사산 왕조 페르시아 모두에게 주목을 받았다. 503년 이들이 페르시아 북방을 침공하자 사산 왕조의 왕중왕 카바드는 승승장구 중이던 로마 제국 원정을 조기에 끝낼 수밖에 없었다.[24]

　동로마는 그 뒤 프로부스Probus라는 이름의 사절을 우티구르로 보내 뇌물을 바치며 아틸라 왕조의 훈 제국군이 페르시아와 전쟁을 벌이는 콘스탄티노플의 캅카스 방면 동맹들을 지원하게 하려 했다. 그러나 우티구르인들은 매수당하지 않았기에 동로마인들은 대신 캅카스의 훈 집단을 용병으로 고용했고, 이 용병들은 페트루스Petrus의 지휘 아래 이베리아의 왕 구르예니스Gourgenēs를 지원하기 위해 라지카Lazica(오늘날 조지아 서부)로 파견되었다.[25] 서기 522년 말라라스가 훈이라고 불렀지만[26] 실제로는 사비르일 가능성이 높은[27] 발라흐

Balach 왕의 과부 보아릭스Boarëx가 로마인을 대신해 528년에 훈 지도 자인 스티락스Styrax 왕을, 그 뒤에는 글로니스Glonēs 왕을 공격했다. 보아릭스의 공격을 받은 두 왕은 사산조의 동맹이었다고 전해진다.

또한 당시에 훈 사람들은 동로마에 최고 군인 일부를 제공하기 도 했다. 캅카스 훈의 제왕 아스쿰Askoum은 서기 530년 로마인 휘하에 들어가 마기스테르 밀리툼 페르 일리리쿰magister militum per Illyricum〔일리리쿰 군관구 최고사령관〕으로 임명되었다. 다라에서 벌어진 대전투에서 로마 장군 벨리사리우스Belisarius가 사산조 페르시아의 대군을 격파할 수 있었던 것은 휘하의 훈인 수니카스Sounikas와 아으간Aïgan의 지휘를 받던 마사게타이Massagetae(즉, 훈) 기병 600명의 전투 기량 덕이 컸다. 훈인 사령관 시마스Simmas와 아스칸Askan의 휘하에 있던 기병 600명 또한 페르시아인과의 전투에서 눈부신 활약을 펼쳤다.[28]

대체로 아이간(훈 태생)의 지휘 아래에 있으며 시니온Sinniōn과 발라스Balas가 이끈 훈 동맹군 궁기병대 600명은, 그 수가 적었음에도 동로마 제국이 반달에게서 북아프리카를 재정복하는 데 있어 결정적인 역할을 했다.[29] 프로코피우스에 따르면 훈 병사들은 로마군의 훈련에 참여하길 꺼렸는데, 자신들은 로마인의 동맹이지 부하가 아니라는 이유에서였다.[30] 겔리메르Gelimer 왕 휘하 반달군이 훈 기병대의 불만을 감지하여 이들을 자기편으로 끌어들이려 하자 로마군 사령관 벨리사리우스는 선물, 연회 등을 '매일 같이 선사하고 온갖 아부를 떨며' 훈 군대가 반달 측으로 넘어가는 것을 막아야 했다. 결국 훈계 군인들이 로마군의 승패를 좌우했기 때문이다.

훈 기병대의 강인함은 로마군에 복무하던 훈 지휘관 알티아스

Althias가 나중에 고작 훈 기병 70명으로 무어왕 야우다스Iaudas를 격퇴한 것에서도 확인할 수 있다.[31] 6세기와 7세기의 로마군, 특히 로마 기병은 사실 5세기 혹은 당대의 훈 기동군 모델을 그대로 차용했지만, 실제로 훈 군대만큼 강력하진 않았다. 훈 동맹군 200명은 벨리사리우스가 오스트로고트로부터 이탈리아를 정복하는 데(530년대) 다시 참여했고, 막강한 명성을 얻었다.[32] 여담이지만 이때 편을 바꿔 로마군에 복무 중이던 아틸라의 손자 문도는 로마군 선발대의 한쪽 날개를 지휘하며 오스트로고트군과 싸웠다.[33] 훈 부대는 나중에 로마 장군 나르세스Narses가 이끄는 로마 대군이 오스트로고트왕 토틸라Totila를 패사敗死시키는 데 중요한 역할을 했다.[34]

동방에서 로마가 치르는 전쟁의 승패 또한 유사하게 훈의 용병과 동맹군의 결정이나 기분에 좌우되었다. 예컨대 531년에 동로마 황제 유스티니아누스는 페르시아를 배반한 첩자를 통해 훈인들이 페르시아와 동맹을 맺기로 결정하고 페르시아 침공군에 합류하기 위해 로마령으로 진군하고 있다는 정보를 알게 되었다. 이는 경악할 만큼 위험한 상황이었으나, 로마 측의 교묘한 책략으로 오히려 기회가 되었다. 유스티니아누스는 그때 마르티루폴리스Martyroupolis(오늘날 터키 디야르바크르 실반)을 포위 중이던 페르시아군을 속여 이 훈 군대가 로마 황제에게 매수당했다고 믿게 만들었다. '적대적인' 훈 군대의 진군 때문에 공포에 질린 페르시아인들은 그대로 퇴각했는데,[35] 이는 로마와 페르시아 모두 훈의 군사력에 경외심을 품었음을 보여준다.

캅카스 훈은 그 조직체의 크기가 작았음에도 불구하고 몇 세기 동안 지속되었다. 훈 제국이 몰락한 뒤 폰토스 초원을 지배한 하자르 제국(7~11세기) 내에는 7대 세습 왕국이 존재했다. 이 왕국들 가운데 하나는 훈계 왕국으로 데르벤트시 북쪽 술락강 유역에 위치했는데, 옛 캅카스 훈 국가와 연관된 존재임이 분명하다.

아틸라 왕조 훈으로 돌아와서, 서기 6세기 중반 폰토스 초원 지역을 다룬 지리서들은 이 아틸라 왕조 훈 국가의 행정에 대해 감질나는 단서들을 보여준다. 요르다네스에 따르면 흑해 북방의 초원에는 다음 집단들이 있었다.[36] 아카트지리는 불가르 북서쪽 어딘가에 있던 훈계 집단이다. 불가르는 아틸라 왕조가 지배하는 쿠트리구르와 우티구르 훈 집단으로, 드네프르강과 볼가강 사이에 위치했다.[37] 후니Hunni는 이름에서 훈계 기원을 지닌 부들을 나타낸다는 것을 알수 있는데, 크림반도 케르손 인근의 알트지아기리Altziagiri와 볼가강 유역의 사비르로 나뉜다고 한다. 사비르는 훈이라고 잘못 알려지기도 했다. 마지막은 후누구리Hunuguri는 볼가강 중류 지역 사비르의 북서쪽에 사는 온오구르계 집단으로, 우랄 지역과의 담비 가죽 교역을 통제했던 것 같다.[38]

또 다른 사료인 자카리아스 레토르 사칭자Pseudo-Zacharias Rhetor의 기록은 좀 더 많은 집단명을 제시한다. 555년경 온오구르[Ūngūr], 오구르[Ūgār], 사비르[Sāber], 불가르[Burgar], 쿠트리구르[Kūrtargar], 아바르[Ābār], 아카트지리[KSR], 이티마리[Dīrmar], 샤라구르[Sarūrgūr], 바르셀트Barsēlt[Bāgarsīq], 홀리아테Choliātai[Čōlas], 아브델Aḇdel(에프탈), 에프탈[Eftalīt] 등 총 13개 유목민 부가 존재했음을 알려준다.[39] 에프탈의 경우 이 목록에서 아브델과 에프탈이란 형태로 중복되어 언급되었는데,[40] 당시 중앙아시아에 존재했기 때문에 얼마간의 혼동이 있던 결과다.

아바르와 홀리아테는 550년대에 새로 도착한 이들이다. 나머지 9개 가운데 5~6개는 요르다네스의 기록에서도 확인할 수 있다. 그러나 자카리아스 사칭자는 시대착오적인 기록을 남겨 혼란을 더욱 키웠다. 그는 당대 초원지대의 정치적 상황을 주의 깊게 서술하지 않고 이 시점에 동로마인들에게 역사적으로 알려진 모든 부락의 이름을 나열했던 것 같다.[41] 이티마리와 샤라구르의 경우 555년에 이미 존재하지 않았던 것이 거의 확실하다. '오구르'는 단순히 이 지역의 튀르크계 언어를 사용한 부락을 의미하거나, 아니면 여기서 언급되지 않은 우티구르를 지칭하는 것일 수 있다. 목록에 쿠트리구르가 있기 때문이다. '불가르'는 확실히 쿠트리구르와 우티구르를 합쳐 이르는 말이므로, 이들의 이름도 중복되어 나타났다고 볼 수 있다.

현전하는 사료의 목록에서 보이는 집단명들은 서로 대체 가능한 경우도 있고, 시대착오적인 경우, 중복되는 경우 등이 있기 때문에 많은 역사학자가 서기 6세기에 폰토스 초원이 정치적으로 무정부 상태였다고 생각했다. 그러나 이들 목록에 담긴 정보를 조심스럽게 분석해보면 폰토스 초원에는 아틸라 가문과 관계가 있는 네 개 집단, 즉 쿠트리구르·우티구르·온오구르·아카트지리가 존재했음을 알 수 있다. 이들 네 집단은 어쩌면 한 초원연맹의 4대 구성원이었을지 모른다. 우티구르와 쿠트리구르가 양익을 구성하고 아카트지리와 온오구르는 그 아래에 종속된 무리라 볼 수 있다. 이는 옛 흉노 국가가 동부와 서부로 나뉘고 각각 하위 집단을 둔 경우와 같다. 후누구리(온오구르)가 더 강력한 이웃들보다 열등했다는 요르다네스의 서술은 이 가설이 사실임을 보여주는 듯하다.[42]

두 번째로 제시한 목록에서 언급된 바르셀트부는 볼가 지역에 위치했던 작은 집단이다. 이들과 마찬가지로 볼가 지역에 있던 사비르부는 아틸라 왕조와 별개의 존재였다. 크림반도의 알트지아기리는 아틸라 왕조 훈 제국의 작은 부용附庸 집단이었을 수도, 아니면 훈 제국 6대 군주들이 모인 최고 회의체 소속 귀족을 가리키는 훈의 용어 알트/울트-진-주르가 변형된 이름일수도 있다. 요컨대 폰토스 초원의 훈 제국은 아틸라와 뎅기지흐가 죽고 서부를 상실한 이후에도 동유럽을 계속 지배했다.

앞서 보았듯이 이 아틸라 왕조 훈 국가는 6세기 중반 로마 황제 유스티니아누스의 술책으로 인해 잔혹한 내전으로 빠져 들었다. 이 내전으로 인한 불가르 훈 사이의 분열은 아바르인들이 폰토스 초원에 나타났을 때 결정적인 역할을 했다. 557년에 사비르, 온오구르, 바르실Barsil(볼가 지역의 한 집단)의 복종을 받아낸[43] 아바르 제국은 빠른 속도로 불가르 훈인들을 흡수해갔다. 이러한 아바르의 정복 활동 위에 세워진 제국은 곧 옛 아틸라의 훈 제국이 통째로 부활한 것처럼 보일 정도였다. 아바르인들의 수는 고작 2만 명에 지나지 않았기 때문에 인근에 있던 수많은 튀르크어를 사용하던 훈인들에게 흡수되어 훈인들과 같은 언어를 쓰게 되었다.[44] 이는 훈 국가의 멸망이라기보다는 새로운 황가(아바르)가 옛 황가인 아틸라 가문(이제는 아바르의 종주권 아래 복속한 불가르의 통치자에 불과한)의 위에 덧씌워졌다는 것이 진상에 더 맞는 설명일지 모른다. 마찬가지로 이 책의 초반에서도 6세기 중반에 서돌궐이 중앙아시아의 에프탈 왕조 훈을 정복하고 통치자가 된 사례를 다룬 바 있다.

종족명인 바르-훈이 보여주듯 이미 유럽에 진입하기 전부터 훈적 요소가 강했던 아바르 연맹은 10년만에 중부 유럽의 옛 훈 제국의 땅을 모두 회복했다. 565/566년 아바르 제국은 프랑크 왕 시기베르트Sigibert를 격파한 뒤 포로로 잡았다.[45] 567년 이들은 게피드부를 파멸시켰고, 568년에는 랑고바르드부가 떠난 오스트리아를 취했다.[46] 같은 해 아바르의 카간 바얀Bayan이 이끄는 1만 쿠트리구르 불가르 훈 군대가 남쪽으로 향해 달마티아의 여러 도시를 약탈했다. 6세기 말이 되자 아바르-훈 제국은 멀리 남쪽으로 아테네와 코린트, 펠로폰네소스 반도(그리스 남부)까지 로마령 발칸반도의 대부분을 정복했다. 584년 동로마 제국은 8만 솔리두스*를 공물로 바칠 수밖에 없었고,[47] 아바르 통치 엘리트들은 805~806년까지 그리스 등의 지역에 머물고 있었다.[48] 아바르의 정복은 동유럽의 슬라브인들도 피해가지 않았고, 북해 지역까지 모든 슬라브인들이 아바르의 멍에를 쓰게 되었다.

아바르와 그에 복속된 불가르 훈 신민들은 더 나아가, 아틸라 시대의 훈 제국조차 시도하지 못한 콘스탄티노플 공략을 626년에 시작했다. 이를 위해 아바르 제국은 사산조 페르시아와 동맹을 맺었다. 공세는 거의 성공을 거두어 로마 제국을 완전히 멸망시킬 뻔했다. 그러나 로마의 최종적인 파멸은 800년 뒤 1453년에 또 다른 튀르크계 집단이 콘스탄티노플 성벽에 맹공을 가할 때까지 기다려야 했다.

• 솔리두스는 콘스탄티누스 대제 시절 도입된 금화로, 비잔티움 시대인 11세기까지 유럽의 기축통화처럼 기능했다. 1 솔리두스의 무게는 금 4.5그램이었다.

대공성전이 실패로 끝나자 6세기 중반에 아바르에 굴복하는 굴욕을 당한 아틸라 왕조가 재차 서부 초원에서 카간/황제의 지위를 주장하기 시작했다.[49]

잔혹한 내전이 끝난 뒤 강대했던 아바르 카간의 제국은 과거 훈 제국처럼 둘로 나뉘었다. 헝가리와 중부 유럽은 아바르인들의 손에 남았지만, 폰토스 초원(우크라이나와 남러시아 일부)은 쿠브라트Kubrat 칸이 지배하는 온오구르 불가르 아래에서 대불가리아가 되었다.[50] 테오파네스의 기록에 쿠브라트는 우노군두르 훈·불가르Ounnogoundour Huns-Bulgars[51]와 코트라고이Kotragoi의 왕•으로 지칭된다.[52] 그러나 대불가리아는 한 세대를 채 채우지 못하고 7세기 중반 튀르크계 하자르인들의 손에 떨어졌다. 불가르 훈에서 갈라져 나온 두 지파는 이후 오랜 기간 뒤까지 지속될 중세 국가, 볼가 불가리아(오늘날 러시아 타타르스탄 공화국 인근이 중심지)와 다뉴브 불가리아(오늘날 불가리아와 그리스 및 세르비아, 루마니아 일부)를 세웠다.

790년대 헝가리와 오스트리아의 아바르 카간국은 다뉴브 불가르와 프랑크, 양면에서 압박을 받아 해체당했다.[53] 한때 강대한 제국을 세운 이들의 나머지는 896년 아르파드조의 지도 아래 카르파티아 분지에 도달한 헝가리인들에게 합류했을 것이다.[54] 헝가리라는 이름은 부락명 온오구르에서 나온 말일 수 있으며,[55] 헝가리인들은 태

•   증거자 테오파네스Theophanes Confessor는 '오노군두르 불가르와 코트라기Ounnogoun dourōn Boulgarōn kai Kotragōn'라는 집단을 언급하고, "크로바토스Krobatos[= 쿠브라트], 전술한 불가리아와 코트라기의 수령Krobatou tou kyrou tēs lechtheisēs Boulgarias kai tōn Kotragon"이라 썼다. Theophanes, *Chronographia*, 1.357.19-20, 1.357.12-13.

조인 아르파드의 조상이 아틸라라 주장했다.[56] 헝가리인들은 아틸라의 훈 제국이 남긴 유산이나 훈 사람들의 업적을 잊지 않았으나, 다른 유럽 지방에서 훈은 악과 야만의 화신으로 악마화되었다. 훈에서 이어져 내려온 또 다른 강력한 중세 국가 불가리아는 훈 제국의 오랜 적수인 동로마 제국의 손에 11세기 초 파멸을 맞이할 때까지 발칸반도 상당부를 점유했다. 불가리아를 멸망시킨 강력한 황제 바실 2세 Basileios II는 후일 '불가르 학살자'라 불리게 되었다.[57]

8장

훈의 유산

훈 집단은 많은 파괴와 혼란만을 일으킨 뒤 아무런 흔적도 남기지 않고 사라졌다고 흔히 생각된다. 만약 훈의 유산이란 게 있다고 한다면, 야만족의 약탈과 잔혹한 파괴로 역사의 한 페이지를 채울 수 있다는 것이다. 훈이 남긴 것에서 중요한 것은 존재하지 않는다. 요컨대 전통적인 종래의 시각에 따르자면 훈의 유산이란 전혀 존재하지 않는다.

그러나 이는 결코 사실이 아니다. 훈의 유산은 로마의 유산만큼이나 중대하고, 오랜 흔적을 남겼고, 유럽과 아시아의 역사 모두에 엄청난 영향을 주었다. 우리는 이미 아시아의 훈이 중국과 이란, 인도 역사에 끼친 엄청난 충격에 대해서는 간략하게 논했다. 이 장에서는 유럽의 훈이 유럽과 세계사에 어떤 변화를 야기했는지 살펴보도록 하겠다.

유럽의 정치 지도를 다시 그리다

훈인들이 이후의 유럽사에 남긴 가장 눈에 띄는 영향은 유럽의 정치 구조를 새로 빚어낸 것이다. 훈이 야기한 정치적 변동 중 가장 중요한 것은 서로마 제국의 파멸과, 이탈리아에 오도아케르 휘하 토르킬링기 훈과 아말 가문의 훈-고트 왕조가 지배하는 최초의 '오랑캐' 왕국이 설립된 것이다. 많은 역사학자가 훈 제국이 서로마 국가의 멸망에 중요한 역할을 수행하지 않았다고 주장해 왔다. 이는 지나친 과소평가다.

앞서 논의했듯이, 최후의 로마 황제 로물루스 아우구스툴루스는 훈계 왕자라 할 수 있는 토르킬링기 훈·로기·스키리의 지도자 오도아케르에 의해 폐위되었다. 서방에서 무너져 내리던 로마 제국에 최후의 일격을 날린 것이 바로 오도아케르였다. 그런데 어떻게 이런 대격변이 일어날 수 있었을까? 어떤 일이 일어났는지 알기 위해서는 한때 훈 제국에서 아틸라의 비서를 지냈던[1] 로물루스 아우구스툴루스의 아버지 오레스테스에 대해 먼저 살펴보아야 한다. 오레스테스라는 그리스어식 이름은 많은 역사학자로 하여금 그가 로마 제국 출신이었다고 추정하게끔 했는데, 아마 이는 틀린 것은 아니었을 것이다. 그러나 프리스쿠스는 오레스테스의 아버지가 타툴로스Tatoulos란 인물이었다고 썼는데, 이는 아마도 (그리스어건 라틴어건 간에) 로마식 이름은 아니었을 것이다.[2] 따라서 오레스테스 역시 혼혈이었을 가능성이 높다.

아틸라가 죽은 뒤 오레스테스는 로마로 다시 합류했고 시간이 지나 473년에 부르군트인 군도바트Gundobad를 몰아내고 서로마 제국 군의 마기스테르 밀리툼이 되었으며, 마침내 475년에 자신의 아들을 황제의 자리에 앉혔다. 이게 가능했던 이유는 당시 이탈리아의 로마 군 대다수를 구성한 '야만족' 군대의 지지를 얻어낸 것에 있었다. 앞서 언급했듯이 이탈리아의 이 '야만족' 군대 대다수는 훈 제국 출신인 토르킬링기 훈·로기·스키리·헤룰의 군주 오도아케르가 이끄는 '스키트인'들이었다. 훈 제국에서 갈라져 나온 이 부部 연맹체가 어떻게 서로마 제국의 마지막 순간에 군권을 잡을 수 있었느냐에 대한 설명은 사료에 따라 다르다.

서기 6세기 요르다네스는 오도아케르를 독립된 야만인 군대의 왕으로, 즉 이탈리아로 침입해 와 오레스테스를 몰아낸 종래의 정복자로 묘사했다.[3] 그 후대인 7세기의 요안네스 안티오케누스는 에데코의 아들 오도아케르가 472년에 야만인 권신이자 킹메이커 리키메르가 서로마 황제 안테미우스Anthemius를 폐위시키는 데 함께했다고 썼다.[4] 그러나 프로코피우스는 혼란스럽게도 오도아케르가 황제의 근위대 가운데 한 명이었다고 기록했다.[5] 이로 인해 일부 학자들은 476년에 실제로 발생한 일이 요르다네스가 묘사한 야만인의 침공이 아니라, 본질적으로는 불만을 품은 로마 군인들이 로마 제국 내에서 일으킨 쿠데타였다고 주장하게 되었다. 그러나 이 '로마군'이라 불린 조직은 거의 전부가 훈 제국에서 기원한 부민들로 구성되었고, 이들 모두는 오도아케르와 깊이 연관되어 있었기 때문에(오도아케르 개인은 토르킬링기의 왕이었으나, 혈통으로는 로기인이었고, 그 어머니는 스키리부 출신이었으며, 헤룰부는 다뉴브 지역에서 에데코 휘하 스키리부의 동맹이었다),

그가 오레스테스와 로물루스를 타도한 사건을 로마 '내부'의 일로만 치부할 수는 없다. 심지어 오레스테스 자신도 본래 아틸라의 비서이지 않았는가.

오도아케르가 이탈리아로 왔을 때 정복자 야만인 군대의 왕이었다고 하는 기록과 로마군 장교였다고 하는 기록은, 크게 보면 모두 맞는 기록이지만 각각 다른 시각에서 바라본 오도아케르의 모습이었던 것 같다. 요르다네스는 그를 '야만인'이라는 관점에서 바라보았고, 요안네스와 프로코피우스는 그를 '로마인'이라는 관점에서 보았다. 앞서 언급하였듯 오도아케르가 단순한 로마군 장교가 아니었다는 점은 오레스테스를 타도한 군대의 종족 구성을 보면 명확하다. 오도아케르가 472년에 리키메르와 함께 안테미우스를 몰아내는 데에서 이미 중요한 역할을 할 수 있었던 이유는 이탈리아에 있는 '로마군'의 상당수가 오도아케르의 통제를 받고 있었고, 이것이 오도아케르가 로마 내정에 개입할 힘을 주었기 때문이다.

오도아케르가 처음 이탈리아로 진입한 시기는 아마 안테미우스의 재위기(467~472)로, 판노니아와 노리쿰에서 소집한 군대와 함께였을 것으로 보이는데, 짐작컨대 안테미우스가 이탈리아에 주둔하던 리키메르의 '로마'군을 새로운 야만인 군대로써 견제하기 위해 초청했을지 모른다. 프로코피우스가 오도아케르를 황제의 '근위대'로 본 이유가 여기 있는 것 같다. 그러나 그는 분명 평범한 '근위대'가 아니었다. 도착한 지 얼마 되지 않아, 오도아케르는 황제를 지키는 대신, (요안네스 안티오케누스의 기록에 따르면) 리키메르와 한통속이 되어 쿠데타에 가담했다. 앞서 살펴보았듯이 이후 그는 글리케리우스의 재위(473~474) 중 비디메르 고트부의 침공을 물리치는 데 중요한 역할을 했다.

이후 오도아케르는 리키메르의 조카이자 후계자인 군도바트와 불화했고, 군도바트는 473년에 이탈리아에서 쫓겨난 듯하다. 토르킬링기 왕은 이후 474년에 불운한 황제 글리케리우스를 동로마 제국 측의 후보자인 율리우스 네포스Julius Nepos로 대체했다가, 이듬해에는 아틸라의 궁정에서부터 오랜 기간 알고 지냈을 오레스테스의 부추김을 받아 네포스를 다시 로물루스로 대체했다. 훈과의 인연은 오레스테스와 그의 아들 로물루스가 전직 훈 제국의 군대와 그 지휘관 오도아케르에게 있어 꼭두각시로 세우기에 제격이라고 생각하게끔 했다. 하지만 후한 보상을 약속한 오레스테스가 합의를 지키는 데 실패했기에 상황은 급변했다.[6] 오도아케르는 신속히 오레스테스를 처형하고 스스로 이탈리아의 왕이 되었다. 그리하여 서방의 로마 제국은 훈계 왕자 오도아케르가 이끄는 전직 훈 제국군에 의해 정치체로서는 끝장이 났다. 마르켈리누스 코메스는 오도아케르의 로물루스 폐위와 함께 서방에서 로마 제국이 소멸되었다고 선언했다.[7]

오도아케르의 이탈리아 통치기는 짧았다. 그는 훈계 조상을 가진 또 다른 군주, 오스트로고트의 왕 테오도리크에 의해 타도당했다. 결국 로마 붕괴 이후 이탈리아의 지배자가 된 오스트로고트와 랑고바르드는 모두 오도아케르가 이끌던 연맹과 마찬가지로 모두 옛 훈 제국에서 형성된 정치체였다. 따라서 서로마 제국의 끝이 훈인들에 의해 초래되었다는 것은 의심의 여지가 없다.

훈-게르만 군주인 오도아케르와 테오도리크가 동로마 황제의 대리인으로 이탈리아를 다스렸기에 신생 이탈리아 왕국은 여전히 로마령이었고 오도아케르가 행한 로물루스의 폐위는 중요하지 않다는 시각은 완전히 잘못된 것이다. 두 '야만인' 왕은 새로운 정치체의 독립된 군주였다. 카시오도루스는 《잡록Variae epistolae》에서 오스트로고트 왕국을 제국으로 격을 높이며 테오도리크의 제국imperium이라 부르거나 이탈리아 제국imperium italiae 따위의 표현을 반복해서 사용했다.[8] 이는 의심할 여지없이 테오도리크도 자신의 영토가 동방의 로마 제국에서 분리되었고, 서로마 제국과 유사하나 결국 다른 제국으로 여겨졌음을 보여준다.

테오도리크와 그 전임자인 오도아케르 모두 동로마가 서방 문제에 개입하는 일을 피하기 위해 복종적인 자세를 취했으나, 그들은 스스로를 독립 왕국의 통치자로 여겼다. 이는 오도아케르가 아들 텔라Thela를 콘스탄티노플로부터 어떠한 추인도 받지 않고 카이사르로 임명한 데에서도 확인된다. 지리적으로 콘스탄티노플에서 더 먼 곳에 있어 말 그대로 동로마인들을 두려워할 필요가 없던 프랑크의 클로도베쿠스(프랑크 왕국에 대해서도 짧게나마 논의할 것이다)는 오도아케르보다 더 과감하게 제위를 주장했다. 그는 507년에 추종자들이 자신을 아우구스투스라 부르는 것을 허용하고 황제 대신에 자신의 이름과 모습을 새긴 주화를 발행했다.[9]

동로마 황제와 로마 제국 전통을 존중하는 듯한 미사여구에도 불구하고 이탈리아의 두 '야만인' 왕은 갈리아의 클로도베쿠스Clodovechus와 마찬가지로 실질적인 독립 군주로 재위했으나, 동시에 그들은 토착 로마인들에게 정당한 통치자로 인정 받기를 바랐고 또 그럴 필요가 있었다. 이는 부분적으로는 동로마 제국이 결국 재정복에 나설 수 있다는 항구적인 두려움에서 기인했다(클로도베쿠스는 거리라는 이점 덕분에 두려워할 필요가 없었던 부분이다). 앞서 이미 흉노/훈과 선비가 4세기 중화 문명을 정복한 이후 비슷한 상황에 처했던 경우를 다룬 바 있다. 흉노나 선비 등 비중국계 통치자들은 중국식 칭호, 성씨, 국호, 중국인 관료를 채용하고 중화 제국의 전통뿐만 아니라 '관습'까지도 존중하는 것처럼 가탁해주었다. 이러한 방법은 정복당한 토착민을 달래어 중국인들에게 아무 것도 변하지 않았다는 거짓 인상을 주기 위함이었다. 북중국의 '오랑캐' 왕국 일부는 당시에 심지어 '합법적'인 중화 제국인 남방의 동진에 충성을 바치기도 했는데, 이는 정치·군사적 방편인 동시에 독립을 지켜내기 위한 수단이었다.

오도아케르와 테오도리크의 행동도 같은 방식으로 해석해야만 한다. 그들 또한 중국에 있던 동시대의 내륙아시아인들과 마찬가지로 유사한 제약과 문제에 직면한 상태였다. 두 왕은 최소한 겉으로는 로마 제국의 전임자들을 따르고자 하는 의지를 보였다. 그래서 테오도리크는 (정기적으로 로마를 위협하던 때에 직접 콘스탄티노플에 제의하여) 동로마 황제 제노에게서 '찬탈자' 오도아케르를 '합법적'으로 타도해도 좋다는 '허락'을 얻었다. 적어도 초반에 테오도리크는 로마인 엘리트들에게 자신이 황제의 대리인으로써 서방을 다스린다는 듯이 가식적으로 굴었다.[10]

이것이 (당시 북중국의 비중국계 통치자 일부가 남방의 토착 중국인 군주에게 보인 아무 의미 없는 충성의 말과 마찬가지로) 그저 공허한 미사여구에 지나지 않았다는 것은 아래의 사실들을 통해 확인할 수 있다.

고트인들은 테오도리크를 이탈리아 왕으로 선언하기 전에 콘스탄티노플의 추인을 기다리지 않았다. 비록 테오도리크 자신은 이탈리아 왕rex Italiae보다는 고트인과 로마인의 왕Gothorum Romanorumque rex이라는 칭호를 선택하긴 했지만 말이다. 로마인들이 동로마 황제와 테오도리크의 관계를 어떻게 생각했건 간에, 고트인들에게 이는 단순히 형식적인 것에 지나지 않았고 상황에 따라 자신들의 이익을 위해 무시할 수도 이용할 수도 있는 것이었다. 테오도리크는 분명 황제 제노에게서 받은 '허락'을 기막히게 활용하여 여전히 동방 황제의 권위가 합법적이라고 여기던 이탈리아의 로마 인구를 복종시키고 유순하게 만들었다. 테오도리크는 자신의 편의를 위해 이탈리아에서 사실은 아무 것도 변한 것 없다는 달콤한 환상을 로마인들이 즐기기를 허용하고 또 장려했다. 테오도리크가 오기 이전의 오도아케르 역시 그 자신이 타도에 참여하기도 했던 (이탈리아에서 추방당한 명목상 서방 황제) 네포스의 이름으로 주화를 발행했고, 나중에는 같은 이유로 동방 황제 제노의 주화를 찍어냈다.[11]

두 훈-게르만 왕은 오랫동안 기능하지 않던 집정관직의 전통 등 로마 제국 통치 의식 대부분을 보존하기 위해 많은 노력을 들여야 했다. 이탈리아 반도 엘리트들의 충성심을 얻기 위해 이들은 원로원 계층에게 행정에서 위협이 되지 않는 지위를 주고[12] 옛 로마식 행정 구조의 상당수를 보존해야 했다.[13] 이 상황이 만든 고의적인 모호함이 왕들에게 도움이 되기도 했다. 이탈리아의 훈-게르만 왕들은 폭력으로 이탈리아를 정복했지만 옛 로마 원로원 엘리트들과 화해함으로써 그 충격을 희석시킬 수 있었다. 또한 옛 로마식 관습의 곡조를 따라

연주함으로써 새로 정복한 이탈리아에 대한 통제력을 강화하며 서서히 새 시대를 열 수 있었다.

훈 제국이 유럽에 직접적으로 남긴 또 다른 유산은 프랑크 왕국의 탄생이다. 새로이 강국으로 대두한 프랑크의 메로베우스 국가의 태조는 과거 아틸라의 봉신이었던 킬데리쿠스Childericus 왕이었다.[14] 헝가리 학자 보너 이슈트반은 이 킬데리쿠스가 프리스쿠스의 기록에 나오는 살리 프랑크의 왕권에 도전한 두 도전자 가운데 아틸라에게서는 지지를, 아에티우스에게서는 견제를 받았던 손윗사람이란 사실을 밝혀냈다.[15] 그의 신원이 확인되면서 《프레데가르 연대기Fredegarii Chronicorum》에서 킬데리쿠스가 어머니와 함께 훈 제국에 '포로'로 끌려갔다고 하는 도통 이해하기 힘든 시절이 더욱 개연성을 얻게 되었다. 킬데리쿠스는 책사인 비오마두스Viomadus라는 인물 덕분에 '포로' 신세에서 '해방'되었는데, 이 비오마두스는 훈인으로 킬데리쿠스가 권좌에 오르는 과정에서 아주 두드러진 역할을 수행했다.[16]

프레데가르와 투르의 그레고리우스Gregorius Turonensis(프랑크에 대한 주요한 출처) 모두 킬데리쿠스가 너무나 충격적인 일을 저지르는 바람에 살리 프랑크에서 추방당했다고 기록했다. 그는 부部에서 축출당한 뒤 훈 제국이 통제하는 튀링겐에 8년 동안 망명했다.[17] 전통적으로 킬데리쿠스는 로마 장군 아에기디우스Aegidius의 봉신으로 경력을 시작했고 처음에는 로마의 보호를 받았다고 생각되어 왔다. 그러나 킬데리쿠스의 무덤은 다뉴브 훈 집단의 영향을 강하게 암시하는 물품들로 가득했는데[18] 이는 그의 힘이 로마군이 아니라 훈의 지지에서 왔음을 알려준다. 투르의 그레고리우스는 혼란스럽게도 킬데리쿠스가 튀링겐에 망명하는 8년 동안 로마 장군 아에기디우스가 왕으로서 프랑크부를 다스렸다고 기록했다. 학자들은 그레고리우스의 기록을 취해 킬데리쿠스가 456년에 추방당한 뒤 로마인과 동맹을 맺고 비시고트에 대항하는 동맹을 형성한 것으로 생각되는 463년에 돌아왔다고 추정했다.

그러나 갈리아에서 아에기디우스의 활동에 대해 알려진 바와 킬데리쿠스의 재위가 24년이라는 사실을 고려하면 이는 받아들이기 어렵다.[19] 그레고리우스는 킬데리쿠스가 30년 동안 집권했다고 썼다.[20] 킬데리쿠스가 죽은 시기가 481년이기에, 그의 재위 또는 (훈으로부터건 로마로부터건) 독립한 시기는 451년(30년 동안 재위했다면) 또는 457년(24년 동안 재위했다면)이 된다. 아에기디우스가 갈리아에서 장군으로서 명성을 얻은 것은 서로마 황제 마요리아누스Maiorianus의 시대인 457년경의 일이므로, 어느 쪽을 택하든 아에기디우스 주도의 로마 공위기가 8년이나 파고들 시간이 없게 된다.[21] 만약 그랬다면 아에기디우스의 대두가 실은 그 전 황제인 아비투스Avitus의 시대인 455년에 시작되었을 텐데, 이 역시 시간적으로 충분하지 않다. 킬데리쿠스의 '망명'은 451년경 또는 아틸라가 프랑크의 계승 분쟁에 개입한 그 이전에 시작되었을 가능성이 크기 때문이다.

킬데리쿠스가 프랑크 살리부에서 추방당한 시점은 아마 프랑크의 왕인 클로기오Chlogio/클로디오Chlodio가 아에티우스의 손에 패사한 449/450년경일 것이다.[22] 대다수의 살리인은, 킬데리쿠스를 따라 훈 제국령으로 간 이들을 제외하면, 이후 보조군으로써 로마 제국을 위해 싸웠고, 샬롱 전투 이후에도 킬데리쿠스에게 돌아와 왕이 되라 요청하는 457년까지 로마 장군 아에기디우스 휘하에 남아 있었을 가능성이 있다(따라서 처음에는 아에티우스, 그 다음에는 아에기디우스가 주도한 8년에 걸친 로마의 '지배'는 449/450~457년에 해당한다). 이는 킬데리쿠스와 그의 어머니가 훈인들에게 '납치'되었고(449/450년 훈 제국이 통제하는 튀링겐으로의 도주), 457년 전쯤 살리 프랑크부의 왕이 될 때까지 8년간 망명했다는(이후 481년까지 24년 간 재위) 후대의 전승 두 가지도 실증해준다. 30년 동안 재위했다는 기록은 어쩌면 457년 이전에 살리부 다수를 세력에 넣기 전인 451년에 아틸라에 복종하는 살리부를 비롯한 다른 프랑크 지파 일부를 그가 통치하기 시작했음을 지칭하는 것일지 모르겠다. 프레데가르는 대다수의 프랑크인(살리인)이 아에기디우스에게 반란을 일으켜 킬데리쿠스를 돌아오게 한 이유가 바로 훈의 비오마두스에 속은 아에기디우스가 프랑크인들에게 세금을 부과하려 했기 때문이라고 적었다.

짐작컨대 킬데리쿠스는 샬롱에서 아틸라군 내부의 지휘관 중 한 명으로 아틸라를 위해 샬롱에서 싸웠고,[23] 이후 새로이 훈 제국이 정복한 갈리아 지역(라인강 서쪽의 프랑크령)의 '지방관'으로써 훈 주둔군과 함께 남았을 것이다. 이는 킬데리쿠스가 대두하는 이야기에서 매우 영향력 있고 프랑크 집단 내부에서 제왕으로 인정받을 만큼 강력했던, 수수께끼 같은 인물인 훈의 비오마두스가 훈 제국에서 포로 생활을 하던 킬데리쿠스를 구했다고 하는 사건[24]을 통해서 방증된다. 이 이해하기 힘든 이야기는 킬데리쿠스가 훈 제국에 의해 권좌에 올랐고, 비오마두스는 그를 감시하는 입장이었다가 나중에 갈리아에 대한 훈 제국의 권위가 흔들리자 킬데리쿠스쪽으로 돌아선 기억을

윤색한 것이리라. 따라서 비오마두스는 프랑크군 내부의 훈적 요소를 대변하는 인물이라 할 수 있다.[25]

킬데리쿠스의 재위에 관한 서사에서 킬데리쿠스를 프랑크의 왕으로 옹립한 주요 인물은 비오마두스(그리고 당연하지만 그의 훈 부대도)였다. 아에기디우스를 속인 비오마두스는 킬데리쿠스가 살리 프랑크부의 왕이 될 수 있게 해준 설계자라 할 수 있다. 또한 비오마두스는 황제 마우리키우스Mauricius(동로마 황제이나 생몰년이 539~602년이니 실은 아틸라였을 것이다)를 설득해 킬데리쿠스에게 막대한 보물을 넘겨 아에기디우스를 격파하고 많은 로마인을 죽일 수 있게끔 했다고 전해진다.[26] 6세기의 황제인 마우리키우스가 5세기에 활동한 킬데리쿠스와 관련되는 것은 시기적으로 불가능하지만, 킬데리쿠스의 무덤에서 상당량의 동로마 주화가 발견된 점은 킬데리쿠스가 어떤 방식으로든 동방에서 자금을 지원을 받았다는 이야기 자체는 사실이라 말해준다. 당시 동로마 제국으로부터 연공을 거두어 속신들에게 보상으로 금을 나누어주던 아틸라가 아니라면 대관절 라인강 동쪽의 누가 동로마에서 발행한 주화 더미를 보유하고 있었겠는가?

게다가 프레데가르의 기록에서는 프랑크와 투르키Turchi가 공통의 조상을 가졌다는 흥미로운 기원 설화도 찾을 수 있다. 여기의 투르키는, 앞서 잠시 언급했듯 분명 훈인을 가리킨다. 하나의 통일된 집단이 다뉴브 지역에서 둘로 나뉘었는데, 그 가운데 하나는 더 서쪽으로 이주해 프랑크가 되었고, 나머지는 다뉴브 지역에 남아 투르키가 되었다고 한다.[27] 투르키(훈)와 동족의식이 있었다는 주장은 5세기 프랑크 집단이 동방의 초원적 요소를 흡수했다는 역사적 사실을 반영한 것으로, 프랑크 엘리트들 사이에 판노니아/다뉴브에서 기원한 요소(예컨대 비오마두스)가 강력했고, 어쩌면 킬데리쿠스 자신이나[28] 그의 '튀링겐인' 아내 역시 그 중 하나였을 가능성을 보여준다.

따라서 킬데리쿠스와 그 아들 클로도베쿠스가 아틸라 이후 시대의 갈리아에서 지배자로 대두한 사건은 우연이 아니라 할 수 있다. 훈의 개입이 서유럽의 심장부에서 새로운 지배적 정치체를 창조했고, 곧 간단히 살펴보겠지만, 훈 제국은 또한 이 새로 발생한 프랑크 국가에 그 독특한 '중세'적 정치 체계를 주었다. 앞서 논의한 오도아케르나 테오도리크의 경우와 마찬가지로 킬데리쿠스 역시 훈 제국의 붕괴 이후 최소한 겉으로는 로마의 '이상'을 포용했다. 그럼으로써 그는 갈리아-로마 엘리트의 추인을 얻었고, 또한 공식적으로 라인강 이서의 옛 로마령을 점령했다는 로마의 공식적인 인정을 얻어냈다. 레미기우스Remigius Remensis 주교가 클로도베쿠스에게 보낸 편지는 클로도베쿠스의 부모(즉 킬데리쿠스와 그 아내 바시나Basina)가 벨기카 세쿤다Belgica Secunda의 관리에 대해 로마로부터 공식적으로 인정받았음을 알려준다.[29] 말할 필요도 없겠지만 이 로마의 공식적인 승인은 프랑크인들에게는 큰 의미가 없었지만, 정복당한 사람들을 유순하고 협조적으로 만드는 편리한 방책이었다.

훈식 내륙아시아 정치 모델의 영향

따라서 훈인들은 5세기 가까이 서유럽을 지배한 서로마 제국을 파괴함으로써 이 지역의 정치 지형을 극적으로 바꾸었다. 그들은 또한 이탈리아의 '야만인' 왕국(오도아케르와 테오도리크의 '오스트로고트' 왕국)이나 킬데리쿠스와 클로도베쿠스의 '프랑크' 왕국 같은 포스트 로마 정치체가 유럽에 출연하는 것을 촉진했다. 그러나 서유럽에 끼친 영향은 여기서 끝나지 않는다. 로마의 '붕괴' 이후 나타난 소위 중세 '봉건' 유럽의 정치 문화는 훈 제국이나 훈인과 함께 유럽에 진입한 다른 내륙아시아인(예컨대 알란인은 때로는 훈 제국의 신하로, 때로는 훈에 저항하는 도망자나 반란자로 유럽에 들어갔다)의 영향이 예상도 못한 방식으로 진화한 결과였다.

이렇게 내륙아시아인들이 유럽으로 밀고 들어오면서 유럽 전역에서 기본 구조와 문화의 변화가 촉발되었는데, 여기서는 그 일부를 상세히 살펴보고자 한다. 의심할 여지없이 신생 유럽은 이전의 로마 제국이 남긴 탁월한 문화와 종교(기독교), 정치 유산의 영향을 받았다. 그러나 내륙아시아 침략자들이 남긴 흔적도 위대한 로마인들의 것 만큼이나 강렬하고 중요했다고 주장할 수 있다. 초기 중세 유럽의 정치·문화적 풍경은 (기독교화된) 로마와 내륙아시아(훈-알란), 게르만의 영향이 뒤섞이고 융합되며 형성되었기 때문이다.

특히 주목해야만 할 부분은 초기 중세 유럽에서 자주 마주치는 소위 '봉건feudal' 또는 '원봉건原封建, proto-feudal' 행정 제도다. 이는 의심할 여지없이 훈 정복자들이 유럽에 남긴 가장 거대한 유산이다. 여기서 말하는 '봉건제'는 국가 권력을 대왕과 대체로 '제왕'이라 불리거나 서유럽에서는 이전부터 있던 로마식 칭호 '둑스dux'(공작)라 불린 주요 봉신들 사이에 공식적으로 권력을 통제하고 나누는 제도를 가리킨다. 이 제왕과 공작들은 귀족 계층의 가장 높은 층위에서 뽑혔고, 상당한 수준의 자치권을 누렸으나, 대왕과 대왕이 이끄는 중앙 정부에 지위와 정치적 권위를 빚졌다. 이 제도를 '중앙집권적 봉건제 centralized feudalism'라고 부를 수 있는데, 그 이유는 중세 후기 유럽에서 보이는 더욱 혼란스럽고 파편화된 정치·경제 체제, 즉 소위 봉토제 seigneurie나 장원제manorialism와 분명히 구별되기 때문이다.[30] 장원제는 '중앙집권적 봉건제'와 달리 왕국 내에 실질적으로 중앙정부가 존재하지 않는 상황을 가리키는데, 본질적으로 왕국이 사실상 독립적인 지방 '영지'들의 복합체로 파편화되었기 때문이다. 중세 초기 유럽의 중앙집권적 '원봉건제' 또는 '초기 봉건제Incipient Feudalism'가 서서히 이와 같은 분권화된 봉토적 봉건제 및 장원제로 변질되었다는 사실은 근대 초기 서유럽의 사회·경제적 변화뿐만 아니라 정치와 문화의 구조 변화에도 다대한 영향을 미쳤다.

중세 초기 유럽의 옛 중앙집권적 '봉건' 체제에서 대왕은 이후 장원제 아래의 중세 유럽의 왕들보다는 그가 (대개 친척이나 고위 귀족인) 봉신들에게 나누어준 영지에 대해 강한 권위와 통제력을 지니고 있었음이 분명하다. 봉신 국가나 왕가 구성원에게 주어진 '분봉령 appanage'에 대한 높은 수준의 중앙집권적 통제는 정치적 분할과 파편화에도 불구하고 왕권의 강화로 이어질 수 있었다. 왕은 자신이 봉신에게 하사한 그 어떤 종류의 토지건 반환받을 수 있는 절대권을 보전했고[31] 또 국가의 핵심 영토의 영주와 혈연 관계를 통해 해당 영토를 중앙에서 통치하는 왕 자신과 연결하여 강력한 안보를 얻어냈다.

앞서 내륙아시아의 정치체에 대해 다루며 알아보았듯, 이 원봉건제는 유럽에서 자생한 것이 아니라 내륙아시아에서 기원한 것이다. 이 제도는 훈 제국에 의해 유럽으로 수입되었다. 내륙아시아에서는 소수의 강력한 엘리트층이 방대한 수의 가축을 소유한 채 중세 유럽의 농노들처럼 '임차인' 가호에 이를 빌려주었다. 정치권력과 거대 토지 소유, 여러 가호 집단의 보유 권리는 지배 가문에 연결된 극소수 집단이나 그와 관련된 최고 계층 귀족들에 한정되었다.[32] 사람들은 왕 또는 거기서 확장된 지배 씨족 통치체가 신의 동의를 받아 통치할 수 있는 신성 카리스마를 보유했다고 생각했다. 게다가 엘리트층 내부에서 잦은 봉토의 배분과 분봉령 및 신민의 재분배의 결과 분열과 파편화가 나타났지만, 이들 내륙아시아의 정체들은 국가의 외형적 통일성과 나뉠 수 없는 왕조 국가라는 개념은 잘 보전했다.

5세기 훈 제국의 붕괴 이후 정확히 같은 체제가 프랑크나 다른 게르만계 종족, 그리고 후대의 슬라브계 종족 안에서 작동하고 있었다. 내륙아시아의 튀르크·몽골계와 이란계 국가들은 통치 왕가 씨족의 신성하고 세습적인 카리스마란 개념으로 왕조 원칙이 강화되었다는 점에서 다른 국가들과 구별되었다. 이 개념은 쿠샨 왕조나 5세기 튀르크계 부락들 또 훈 제국과 동시대에 존재한 유연 제국에서도 확인할 수 있다.[33] 놀라울 것도 없지만 유럽에서 훈 제국을 계승한 불가르 집단에서도 그 지배 왕조의 성스럽고 신적인 기원을 강조했다.[34] 따라서 훈 제국의 지원으로 왕국이 세워져 후원자인 훈 제국을 모방했던 프랑크에서도 킬데리쿠스와 클로도베쿠스의 피를 이어받은 '프랑크' 메로베우스 왕조의 '긴머리 왕들'의 신성한 카리스마를 강조했다. 내륙아시아 태생인 훈과 튀르크, 몽골인과 마찬가지로 프랑크인들 또한 이 왕조 원칙에 놀라울 만큼 애착을 보였는데, 이는 왕조 원칙이 거의 뿌리내리지 못해 왕조라 불리는 존재가 3, 4세대도 지속되지 못했던 과거 로마나 게르만의 상황과는 분명하게 대조를 이루는 것이었다(사실 로마 기준에서 통치 왕조가 3~4세대 동안 지속되는 것은 대단히 이례적이었고, 대개는 겨우 2세대 정도가 이어졌다). 내륙아시아식의 정통성과 왕조 원칙의 채용은 유럽에서 신성 카리스마와 신의 허락을 받은 권위로 지탱되는 장기 지속 왕조의 설립으로 이어졌다.

신기하게도 서유럽의 메로베우스 왕조와 동시대에 유럽 중부와 동부를 지배한 아바르 제국의 엘리트들(유럽에 진입한 이후 주로 훈화되었다)에 대해서 동로마 사람들은 그들의 '뱀처럼' 긴 머리를 인상 깊게 보았다. 코리푸스Corippus는 《젊은 유스티누스 2세 예찬In laudem Justini minoris》 3권 262절에서 이교도 아바르인의 "긴 머리는 넓은 공간을 채운다"고 묘사했다. 아가티아스는 실제로 아바르인의 긴 머리를 프랑크인의 그것과 비교하기도 했다.[35] 훈의 영향을 강하게 받은 동시대의 두 집단이 관습에 있어서 놀랄만큼 유사했고, 또 긴 머리를 엘리트 지위의 표상으로 보았던 사실은 아마 우연이 아닐 것이다. 또한 훈-고트 연맹인 오스트로고트의 훈계 '아말' 왕조도 마찬가지로 전형적인 내륙아시아 방식의 반신 지위를 누렸다.[36]

훈 제국 관행의 영향을 강하게 받은 이들 게르만계 국가들에서 왕의 권위는 눈에 띄게 강화되었는데, 이는 권력이 전쟁기 같은 비상시에 한정되며 평화기에는 거의 존재감을 지니지 못했던 과거 게르만 세계의 레굴리(소왕들)와 뚜렷한 대조를 이룬다. 프랑크 메로베우스 왕조의 왕들은 그들이 모방한 내륙아시아 초원의 군주들과 마

찬가지로 통제력이 닿는 영토와 집단 모두에 절대적인 권력을 행사
했다.[37] 백성들의 신성한 회합을 주관하는 팅Thing의 왕,* 즉 티우단스
Thiudans와 전쟁을 담당하는 왕(레익스/둑스)을 따로 뽑는 등 '왕들'을
두는 공허한 게르만의 옛 관습은** 사라졌다. 또한 반쯤 동등하고 거
의 완전히 독립적이었던 여러 왕조의 소왕/수령들이 으레 왕의 권위
를 제약하던 불안한 상황도 없어졌다. 그 대신 프랑크인들에게서 찾
을 수 있는 것은 공동통치의 원칙 속에 대왕이 형제/사촌들과 함께
통치하고 복속한 부왕과 공작들을 위한 명확한 중층의 서열 체계가
존재하는, 내륙아시아식으로 벼려진 왕권과 계급 제도였다.

　　훈이나 다른 내륙아시아 집단들과 정확히 똑같은 방식으로 프랑
크의 집권 중인 대왕은 왕국을 분할하여 주요 영지를 형제와 사촌들
에게 분배했다.[38] 태조격인 킬데리쿠스가 죽은 뒤 이 과정의 작동을
볼 수 있다. 킬데리쿠스의 젊은 후계자인 클로도베쿠스는 세 사람, 시
기베르투스Sigibertus(동부에 해당하는 리푸아리Ripuarii 프랑크의 왕)와 카라
리쿠스Chararicus, 라그나카리우스Ragnacharius(캉브레에서 통치하던 클로도

●　　팅 또는 딩ding이라 불리는 회의체는 남자들만이 참여하는 자유민 회의체로, 6세기까지
게르만계 부락 최고의 정치 단위였다. 이 회의체는 부락민 간의 협약을 깨뜨린 개인들을 재판하
는 최고 법정이었고, 부락민들이 만나 서로 간의 결속을 강화하는 모임이었으며, 종종 군사 원
정 전에 소집되는 회의체였다.
●●　　민족 대이동 이전의 게르만인들 사이에는 두 종류의 왕이 존재했다. 하나는 종교적인 왕
이고, 다른 하나는 군사적 왕이었다. 전자는 문헌에서 티우단스라 불리는 왕인데, 이 왕은 왕족,
즉 부락의 인종적·역사적·문화적 전통을 가장 잘 대변하는 집안에서 선출되었다. 이 왕의 역할
은 부락들마다 큰 차이를 보였다. 어떤 부락에서는 종교적인 역할을 담당했고, 다른 부락에서는
회의를 주재했다. 일부 부락에서는 군대를 지휘하기도 했지만, 어떤 부락에서는 이 자리가 아예
없었다. 전쟁 중에 부락의 지휘는 '왕족' 출신이어서가 아니라 군사적 용맹 때문에 선출된 둑스
가 맡았다.

베쿠스의 사촌)과 함께 프랑크 왕국을 다스리게 되었다. 이전의 아틸라와 마찬가지로 클로도베쿠스는 친척들을 차례로 제거하고 대권을 장악했는데, 내륙아시아의 태니스트리 계승의 원칙에 따른 바였다. 이후로 메로베우스 왕조는 왕이 죽을 때마다 분할되었지만, 국가는 분열될 수 없다는 개념 자체는 불문不問으로 남았으니, 이 또한 훈 제국 등 내륙아시아 제국들의 역사에서 벌어진 현상과 매우 유사한 부분이다.

특이한 점은 왕국이 넷으로 분할된 점인데, 과거 내륙아시아의 정치 관습(앞서 흉노 제국이 둘로 나뉘고, 그 아래에 다시 둘로 세분되어 크게 네 부분으로 구성되었음을 상기하라)이 또 한번 프랑크사에서 반복된 것이다. 메로베우스 왕국은 내륙아시아의 초원 제국과 마찬가지로 크게 둘, 즉 살리와 리푸아리로 구성되었고, 이들은 후일 각각 네우스트리아Neustria와 아우스트라시아Austrasia라 재명명되었다. 나중에 프랑크인들은 여기에 부르군트를 세번째 레그눔regnum(왕령王領)으로 더해 상황을 복잡하게 만들 수 있었다. 그러나 네우스리아·아우스트라시아·부르군트 외에 아퀴타니아Aquitania도 때로는 네번째 왕국으로써 별개로 통치되었다. 이는 우연한 유사성일까? 그렇지 않을 것이다. 사실 그보다 앞선 5세기 초 이베리아를 침입하여 지배한 알란(내륙아시아인) 부 연맹에서도 일어난 예가 있다. 알란 연맹은 로마령 이베리아 반도를 정복한 뒤 영토를 넷으로 나누었다. 주류이던 알란부는 이베리아 반도의 거의 절반에 달하는 루시타니아Lusitania와 카르타기넨시스Carthaginensis 속주를 차지했다. 복속된 수에비는 갈라이키아Gallaecia의 반을 받았고, 실링기Silingi 반달부에게는 바이티카Baetica

가 할당되었으며, 하스딩기Hasdingi 반달부를 위해서는 남은 갈라이키아 절반이 있었다.

이 모든 일이 우연의 일치가 아니었음은 511년 클로도베쿠스가 죽은 뒤의 상황을 통해 추정해볼 수 있다. 왕국은 그의 네 아들 사이에 분할되었다.[39] 클로도베쿠스에게 우연히 딱 아들이 넷이 있었던 것일까, 아니면 훈 제국의 구조를 의식적으로 차용한 것이었을까? 클로도베쿠스의 아들들 가운데 마지막까지 살아남은 클로타리우스 1세 Chlotarius I가 561년에 죽은 뒤 다시 왕국의 분할이 일어났다.[40] 왕국은 다시 넷으로 갈라졌다.[41] 이는 아마 단순한 임의적 분할이 아니라 프랑크인들이 내륙아시아인들에게서 계승한 정치 전통의 현현이었을 것이다. 이 내륙아시아인들 가운데 가장 유명한 집단은 물론 훈인들이었겠지만, 클로도베쿠스의 '프랑크'군에서 유력한 부류를 형성했을 법한 알란인들도 간과할 수 없다.

수많은 분할에도 불구하고 훈 사람들과 마찬가지로 프랑크인들에게 있어서도 왕조 국가는 단일한 개체였다.[42] 때로는 한 사람의 강력한 통치자의 손에 국가 권력이 완전히 중앙집권화되는 상황으로 흐르기도 했는데, 613년의 클로타리우스 2세Chlotarius II가 좋은 예다.[43] 프랑크인들은 또한 제왕을 지명하고 정기적으로 왕실 가족 및 최고 귀족들에게 분봉령 또는 '영지'를 분배하는 훈식 관행을 따랐다. 다고베르투스Dagobertus 왕은 프랑크의 대왕이 되기 이전에 과거의 아틸라와 마찬가지로 제왕(그의 경우는 623~629년 아우스트라시아의 왕)으로 지명되었다. 후에 629년에 이 다고베르투스는 배다른 동생인 카리베르투스 2세Charibertus II(재위 629~632)를 아퀴타니아 일부의 제왕으

로 삼았다.[44]

이 내륙아시아식 관행은 이후 8세기 메로베우스 왕조를 대체하고 프랑크 국가의 통치 왕조가 된 카롤루스 왕조에서도 계승되고 이어져 나갔다. 그 유명한 카롤루스 대제Carolus Magnus는 781년에 어린 두 아들 루도비쿠스Ludovicus와 피피누스Pipinus를 각각 아퀴타니아와 이탈리아의 제왕으로 임명했다.[45] 더 멀리 있으며 덜 중요한 외진 곳의 영지나 프랑크 제국과 외국 사이의 완충 지역은 제왕의 아래에 있으며 대개 지방과 관계가 깊던 프랑크인 공작들에게 주어졌다. 공작들은 바이에른이나 튀링겐, 라이티아, 프로방스, 알레마니아를, 때로는 아퀴타니아까지도 통제했다.[46] 앞서 내륙아시아의 초원 제국들은 국가의 중앙 핵심지와 가까운 주요한 영지는 황가 구성원에게 배분하고 더 멀리 있는 영지는 고위 귀족층 또는 충성을 맹세한 선택된 봉신들에게 주는 똑같은 관행을 확인한 바 있다. 따라서 프랑크의 정치 체제는 의심할 여지없이 훈인에 의해 유럽으로 수입된 이전의 내륙아시아식 국가 모델을 의식적으로 모방한 것이다.

이 모든 것이 프랑크인들이 내륙아시아 관행을 모방한 것이 아니라 디오클레티아누스(재위 284~305) 시대 로마 제국이 시도했던 사두정tetrarchy 또는 그 이후인 4세기와 5세기 제국을 4개 대관구praefectura praetorio로 구성한 로마 체제를 흉내 낸 것이 아니냐는 의견을 낼 수도 있을 것이다. 확실히 여기에도 외견상 유사한 점이 있으나, 로마 제국에서 사두정은 고작 20년 지속된 단발성 실험이었고, 결국 실패한 뒤 다시는 시도되지 않았다. 그러나 메로베우스 왕조 체제의 구체적 특성은 로마의 전례보다는 내륙아시아 정치 모델의 모방으로 보인다.

대관구 체제 역시 메로베우스 왕조의 관행인 왕조 분할과 완전히 다르다. 로마의 사두정과 대관구는 고대 후기 로마 제국이 직면한 행정적 필요와 제약 속에서 형성된 국가 모델이었고, 메로베우스 왕조의 영토 분할은 행정적 고려보다는 (내륙아시아에서의 맥락과 마찬가지로) 왕가의 적법한 남성 구성원 모두가 영토에 지분을 가진다는 왕조 계승법이 가하는 압력에 의한 일이었다. 게다가 로마 제국에서는 왕실 구성원과 고위 귀족들에게 영토를 영지로 분배한다는 프랑크식 관행에 비견할 것이 존재하지 않았다. 이 관행은 분명 내륙아시아의 전임자들에 근거를 두었다.

메로베우스의 정치 질서와 나중의 봉건 유럽의 대표적 특징인 봉신 군주가 왕에게 충성의 맹세를 바치는 일 역시 제왕과 봉신들이 훈의 대왕에게 충성을 다짐하길 강요받던 경우와 유사하다는 점도 지적해야겠다. 매해 왕을 중심으로 프랑크군 병사들과 왕국의 고위층이 모이는 프랑크 대회합에서는 대외 정책을 논의했는데, 이 역시 군사 정책이나 왕위 승계, 주요한 법률 문제를 논의하고 결정하던 쿠릴타이 같은 내륙아시아의 튀르크·몽골식 회합을 생각나게 한다. 피정복민과 속국, 예컨대 이탈리아의 랑고바르드나 독일 지역의 더 원시적 단계에 있던 작센, 심지어 갈리아의 토착 인구에게서 공물을 모으던 것[47]도 로마식 세제에 그대로 의존했다기보다는, 내륙아시아 제국의 조공 전통의 영향일 가능성이 있다. 프랑크의 제도인 미시 레기 Missi regii 역시 책의 앞부분에서 언급한 훈의 로가데스의 기능과 비슷한 부분이 있다. 이전에 존재한 로마의 행정 구조가 프랑크식 정치 질서의 성격에 전반적으로 거대한 영향을 주었음을 고려하는 것은 자연스러운 일이다. 그러나 프랑크의 체계가 과거의 로마식 제도 일부와 게르만의 전통에 새로 도입된 초원식의 정치 관행과 중층화된 서열이 뒤섞인 복잡한 혼합적 체계였음은 분명하다.

내륙아시아인들이 유럽에 끼친 영향은 프랑크 제국에 남긴 훈의 영향력에서 끝나지 않는다. 사실 중세 초기 주요한 '게르만' 국가체들은 모두 훈에 복속되거나 다른 내륙아시아 집단과 섞인 뒤에야 형성되었다. 클로도베쿠스의 프랑크부에 의해 곧 정복당한 라인강 동쪽의 단명한 알레만니·수에비 왕국은 훈의 지배를 경험하고 훈계 군주였을 것으로 보이는 수에비의 왕인 후니문트의 종주권을 받아들인 뒤에야 안정적인 왕권이 성립되었다. 훈 제국에서 나왔고 그 왕가도 훈계였던 오스트로고트부 역시 오랫동안 훈의 통치를 경험하며 훈식 내륙아시아의 정치·문화 관행을 흡수한 뒤에야 국가로 진화하기 시작했다. 오스트로고트인들의 군사와 사회 조직이 십진법으로 이루어진 것은 훈인과 알란인을 통해 초원에서 수입되었음이 분명하다.[48]

부르군트부 역시 훈 제국에 정복된 이후 중세 왕국으로 진화했다. 부르군트인들은 436년 훈인들에 의해 거의 절멸되었다. 라인강 동쪽의 훈 제국은 부르군트 생존자 다수를 흡수했으나 소수의 부르군트 분견대를 아에티우스에게 넘겨주었고, 아에티우스는 이들을 로마의 포이데라티로서 갈리아 동부 사파우디아Sapaudia에 정착시켰다. 훈 제국의 서반부가 해체된 이후 훈 제국의 통제 아래에 있던 동부의 부르군트인들은 라인강을 넘어 사파우디아의 부르군트인들에 합류했고, 그렇게 부르군트 왕국이 성립했다. 이 부르군트인들은 라인강 서쪽으로 옮겨온 뒤에도 제한적인 범위에서 훈-알란식 편두 관습을 이어나갔다. 훈 제국의 갈리아 침공은 부르군트인들에게 중대한 영향을 미쳐서, 소송 과정의 한계를 설정하는 기준점이 될 정도였다.[49]

아직 끝나지 않았다. 툴루즈와 이베리아 반도를 지배한 비시고트 왕국 또한 훈 제국이 395년 로마령 발칸 지방인 모이시아를 침공한 영향을 직접 받았다. 이 침략은 비시고트의 군사력이 알라리크 휘하에서 단일화되는 계기가 되었고, 알라리크는 위기를 이용해 발칸 반도에 살던 비시고트와 알란계 무리들을 묶어 하나의 연합을 만들었다.[50] 알라리크의 비시고트 집단은 이후 훈과 알란식의 정치와 문화, 군사 관행을 모방했다. 보병에 기본을 두었던 군대가 훈-알란식 기마전술 위주로 극적으로 변화했다. 이후 알라리크의 처남 아타울프와 절친한 훈 사람들도 직접 비시고트 체제 내로 들어갔다. 그는 훈의 왕을 설득해 알라리크를 지원해줄 분견대를 제공하게끔 했던 것이다. 이 군사력으로 부상한 아타울프가 나중에 알라리크를 계승해 비시고트의 왕이 되었다고 해도 좋을 것이다.[51]

훈을 모방한 프랑크인들처럼 비시고트인들 또한 군주의 신성불가침성에 대한 자신들만의 내륙아시아적 관념을 가지고 있었다.[52] 게르만 왕국들 가운데 가장 로마화된 존재로 여겨지기는 하지만 비시고트 왕국의 군인 귀족층은 훈이나 프랑크, 랑고바르드 귀족들과 매우 유사하게 움직였다. 그러니 《게티카》에 언급된 비시고트 엘리트 매장 풍습이 광범위한 초원 문화 차용을 반영하고 있는 것도 놀랍지 않다.[53] 정치체로 존재하던 시기의 초창기에 비시고트인들은 프랑크인들과 마찬가지로 훈 제국에서 보이던 부왕 체제를 운영했다. 예컨대 프레데리크Frederic는 툴루즈의 비시고트 왕 테오도리크 2세

Theodoric II와 왕권을 공유했다.[54]

초원민들의 정치 체제는 군사 조직의 확대판이라 할 수 있다. 이는 초원 제국에서 관료와 법관이 군대의 일부로 기능한 결과였다. 놀랍도록 유사한 일이 중세 초기 게르만계 유럽에서도 벌어졌다. 초원의 군사 국가들처럼 유럽의 신생 왕국들은 군사 귀족의 지배로 특징지어졌다. 이 귀족층은 초원의 전사들처럼 말 등 위에 올라탐으로써 사회의 하층 계급들과 구분되었다.[55] 로마 시대부터 존재해온 모든 사회적 서열은 꾸준히 군사화되었는데,[56] 흉노 제국 등 다른 군사화된 초원 정체와 유사한 것이었다. 흥미로운 것은 이를 거울처럼 비춘 상이 선비인들이 지배하던 북중국(탁발위, 386~534)에서도 나타난다는 점이다. 동방, 중국의 내륙아시아 정복자들은 서방의 정복자들과 마찬가지로 '오랑캐' 군사 귀족이 토착 관료의 도움을 받아 운영하는 고도로 군사화된 행정 체계인 준봉건제로 백성을 다스렸는데, 이는 로마와 훈 제국의 '게르만' 후계 국가들과 매우 유사한 방식이다. 실질적으로 북중국의 모든 행정 기관은 탁발 선비에 의해 군사화되었고, 150년이 넘는 동안 북위 황제들은 거의 850개의 분봉령을 군사 귀족층과 황실의 왕자들에게 분배했는데, 이 가운데 4분의 3 이상이 종족적으로 탁발 귀족만을 위한 '영지'로 주어졌다.[57]

메로베우스 왕조령 갈리아에서 이 군사 귀족층의 권력과 특권은 탁발 중국에서만큼이나 대단했다. 그리하여 군도발두스Gundovaldus는 585년에 군사 귀족층의 지지를 잃고 수행단에게서 버림받은 뒤 제거되었다. 훈의 영향을 받은 또 다른 게르만계 정치 집단인 랑고바르드 또한 이러한 내륙아시아식 군사 귀족층의 지배를 받았다. 랑고바르드 정치체의 귀족들은 너무나 강력하여 알보인Alboin과 클레프Cleph 왕이 죽은 뒤에 이후 10년 동안 새로운 왕을 선출할 생각도 하지 않고 있다가, 584년이 되어서야 아우타리Authari를 왕으로 옹립했다.[58] 게르만 유럽 도처에 있던 이들 내륙아시아식 군사 귀족들은 왕에게서 부여받은 토지에서의 기득권과 함께 차츰 중세 봉건 영주로 진화해 갔다.[59]

랑고바르드에 앞서 이탈리아를 통제했던 고트 집단인 오스트로고트의 왕 테오도리크는 군사 귀족들에게 정기적으로 궁전에서 왕의 선물을 하사하여 성공적으로 이들의 권력을 억제했다. 그리하여 그는 후일 랑고바르드인들이 맞이한 몰락을 피하여 내륙아시아 훈 조상들의 발자취를 따라갈 수 있었다. 왕이 종속된 봉신에게 선물을 하사하는 행위는 내륙아시아 정치 체제와, 또 우연히도 이와 연관된 페르시아의 이웃 이란계 정치 체제의 구성요소였다. 이 관행은 '봉건' 질서를 묶어주는 사회적인 접착제가 되었고 이 관대함의 표출은 초원 지도자의 본질적인 미덕이 되었다. 따라서 내륙아시아의 왕은 자신의 권위를 유지하고 군사 귀족층의 눈을 고정시키기 위해 거창한 규모의 '미덕'을 보여줘야 했고, 여기에 필요한 자원을 확보해야만 했다. 그리하여 전쟁을 벌여 군사적 정복을 통해 공물을 거두어 필요한 자원을 얻어냈다. 이는 훈과 프랑크 등 여러 내륙아시아인들이 왕조의 통치자에 매료된 이유를 설명해준다. 테오도리크는 전통적인 초원의 방식으로 행동한 것이다.

테오도리크는 또한 반半독립적인 군인 귀족들을 임명해 오스트로고트 이탈리아의 변경 지역을 통제하도록 했다.[60] 고트 장수(코메스)

들의 군사 행정부는 토착 문관인 로마 관료들과 별개로 작동했는데,[61] 고트인 코메스들은 모든 로마인 문관들보다 수위권을 지녔었다. 이도 역시 과거의 흉노나 쿠샨에서 군정(이를 관할하는 지도자는 무관과 대개 문관을 총괄하는 권위를 지녔다)과 정주 복속민에게서 뽑은 관료들이 일상적으로 운영하던 민정을 함께 운용했던 내륙아시아 관행을 생각나게 한다. 흉노는 총괄적인 지방관을 임명하면서 '노예 담당 사령관'(동복도위)과 같은 끔찍한 직함을 가진 관직을 함께 두어, 필요할 때 타림분지의 정복당한 정주 인구에게서 직접 세금을 거두고 노역을 징발하게끔 했다. 이는 군정과 민정을 총괄하는 무관으로, 고트의 코메스와 비슷하다. 오스트로고트의 이탈리아와 마찬가지로 지방의 평상시 행정은 봉신 '왕들'(이탈리아의 경우는 로마 원로원 엘리트층)과 토착 하급 관리의 손에 맡겨졌다. 책의 앞부분에서 언급했지만, 쿠샨인들 역시 인도의 전반적인 관리(군무와 민정)를 군인 귀족에게 맡겼다. 오스트로고트의 순회 왕권 관행[62] 역시 내륙아시아 왕들의 유목 생활을 그대로 흉내 낸 것이다. 이 로마 제국을 대체한 속칭 '오랑캐' 왕과 왕국은 그 기원과 실체에 있어 내륙아시아적 면모를 강하게 보였다고 할 수 있다.

훈식 내륙아시아 정치 관행의 강력한 영향력은 훈 제국의 종말 이후로 오랫동안 계속해서 반향을 일으켰다. 내륙아시아식 지배씨족의 공동통치 관념은 심지어 노르드계 데인인들에게까지 퍼졌을 가능성이 있고, 동유럽의 슬라브계 사이에서는 분명하게 반복되었다. 9세기 덴마크(프리스쿠스에 따르면 5세기 훈 제국에게 정복되었다고 한다)에서는 양두정치 체제가 시행된 것으로 보이는데,[63] 이 양두정에서는 초원민들과 마찬가지로 지배 가문의 모든 남성 구성원이 왕위를 주장할 수 있다고 여겨졌다. 훈 제국이나 다른 내륙아시아 정치체들과 마찬가지로, 데인인들 사이에서 왕의 권력은 먼저 신성한 카리스마를 가지고 있다는 주장과 그 다음으로 '집의 동지'(헴퐈에가르Hempægar)라 불리는 무장종사단武裝從士團(코미타투스Comitatus)의 지지에 의지했다.[64] 또한 흥미롭게도 지배 씨족은 형제들끼리 왕권을 공유하며 공동으로 통치했다. 이는 내륙아시아 영향력의 증거일까, 아니면 순전히 우연의 일치일까?

더 확실한 것은 내륙아시아의 훈과 아바르가 슬라브계 종족들에 미친 영향이다. 훈 제국과 그 이후 중앙아시아에서 온 아바르 제국의 침공은 슬라브 정치사의 분수령이 되었다.[65] 유럽 동부·중부·남동부의 슬라브인들은 모두 오랜 기간 동안 훈·불가르·아바르 지배기를 거쳤고, 이는 슬라브 정치조직의 성격에 결정적인 영향을 남겼다.

동유럽의 슬라브계 종족을 시작으로 동부 슬라브의 정치 문화는 초원 정치체가 제공하는 선례에 많은 영향을 받았다. 동부 슬라브 최초의 정치체로 류리크조의 키예프 루시 국가로 더 잘 알려진 '루시' 카간국의 초창기에는 그 통치자들을 '카간'이라 불렀을 정도였다. 이 내륙아시아식 칭호는 아바르인들에 의해 유럽에 처음 소개되었고, 하자르인들 사이에서도 사용되었다.[66] 심지어 후대인 볼로디매루Volodiměrŭ• 같은 10세기 루시 통치자도 루시 사료에서는 '우리 카간'

• 일반적으로는 러시아어식으로 '블라디미르Vladimir'라 불리지만, 루시 시대에는 동슬라브계 종족이 아직 러시아, 우크라이나, 벨라루스로 분화되기 이전이므로 본문에서는 고대 동슬라브어식 표기를 따랐다.

이라 지칭되었다. 루시 군주들은 이렇게 자신들이 아바르와 하자르 같은 초원 제국 전통의 합법적인 정치적 후계자로 보이고자 하는 열망을 가졌던 것이다. 루시 사회의 양두정치 관행 역시 마찬가지로 앞선 하자르의 양두정치를 모방했을 가능성이 있고, 볼가 불가르(7세기에 성립한 훈계 국가)와 하자르 제국(이 나라의 공용어는 훈의 언어인 오구르 튀르크어였다) 같은 당대와 과거의 튀르크계 국가에게서 행정 기술을 배워왔을 가능성도 매우 높다.

내륙아시아식 칭호인 카간의 사용과 공물 수취 체계의 채용, 루시의 핵심 지역에서 장거리 방위 성벽망을 구축하는 기술, 드루지나druzhyna와 같은 대공의 무장종사단 조직 등은 모두 훈-불가르-하자르 관행의 모방일 수 있다. 루시 사회의 수도 키예프 역시 본래 하자르 제국의 수비대가 주둔하던 도시였을 가능성이 높다. 도시의 루시 군주들은 초원의 전입자들과 마찬가지로 자신들의 국가를 가문의 유산으로 간주했지, 각 개인의 재산이라 생각하지 않았다. 루시의 귀족의회의 공동통치 관행 역시 튀르크-몽골의 쿠릴타이와 비슷한데, 이후 13~15세기에 몽골인들이 동슬라브에 미친 잘 알려진 영향력의 역사 이전에도 동슬라브에 내륙아시아가 방대한 영향을 미쳤음을 알 수 있다.

중부 유럽의 서슬라브인들로 시선을 옮겨도 내륙아시아의 훈과 이후의 아바르 통치의 영향력을 느낄 수 있다. 《프레데가르 연대기》에 따르면, 슬라브인들 사이에 성립한 최초의 독립 왕국은 "슬라브인 아내와 딸들에게서 태어난 훈인의 아들들이 일으킨 반란으로 세워졌다Filii Chunorum quos in uxores Winodorum et filias generaverant tandem non subferentes maliciam ferre et oppression, Chunorum dominatione negantes-ceperant revellare."[67] 여기서 프레데가르가 언급한 훈인은 아마 아틸라 왕조의 훈 제국이 아니라 훈화가 진행된 아바르인과 아바르 제국에 참여해 6세 기 중반 아바르 제국의 지배 계층에 속하게 된 불가르 훈인을 가리키 는 것일 터다.

프레데가르가 전하는 이야기는 훈-아바르인이 초기 슬라브 정 치 조직과 국가 건국 과정에서 중요한 영향을 미쳤음을 알려준다.[68] 상당수의 튀르크어 화자(훈인과 아바르인)가 서부 슬라브 지역에서 정 치 구조와 왕조를 확립하는 데 중요한 역할을 수행했다. 프랑크인들 이 중부 유럽과 접촉했던 소위 '웬드 공국들'은 아바르인에 의해 세 워진 부용국이었거나 아니면 베일에 둘러싸인 블라트니차-미쿨치 체Blatnica-Mikulčice 집단처럼 훈-아바르 정치 관행을 계승한 엘리트층 의 지배를 받았을 것이다.

마찬가지로 현대 독일 동부에 존재했던 폴라브계 슬라브인Polabian Slav에 대한 아바르의 영향력도 있을 수 있다. 이들 사이에서도 지배 씨족 구성원들 가운데 이제는 익숙한 공동통치 원칙이 존재했다. 따 라서 8세기와 9세기의 폴라브인들의 벨레티Veleti에는 최고 군주 드라 고위트Dragowit(렉스)가 있었는데, 드라고위트는 부락 연맹/왕국 내의 다른 '레굴리'들에 대한 지휘권을 가지고 있었다. 나중에도 최고 군주 리우브Liub는 자신의 권위를 형제들과 나누었고, 형제들은 각기 레기 오regio(군주가 이끄는 씨족 연맹)을 통제했다. 흥미로운 점은 이전이나 당대 초원 연맹들과 마찬가지로 웰레티아인들에게도 4개의 레기오/ 구역이 존재했다는 사실이다. 다른 내륙아시아 초원 국가와 같이 유럽 중앙에 위치한 슬라브 정치체는 단일 왕조만이 옥좌를 차지할 독점적인 권리를 지니고 있었다.[69] 이 폴라브인들뿐만 아니라, 소르브 Sorb인이나 아보드리트Abodrit인 같은 북서쪽의 슬라브 일파들에서도 이 지역으로 이주한 전직 아바르-훈 제국의 반체제 인사들이 다대한 영향을 주었을 가능성이 있다.[70]

9세기 프랑크와 불가르에 의해 아바르 제국이 소멸한 뒤 일어난 대모라비아의 슬라브 국가 역시 당연히 정치적 전임자인 아바르의 영향을 받았다. 모라비아인들은 아바르식 칭호인 주판Župan을 받아들였다고 알려져 있다.[71] 모라비아와 후대의 폴란드에서 보이는 형제 통치와 계승 체제에서는 훈 제국 및 아바르 제국과 마찬가지로 왕의 아들들 각자가 영지를 부여받았다.[72] 그러나 영토상의 분리와 파편화의 출현과는 별개로, 앞서 검토했던 훈이나 프랑크의 상황과 마찬가지로 이 슬라브계 국가들은 표면적으로는 국가의 정치적·영토적 통합성을 유지했다.

남동부 유럽에서도 토착 슬라브인에 대한 훈의 영향력을 감지할 수 있는데, 이 경우는 불가르를 통해서였다. 앞서 모라비아가 아바르에서 배웠다고 언급했던 주판 칭호와 제도는 내륙아시아에서 일반적인 정치적 호칭이었다. 예컨대 에프탈 왕조 백훈 제국에서 이 직책은 하위 관리를 지칭하는 데 사용되었다.[73] 이 호칭은 중세 크로아티아와 세르비아에서는 집권 중인 군주를 지칭하는 데 사용되었는데, 훈계 불가르의 여과를 거쳤을 가능성이 높으나, 아바르를 통했을 가능성도 없지는 않다. 남슬라브의 칭호 '반Ban'도 아바르 카간 바얀의 이름에서 따왔을 수 있다.[74] 남슬라브와 이후 동슬라브 귀족 계급 체계의 보야르Boyar 역시 불가르 훈인들에게서 빌려온 말이었을 것이다.[75] 크로아티아인과 세르비아인 또한 전형적인 내륙아시아 방식으로 행정 구역을 색을 이용해 지정했다. 콘스탄티노스 포르피로예니토스Konstantinos Porphyrogennētos의 글을 통해 '하얀' 크로아티아인과 '하얀' 세르비아인이 프랑크인의 영역에 가까웠음을 알 수 있다.[76]

크로아티아인과 세르비아인의 눈에 띄는 내륙아시아식 정치 조직은 그들의 기원에 대해 흥미로운 가설을 제기하게 한다. 크로아티아인과 세르비아인 통치 엘리트층이 내륙아시아의 사르마트인에 기원을 두었다는 설은 이미 상정된 바 있다. 그러나 다섯 형제가 등장하는 크로아티아 건국 신화와 불가르 훈 통치자 쿠브라트의 다섯 아들의 역사 사이에 있는 놀라운 유사성과, 쿠브라트란 이름의 변형 중 하나가 종족명인 크로아트Croat의 어원이라는 설은 더 주목을 받고 연구될 가치가 있다. 세르브Serb와 중고한어로 '새르비'라 불리었던 몽골계 선비 이름 사이의 주목할 만한 유사성 역시 향후 정치한 분석이 필요한 부분이다. 아바르와 몽골계 연맹 오환(중고한어로 '아그완') 및 사비르와 새르비(선비)란 이름들 사이에 존재할지도 모르는 연관성에 대해서는 앞서 논의했었다. 오환(아바르)와 선비(새르비)는 내륙아시아의 흉노(훈)에게 정복당한 동호 연맹의 일원이었다. 만약 헝가리 지방의 아바르가 최종적으로 오환과 관련되었다면, 그 이웃한 세르비아의 지배 엘리트가 선비/새르비와 연관이 있다는 가설도 허무맹랑하지만은 않을 것이다.

훈과 알란이 유럽의 군사 관행에 미친 영향

훈과 그 복속민(때로는 적)인 알란은 중세의 초기 게르만과 로마의 군사 조직에도 깊은 영향을 남겼다. 내륙아시아 태생의 적이나 주인에게서 이탈리아의 오스트로고트와 북아프리카의 반달은 천인대 millenarius 조직을 받아들였다. 이 조직은 훈 제국의 정복 이후 게르만 군대가 이미 익숙한 초원식 십진법 군사 조직을 모방하며 급진적으로 재조직된 상황을 반영한다. 훈과 알란을 모방하는 식의 재조직은 반달과 고트의 사회·정치 조직에도 영향을 주었다. 훈련받지 않은 무리가 각기 다른 규모의 조직을 이루었던 씨족에 기반한 과거의 군대 대신, 새로운 사회·정치 체제는 훨씬 굳건히 조직된 군대로 나타났다. 이는 왕이 과거 무질서했던 부하들을 정치적으로 훨씬 강력하게 통제할 수 있게 해주었다.[77] 이것은 사회 및 군사 혁명이라 할 만한 일로, 그때까지 국가라 할 존재가 없던 게르만계 사람들 사이에서 국가 형성을 촉진한 동인이 되었다.

게르만인들 뿐만 아니라 로마인들도 초원식 기동군이 가진 압도적인 군사적 우월성을 알아챘다. 로마군은 열심히 훈식 군사 전술과 관행을 받아들였는데, 특히 로마 기병들이 그러했다. 로마 작가 베게티우스Vegetius는 로마군의 날개를 이루는 기병대의 강화가 지나치게 주목받은 나머지 전통적인 로마 보병의 질이 떨어지고 있는 현실에 한탄했다.[78] 중기병重騎兵과 경기병輕騎兵 그리고 가장 중요한 궁기병弓騎兵이 로마군 체계에 도입되어 로마군은 훈이나 이후의 아바르를 통해 뻗어 나온 훈식 전술 속에서 새로운 혁신에 발맞춰 나갈 수 있었다.

6세기 후반 동로마의 군사 논문으로 마우리키우스 황제에게 헌사된《전략Strategikon》을 보면 로마군이 훈과 아바르에 압도당한 나머지 훈-아바르 군대의 무기고에 있는 천막이나 유연한 전투 대형부터 활이나 갑옷 등의 기본적인 장구류까지 사실상 모든 것을 차용했다는 사실을 알 수 있다. 로마인들은 대체로 훈식 군사 전술과 관행의 덕을 톡톡히 보았다. 예를 들어 아가티아스는 이탈리아의 동로마군 장군 나르세스Narses가 훈식 거짓 퇴각 전략을 활용해 프랑크군을 얼마나 크게 격파했는지를 기록했다.《전략》에도 로마인들이 철제 등자로 대표되는 아바르의 우월한 군사 기술을 받아들였다는 것이 기록으로 남아있다. 내륙아시아식 등자가 나중의 중세 서유럽의 봉건 군대에도 얼마나 큰 영향을 미쳤는지는 이미 잘 알려져 있다. 초원에서 들어온 이 새로운 혁신과 다른 초원식 장비들을 통해 중세 유럽의 기사가 탄생했다. 로마인들 사이에서 훈식 관행의 수용이 만연해진 나머지 6세기 콘스탄티노플의 일부 주민은 훈식 의복을 모방했다고도 한다.

서유럽인들에게 내륙아시아 군사 문화가 전파되는 과정에서 (훈과 많은 공통점을 지녔던) 알란의 역할도 그에 못지않게 중요했다. 내륙아시아의 알란인들은 4세기 말 훈에 정복당해 대부분이 훈의 통치 아래에 복속되었다. 그러나 일부 적잖은 수가 훈에 대한 복종을 거부하고 405~406년에 반달이나 수에비 같은 반란 부락 연맹의 수령이 되어 로마령 유럽으로 진입했다. 이들이 알란인에 대한 훈의 정치적 지배를 거부했긴 했지만, 애초에 내륙아시아인의 일부였기에 훈의 문화와 밀접한 관련이 있었다.[79] 4세기 말 훈의 정복 이전부터 알란인들은 이미 군사나 동방의 문화적 특색을 훈인과 공유하고 있었다. 이는 알란을 문화나 군사 분야에서 훈과 사실상 구분할 수 없게 만들었다. 따라서 알란과 훈은 때때로 정치적으로, 또 종족적으로 차이를 보였음에도 불구하고 밀접히 연결되어 하나의 중앙아시아 문화 단위로 묶을 수 있다. 의복와 무기 면에서 사르마트-알란이 훈과 차이를 보이는 부분은 거의 없었다.[80]

적어도 아틸라 통치기에는 로마 제국의 권위를 파괴하는 입장이었던 훈과 달리, 알란인 다수는 로마군 내에서의 복무를 잘 받아들였다. 5세기 로마 통치의 유지와, 앞서 언급한 로마군의 변화 과정에서 알란이 미친 영향은 적지 않았다. 특히 갈리아와 이탈리아에서 알란인들은 로마 제국군의 핵심이 되었고, 고트나 훈을 상대한 전쟁에서 제국을 충심으로 섬겼다. 예컨대 비시고트 왕 알라리크는 사울 Saul 휘하의 막강한 알란 기병대에 번번이 패배했다. 사울은 스틸리코를 섬기다가 비시고트의 이탈리아 침공을 방어하는 과정에서 비명횡사했다.[81]

동방에서도 알란의 영향력은 알란 장군 아르다부리우스Ardaburius의 아들 아스파르가 사실상 동로마 제국의 킹메이커가 되면서 전례없이 높아졌다. 아르다부리우스는 421년 아르자니니에서, 그 뒤에 또 니시비스 인근에서 사산조 페르시아를 격파하여 명성을 얻었다.[82] 그의 아들 아스파르는 로마 제국의 대원수가 되면서 이미 인상적인 그 아버지의 업적을 훌쩍 뛰어넘었다. 마르키아누스나 그의 후계자 레오 등 동로마 제국의 황제들은 아스파르가 몸소 뽑은 꼭두각시로, 아스파르는 사실상 이들 황제의 이름으로 제국을 통치했다.[83] 군대는 그의 통제 아래에 있었고, 훈이나 반달의 공격에 대항하는 로마 측의 전쟁을 지휘한 것도 바로 아스파르였다. 그의 몰락은 동방에서 알란의 시대를 마감시켰으나, 서방에서 알란인들의 중요한 역할은 계속 이어졌다.

앞서 언급되었던 비시고트의 왕 알라리크가 죽은 뒤 그의 후계자 아타울프는 비시고트인들을 이끌고 갈리아로 이동하기로 결정했으나, 414년에 일어난 바사타이 공성전에서 고트인들은 어느 알란 집단에 의해 또 한번 좌절을 맛보았다. 이 알란인들은 처음에는 고트 측에 섰으나, 편을 바꾸어 로마인의 동맹군이 되었다. 이것이 비시고트의 패배를 야기했다.[84] 그러나 서방에서 알란인의 주요 집단은 레스펜디알Respendial 왕과 나중에는 아닥스Addax 왕이 이끈 무리로, 두 사람 모두 알란인이었다. 이들은 앞서 언급한 알란-반달-수에비 연맹을 이끌었다.[85] 알란의 종주권 아래에 있던 반달은 보병을 중심으로 한 그들의 전통적인 전술을 버리고 빠르게 통치자들의 기마술을 도입했다.[86]

격류처럼 갈리아를 휩쓴 대다수의 알란인은 부락 연맹을 이끌고 스페인으로 들어갔다. 그곳에서 그들은 스페인을 동맹 부락들 사이에 분할했다. 이후에 그들에게는 불행하게도 알란군이 스페인에서 로마와 비시고트군에게 대패했고, 가장 타격을 입은 알란은 알란인 어머니를 통해 반은 알란인이었던 반달 왕 가이세리크가 이끄는 새로운 부락 연맹에 들어가 2순위의 지위를 받아들일 수밖에 없었다. 가이세리크와 그의 아들 후네리크(이 이름은 훈 왕을 뜻한다는 점에서 흥미로운데, 반달인들이 지녔던 훈에 대한 경외감을 보여주는 것일 수 있다)는 알란인과 반달인의 왕을 자처하며 북아프리카 지방에 카르타고의 알란-반달 왕국 설립에 착수했다. 반달 동맹과 함께하던 알란은 시간이 지나 6세기 유스티니아누스 아래에서 이뤄진 동로마의 재정복 사업의 피해자가 되었다.

그러나 일부 알란인은 스페인과 아프리카로 넘어간 이러한 잘 알려진 동포와 함께하지 않았다. 이들은 갈리아에 남아 로마인과 화해했다. 이 알란인들은 중세 갈리아와 이탈리아의 토지 귀족층의 중요한 일부가 되었다.[87] 이들 역시 스페인과 아프리카의 친척들 못지 않게 격동의, 주목할 만한 역사를 가지고 있다. 이들은 오를레앙 공방전에서 강력한 훈 군대를 몰아냈고, 이후 이어진 샬롱 전투에서도 주요한 역할을 수행했다. 그 전투에서 재앙에 가까운 패배를 경험한 뒤 살아남은 알란인들은 452년에 추격해오는 훈 군대를 격파했는데, 요르다네스는 이를 왜곡하여 비시고트의 승리로 만들어버렸다. 사실 비시고트는 알란이 훈과의 전쟁에 사로잡힌 틈을 타 뒤에서 공격을 가해 이득을 취했다. 알란은 갈리아 북서부로 밀려나 나중에 아르모리카인의 핵심을 형성했다.[88]

갈리아 북서쪽에서 알란은 로마 장군 아에기디우스와 함께 대비시고트 작전을 전개했고, 나중에는 클로도베쿠스 아래에서 프랑크에 대항하는 투쟁을 벌였다. 502~503년 아르모리카인들을 이끄는 알란인들은 클로도베쿠스에 치명적인 패배를 안겨주었다.[89] 그러나 클로도베쿠스는 알란인들이 충성을 지키던 동로마 황제 아나스타시우스의 인정을 받아 알란인들을 수중에 넣었다. 이제 수천 알란 기병이 프랑크 군대에 추가되었고, 증원 병력과 함께 크게 확장된 군대로 클로도베쿠스는 비시고트를 격파하고 갈리아를 통일했다.[90] 비오마두스 휘하의 훈 군대가 프랑크 국가의 탄생에서 결정적인 역할을 했다면, 아르모리카의 알란인들 역시 프랑크 아래의 갈리아 통일에서 똑같이 중요한 역할을 했다.

프랑크 귀족층과 군인층에 남아 있던 훈과 알란 요소는 서유럽에서 정치 집단으로서 알란과 훈이 사라진 뒤에도 이들의 영향력이 오랜 기간 지속되었음을 의미한다. 이들의 영향을 확인할 수 있는 가장 두드러진 부분 중 하나는 중세 유럽 기사의 귀족적 승마 전통이다. 로마인들은 서유럽에 중세 시대의 중기병과 유사해 보이는 기병대를 서유럽에 도입했다. 이 새로운 종류의 기병은 내륙아시아(훈과 사르마트, 알란)에서 볼 수 있는 더욱 중무장한 기병의 모방으로, 로마 기병대의 일부는 진짜 내륙아시아 용병으로 구성되기도 했다.[91] 훈과 알란이 유럽에 진입했을 때는 이 새로운 종류의 전술이 이미 표준으로 인정받고 있었다. 따라서 중세 시대에 중무장 기사는 귀족 계급과 동의어가 되었다.[92]

이 새로운 기마 귀족층은 전장에서는 전통 초원식 전술을 채택했는데, 헤이스팅스의 정복자 윌리엄과 프랑스 서부의 다른 기병들이 사용했던 거짓 퇴각을 예로 들 수 있다. 흥미롭게도 헤이스팅스에서 결정적인 작전을 수행한 이는 그때 윌리엄 아래에 있던 브레톤의 앨런 루퍼스Alan Rufus 백작이었다.[93] 이들 중세 기마 엘리트와 그 군주들이 가장 좋아한 운동은 마상에서의 사냥이었다. 왕과 귀족들이 다뉴브 훈식 의복을 차려입고, 다양한 황금 장신구와 중앙아시아식 벨트를 찬 채로 치른 극도로 군사화된 왕실 사냥은 프랑크인들 사이에서는 일상적인 것이었다.[94] 이 서유럽 엘리트들은 훈 등 내륙아시아 인들과 매우 유사한 관행을 모방했던 것이 분명하다.[95] 만약 이러한 내륙아시아의 영향력에 대한 또 다른 증거가 필요하다면, 중세 유럽에서 가장 유명한 사냥용 견종이 '알라누스alanus'라 불렸다는 사실을 들 수 있는데, 이 견종은 왕실·귀족층의 사냥 관행과 마찬가지로 초원 지대에서 유래했다.[96]

오동 드 클뤼뉘Odon de Cluny는 전형적인 중세 귀족에 대한 생생한 묘사를 남긴 바 있다. 그는 귀족 제로 도릴락Géraud d'Aurillac의 주된 활동이 사냥, 활쏘기, 매 부리기라고 기록했다.[97] 이는 훈 이전과 당대, 이후 내륙아시아 귀족층의 전형적인 활동과 무척 유사하다. 전형적인 내륙아시아 귀족은 능숙한 말타기, 활쏘기, 사냥 기술에 대한 기대를 받았고, 매 부리기는 당연하게도 훈이나 알란 같은 내륙아시아인들을 통해 유럽에 소개된 스포츠였다.[98] 또한 프랑크나 다른 게르만계 종족들에서 보이는 중세 귀족층의 육식 관행 역시 거의 전적으로 육식에 의존했던 초원식 식습관의 영향을 받았다는 설이 있다.[99] 프리스쿠스의 유명한 기록 가운데는 아틸라가 훈식 연회에서 고기만을 먹고 다른 음식에는 입도 대지 않았다는 것이 있다.[100]

또 한 가지 특기할 점은 훈식 예의범절과 궁정 의례가 더 후대의 중세 궁전 관행에서도 반복되고 있었다는 사실이다. 노골적인 상무尙武 정신이나 살해한 적의 해골을 술잔으로 만드는 섬뜩한 풍습 등 그다지 매력적이지 않은 내륙아시아식 관행은 중세 초기 게르만계 엘리트들에게 채용되었다. 예컨대 6세기 랑고바르드 왕 알보인은 경쟁자인 게피드 왕을 패배시킨 뒤 그 머리로 술잔을 만들었다.[101] 이

기괴하고 무시무시한 관행은 초원 역사에서 보이는 오랜 전통으로, 내륙아시아의 스키트인과[102] 흉노-훈인들 사이에서 존재했다고 처음 기록되었다. 중국의 역사가 사마천은 흉노 선우가 패배한 월지 왕의 두 개골을 술잔으로 만든 이야기를 서술했다.[103] 이와 비슷한 운명이 9세기 초 발칸반도에서 아틸라의 뒤를 잇던 불가르 칸 크룸Krum의 손에 패배한 동로마 황제 니키포로스 1세를 기다리고 있었다. 이 풍습의 '인기'는 중세 끝자락까지 유지되었는데, 마지막 사례는 16세기 쿠르드·튀르크계로 페르시아의 샤였던 이스마일 1세Ismāʿīl I가 우즈베크의 지배자 시바니 칸Šibānī Ḫān의 해골을 화려한 보석으로 장식한 술잔으로 만들어 자신의 승리를 기념한 것이다.

고고학적 증거를 통해 본 훈의 문화적·예술적 영향

훈의 문화적 영향을 보여주는 첫번째 고고학적 흔적은 소위 훈식 편두 풍습이다. 훈 궁정의 내륙아시아 귀족층들이 시행했고 훈의 통치를 받거나 영향을 받은 게르만계 귀족들이 이를 모방했다. 훈식 편두 풍습은 귀족과 평민 사이의 명백한 외형 차이를 만들기 위해 이루어졌다. 따라서 이 풍습이 수행된 흔적이 있는 인물은 훈의 귀족처럼 보이려는 의지를 가졌던 것이다. 이 관행은 다른 훈식 특징과 마찬가지로 다뉴브 지역 곳곳에서 찾아볼 수 있다. 예컨대 아틸라 재위때 만들어진 것으로 보이는 화려한 전사의 무덤은 다뉴브강 중류 루기부의 영토가 된 지역에서 발견되었다. 루기 및 그 이웃인 투링기와

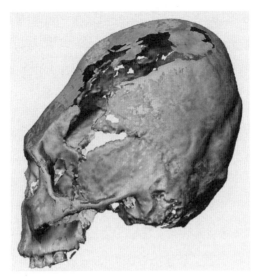

훈의 편두 인골 복원도 (피터 메이올 제공)

랑고바르드의 엘리트층 사이에서 편두 풍습이 있었다는 사실은 유명하다. 그보다 긴 시간 동안 훈의 지배를 받은 더 동쪽에 있는 고트나 게피드에서는 훈식 편두 풍습이 더 강하게 나타났는데[104] 이는 앞서 논의했던 아르다리크나 발라메르의 경우와 같이 강력한 훈적 요소가 이들 부락의 지배 엘리트층 내에 존재했음을 방증한다.

서쪽의 부락들 사이에서 훈의 영향은 프랑크의 킬데리쿠스가 망명한 투링기에서 특히 두드러지게 나타난 것으로 보인다. 투링기인에 대한 훈의 영향력은 만연하였고 그저 지나가는 현상과는 거리가 멀었다. 이는 편두 풍습에만 국한된 것은 아니었다. 투링기인의 무구나 기마 문화는 훈을 통해 동방의 초원식 풍습을 받아들였음을 분명하게 보여준다.[105] 심지어 편두 풍습은 가장 서쪽으로 나아갔던 부르군트와 같은 게르만계 부락에서도 나타났다. 이는 필시 5세기 중반 훈의 부르군트 지배의 영향에 기인했을 것이다.[106] 그것이 아니라면 또한 편두 풍습이 존재했던 알란(가능성은 낮지만)이나 훈의 관행을 받아들인 고트를 통해 도입되었을 것이다.

편두 풍습이 유럽에 처음 등장한 것은 훈의 침공 이전에 사르마트와 알란을 통해서였던 것으로 보인다. 그러나 이 관습이 크게 퍼져 나간 것은 4세기와 5세기 훈의 정복으로 인한 것임이 분명하며, 훈식 내륙아시아 영향의 범위는 이 기묘한 풍습이 5세기의 유럽 대륙 전체에 퍼져나간 것에서 추정할 수 있다. 그러나 중세 유럽의 예술과 물질문화에 대한 훈의 영향을 전반적으로 검토하는 일에는, 일부 예술과 물질문화의 기원과 성격을 유라시아의 혼합으로 여기기보다는 단순히 '게르만계' 또는 '다뉴브계'라고 딱지를 붙인 데서 기인한 혼동으로 인해 어려움이 많다.

유라시아 대륙에서 지리적으로 유럽과 아시아가 별도로 분리되어 있었다는 고고학적 근거는 없다. 유럽과 아시아를 각기 다른 두 대륙으로 처음 인식했던 그리스인들 사이에서도 유라시아 상부의 초원은 유럽의 지리적 단위로 여겨졌고, 아시아가 아니라 유럽 대륙의 일부 지방에 포함되었다. 물론 지금에 와서는 유라시아 남서부(서아시아 또는 '근동')를 유라시아 상부의 초원과 분리하여 아시아로 부른 그리스인들의 지리관이 잘못된 지식에 기반했던 것임이 잘 알려져 있다. 유럽과 아시아에 대한 선입견을 버려야만 유럽에서 훈 제국이 성립하여 그 지역에 미친 내륙아시아적 영향을 총체적으로 이해할 수 있다.

훈의 문화적 영향을 정확히 분석하기 위해서는 유라시아 초원을 통해 내륙아시아의 물질문화 및 예술적 영향이 훈이 도래하기 수천 년 전부터 이미 유럽에 스며들고 있었다는 사실도 인식해야 한다. 헝가리부터 우크라이나까지 유럽 남동부 대부분은 서기전 1000년대 전반기에 오늘날 카자흐스탄에서 발원한 이란계 언어를 사용하던 스키트에게 정복당했다. 스키트인들은 후일 훈이 알란과 고트를 격파하고 유럽에 진입하기 시작했던 곳과 정확히 같은 내륙아시아의 지점에서 나타난 것이다.[107] 중부 유럽으로 처음 진입한 스키트인들은 사실상 후대의 훈과 아바르, 몽골의 전임자나 다름없었다. 내륙아시아의 모든 계승자들과 마찬가지로 스키트는 유럽에 중대한 문화적 충격을 남겼는데, 이는 켈트 예술에 대한 스키트 예술의 영향에서 분명히 드러난다.[108]

결국 내륙아시아 문화 요소들은 훈이 도래하기 한참 전부터 유럽 중부, 심지어 유럽 서부에서도 얼마간 예술 전통에 깊숙이 뿌리박힌 상태였다. 스키트 시대에 이은 사르마트-알란 시대, 특히 서기 3세기에 동부 초원식 모티프와 예술 양식은 유라시아 서부 초원의 예술에 큰 영향을 미치기 시작했다. 이를 확인할 수 있는 가장 극명한 사례는 세칭 '사르마트식' 황금 디아뎀diadem[머리 장식] 디자인이다. 황금 디아뎀은 그보다 훨씬 이른 시기부터 동부 초원에서 생산된 것으로 확인되었다. 초기 사카-훈식 디아뎀은 카자흐스탄 동부 발하슈호 인근 카나타스에서 발견되었는데, 그보다 나중에 만들어진 '사르마트식' 디아뎀과 같거나 비슷한 양식이었다.[109] 물론 이 지역은 유럽 훈의 원주지와 아주 가까운 곳인데, 사르마트 지역에서 발견된 디아뎀이나 카자흐스탄에서 나온 더 이전의 표본과 매우 유사한 유물이 헝가리에서도 발굴되었다.

초원을 넘나드는 영향력은 대개 상호적으로 이루어졌고 그 결과 서기 4세기와 5세기가 되면 특히 서쪽에서 훈과 사르마트를 고고학적으로 구분하는 일이 거의 불가능해지는데, 이는 두 집단의 오랜 접촉으로 물질문화가 매우 유사해졌기 때문이다. 사르마트 문화와 훈 문화 요소의 융합은 이미 훈이 유럽에 진입하기 거의 5세기 전인 서기전 마지막 세기에 유럽 훈의 고향인 알타이 지방에서 확인할 수 있다.[110] 그 뒤에 훈과 다른 오구르 튀르크계 사람들은 서기 4세기 이전에 카자흐스탄과 중앙아시아 북부에서 이란계 사람들과 광범위하게 섞여 들어가며, 서로에게 영향을 주고 받았다. 훈의 문화와 예술은 요컨대 이미 혼종이었고, 강렬한 이란적(사르마트-알란적) 흥취를 지니고 있었으며, 그 반대도 마찬가지였다.

따라서 훈 제국기 서부 초원과 유럽 중부의 유물들에 대해 '종족'적으로 훈의 것 또는 사르마트의 것으로 분류하기에 앞서 이러한 혼종성을 염두에 두어야 하는 것이다. 예술품은 특정 종족체가 아니라 넓은 의미에서 초원 지대의 문화에 속하기에, 애초에 지정 행위 자체에 오류가 있는 것이다. 그러나 훈이라는 이름은 서기 4세기와 5세기 서부 초원 지대의 모든 주민을 포괄하는 정치적 명칭인 동시에 문화적 명칭이기도 하기 때문에, 굳이 분류를 해야 한다면 훈 제국 예술이라 표현하는 쪽이 옳다. 동부 초원의 영향은 동방의 훈이 서부 초원에서 중앙아시아의 사르마트-알란 문화에 노출되는 과정에서 오랜 융합을 거쳤기 때문에 훈이 실제로 도래하기 이전부터 서부 초원

지대에 이미 출현한 상태였다. 동시에 서기 3세기와 4세기에 이 모든 문화는 사르마트의 문화적 영향력을 흡수한, 흔히 동게르만 예술로 알려진 것에도 영향을 주었다.

앞서 언급한 황금 '사르마트식' 디아뎀은 명백히 그보다 앞선 시점에 출현한 동부 디아뎀의 영향을 받아, 진주와 석류석, 자수정으로 장식되었는데, 이 양식은 중세 초기 '게르만식' 예술품의 전형이 되었다.[111] 사르마트 디아뎀의 위쪽 가장자리에는 사슴과 나무 문양이 있는데, 이는 동부 초원 예술의 향취와 장식을 반영한다.[112] 디아뎀의 동물 디자인에서 넓적다리 부분은 진주 모양의 홈이 파져 귀금속을 장식할 수 있게 되어 있다. 이는 과거 시베리아, 특히 옛 훈/흉노의 동부 영토였던 몽골 북쪽의 바이칼호 지역에서 발견된, 귀금속으로 장식된 은제 허리띠 등의 유물에서도 공통적으로 나타나는 양식이다.[113] 마찬가지로 썰매 모양의 칼집 장식 또는 고리 모양의 칼자루 등 서기 3세기 사르마트의 유물들 역시 동부 초원에 원형을 두고 있다.[114]

동부 초원에서 발생한 이러한 예술적 영향력은 서기 4세기에 흥미로운 방향으로 발전했다. 동쪽으로는 몽골고원의 오르도스 지방부터 서쪽으로는 알란과 고트 지역까지 초원 전체가 일정 정도 예술적 단일성을 띠게 된 것이다.[115] 이 단일성과 훈계 집단들이 초원을 넘나들며 확장한 시기에 함께 일어난 흐름은 단순한 우연으로 볼 수 없다. 서부에 대한 동부 초원의 문화적 영향력은 4세기 훈의 침공에 앞서서 시작되었지만, 이후 5세기에 훈이 서부 초원을 통일하고 유럽 대부분을 손아귀에 넣으면서 편만遍滿한 정도에 이르게 된다.[116] 5세기에 훈이 지배한 유럽에서는 다뉴브 지방을 중심으로 훈과 알란,

게르만, 로마식 양식과 모티프가 뒤섞인 세계적인 예술 양식이 탄생했다.[117]

　이러한 훈 제국의 혼종적 문화가 후대의 '게르만' 유럽 전체에 영향을 주었고, 이러한 예술 양식을 단순히 '게르만 양식' 또는 '다뉴브 양식'이라 이름 붙일 수는 없는 것이다. 그것은 게르만식과 로마식 특징만큼이나 훈과 내륙아시아식의 특징을 가지고 있다. 종족 구분과 관계없이 훈 제국의 모든 복속 집단들은 훈 제국의 예술을 공유했다. 다뉴브 양식의 '고트식' 브로치부터 무기와 귀耳 모양으로 장식된 '롱고바르드식' 거울까지, 모든 것이 동부 초원의 영향력을 강하게 보여주고 있으며, 마찬가지로 '다뉴브' 양식으로 분류되는 '프랑크-부르군트식' 의복[118] 역시 훈 제국이 서방에 미친 막대한 문화적 영향력을 보여준다. 훈의 정복은 예술 분야에서 새로운 미학의 승리를 가져와 서유럽 예술이 그리스·로마의 전입자들에게서 동방(초원과 이란 세계)의 예술 양식과 흥취로 돌아서는 계기가 되었다.[119]

　일반적으로 '고트식', '게르만식', '중세 초기', '다뉴브식' 등으로 칭해지는 예술 양식은 요컨대 사실은 이미 존재했던 동부 초원의 예술 양식이 훈과 알란 등 여러 사르마트계 사람들을 통해 유럽에 전해진 바가 후대에 나타났던 것이다. 분명 게르만계 장인들은 훈인 및 알란인, 어쩌면 그리스·로마인과 함께 '다뉴브식' 예술 작품을 생산하는 데 관련이 있었을 것이다. 훈 국가의 이질적이고 혼종적인 특성은 이러한 공동 작업을 가능케 하고 마찬가지로 혼종적인 예술 양식의 탄생을 촉진시켰다. 따라서 훈이라는 용어를 단지 저 유명한 훈식 청동 가마솥과 훈식 안장 같은 일부 전형적인 '훈식' 무구만을 지칭하는 데 사용하는 경향은 잘못된 것이다. 검이나 유리제품의 보석, 브로치, 걸쇠, 구멍이 뚫린 수대綬帶판, 동물 머리 모양으로 장식된 핀 등모든 유물은 훈 시대 유럽에서 풍부하게 발견되며, 훈식 청동 가마솥같은 두드러지는 유물과 마찬가지로 훈식 또는 훈식의 영향을 받은중세 초기 유럽 예술의 특징이 되었다.

따라서 훈이 동게르만/고트 문화와 예술에 준 영향이 미미하다는 가설은 정당화할 수 없고 이해하기 어렵다. 전통적으로 게르만 문화는 훈 지배의 영향을 거의 받지 않았다고 여겨져 왔는데, '원시적'인 훈인들에게는 공유할 만한 문화나 예술이 존재하지 않았고, 따라서 그들이 유럽에 진입한 이후 '고트식' 문화와 관습을 채용해야만했다는 것이다. 앞서 반복해서 논의했다시피 '원시적'이라거나, '가공되지 않았다'거나, '예술이 존재하지 않는' 훈 사회라는 개념을 지지해주는 문헌 사료나 고고학적 자료는 존재하지 않는다. 중앙아시아예술 연구자나 중앙아시아를 잘 알고 있는 고고학자들 가운데 '원시적인' 훈 사회라는 정의를 받아들일 사람은 없다. 오히려 중앙아시아, 더 나아가 내륙아시아의 고고학은 게르만 시대 유럽의 예술과 물질문화가 초원의 예술과 물질문화에 크게 영향을 받았다는 분명한 증거를 제시하고 있다.

다뉴브 지방에 남아 있는 고고학적 유물들을 훈식 또는 알란식(즉 내륙아시아식)과 고트-게르만식을 구분하는 데 있어서 발생하는어려움은 자주 주장되는 바와 달리 훈의 '게르만화' 때문이 아니라(훈 사람들은 게르만 문화와 관행에 얼마간 적응하는 정도로 보는 쪽이 합당하겠지만), 훈 제국의 게르만계 신민들이 훈과 다른 내륙아시아 영향을 받았기 때문이 더 크다.[120] 예를 들자면, '게르만식' 브로치를 떠올리게 하는 훈식 가마솥이나 버섯 모양의 장식 요소와 같은 정교한 디자인은 아주 최근까지 훈에 대한 게르만의 영향으로 추정되었다. 그러나 에르지가 지적하였듯, 바이칼과 알타이, 우랄 지역 등 내륙아시아에서 나오는 증거들은 이 예술 양식이 훨씬 이전에 동쪽에서 발전하고 있었으며, 훈에 대한 게르만의 영향이 아니라는 사실을 매우 명백하게 보여주고 있다.[121] 소위 프랑스나 스페인, 중부 유럽에서 발견되는 판 브로치는 종래 별다른 증거 없이 '고트식'으로 여겨졌지만, 대개 고트식이 아니라 알란식 또는 알란-고트 혼종 문화에 기원을 두고 있다.[122]

프랑스 전역(특히 오를레앙과 아르모리카, 갈리아 남부)에서 발견된 유물 134개 중 일부, 대부분 6세기와 7세기의 허리띠 버클에서 보이는 소위 아퀴텐식 장식 양식 또한 훈-알란에서 유래한 중앙아시아 모티프를 나타내고 있다.[123] 아주 유사한 동물 장식이 헝가리와 우크라이나의 훈 제국 통치 영역에서 발견된다. 더 흥미로운 점은 7세기에도 이와 아주 유사한, 튀르크식으로 장식된 허리띠가 이라크부터 중국까지 방대한 지역에 퍼져 있었다는 사실이다. 당나라의 중국에서는 심지어 중국 의복마저 초원의 영향을 받아 크게 바뀌었다. 요컨대 초원식 무구와 장식, 의복 양식은 중세 초기 유라시아 전역의 정주 문화들에서 모방되었다.

중세 초기 게르만 예술의 특징 가운데 하나인 장신구와 무기를 귀금속으로 장식하는 다채 장식(클루아조네cloisonné) 양식의 확산 역시 초원에서 기원했다.[124] 클루아조네 양식의 유물은 이르면 서기전

1000년대 말기에 훈의 고향인 알타이 지방에서 나타났고[125] 또한 유사한 다채 장식 양식이 서기 1세기 알란에서도 발견되었다. 서기 3세기에 제작된 진주 등의 귀금속을 클루아조네 기술을 이용해 장식한 귀걸이는 내륙아시아 투르크메니스탄의 우즈보이 지방에서 발견되었다.[126] 덧붙여 서기 1세기의 여러 색으로 치장된 사르마트식 황금 디아뎀이 호흐라크-노보체르카스크Khokhlach-Novocherkassk 고분에서 나왔다.[127]

이 모든 사례들은 당연하게도 4세기 게르만식 다채 장식 양식 예술의 첫 사례들보다 앞선 것이다. 이 아주 독특한 중앙아시아 예술의 다채 장식 양식은 5세기 메로베우스 왕조의 왕 킬데리쿠스의 무덤이나 같은 시기 알레만니와 게피드, 투링기 유물에서 찾을 수 있는데, 이 모든 것은 훈과 여타 내륙아시아의 영향을 보여주는 부정할 수 없는 증거물이다. 킬데리쿠스의 무덤에서 확인되는, 프랑크나 다른 종족들이 채용한 다뉴브 훈식 매장 의례는 훈 제국 전임자들과 연결되려는 그들의 욕망을 보여준다. 마찬가지로 지도자를 장대하게 '다뉴브'식으로 매장하는 관행 역시 훈식을 따른 것으로, 이어지는 서기 6세기에 서유럽 전체로 퍼져나갔다. 놀라울 것도 없이 이 초원 예술의 영향을 받은 서기 5세기 다채 장식 유물들 가운데 가장 상등품은 훈 제국의 핵심 영토인 다뉴브강 하류 지역에서 생산되었다.

요컨대 게르만계 종족들이 초원 또는 초원에서 영감을 받은 예술을 수용하기 시작한 시점은 훈이 도래하기 이전이었으나, 훈의 정복으로 크게 가속화되었고, 이 훈의 '다뉴브식' 미술은 북쪽으로는 스칸디나비아, 서쪽으로는 갈리아와 스페인까지 퍼져나갔다. 따라서 훈과 알란이 유럽에 도입한 것에는 새로운 정치 문화뿐만 아니라, 새로운 이미지와 예술 양식, 모티프, 귀족적 가치가 포함되었고, 이들은 '유럽' 사회를 근본부터 변화시켰다. 중세라 불리는 시대는 훈과 알란에서 시작된 것으로, 마찬가지로 장엄하기 그지없던 이전의 로마 제국 문화와는 달랐다.

맺음말

흉노/훈은 유라시아적 현상이었다. 따라서 이들의 역사는 유라시아적 시각 없이는 완벽하게 이해할 수 없다. 훈계 집단은 넓은 유라시아 대륙의 거의 모든 지역에 제국이나 국가 수준의 정치체를 건설했다. 훈 집단은 고향 내륙아시아에서 처음으로 서쪽으로 카자흐스탄에서 동쪽으로 만주까지, 방대한 지역에서 오랜 기간 지속될 흉노-훈 제국을 세웠다. 이 가공할 내륙아시아 제국은 중국의 전능해 보이던 한 제국을 복속시켜 공물을 받아냈는데, 이 시점에서 이들이 유라시아 대륙 전체에서 가장 강력한 군사력을 보유했다 해도 과언이 아닐 것이다. 흉노 국가의 해체 이후 훈 집단은 크게 두 지파, 북흉노와 남흉노로 나뉘었다. 남흉노는 한나라의 이민족 동맹/속국이 되어 중국으로 이주했고, 서기 311년에 결국 중국을 전복시켰다. 이는 약 150년 후인 서기 476년에 훈·고트 잔존 세력이 서로마 제국을 전복시켰던 것과 같은 방식이었다. 남흉노-훈의 중국 정복은 300여년에 이르는 내륙아시아의 중국 지배를 예고하는 사건이었다. 이 시기 중국 문명은 수많은 내륙아시아의 영향에 노출되었고, 내륙아시아 태생의 중국 수당 왕조는 이를 독특한 문화적 성격을 유지하는 기반으로 삼았다.

서기 2세기와 3세기 알타이 지역에 머무르던 북흉노는 서기 4세기에 이곳을 떠나 서부 유라시아에 정복자로 등장했다. 이 알타이의 북흉노는 4세기 이후 여러 집단으로 나뉘었는데, 이들이 서로 신속 관계를 맺었던 것 같지는 않다. 열반悅般, 즉 '약한' 훈 집단은 '강한' 훈 집단이 떠난 뒤에도 오늘날 카자흐스탄 동부에 해당하는 제티수 지역에 인접한 알타이 지역에 남아 과거의 오손 인구를 대체했다. 흉노의 후예였던 이 훈 집단을 중국의 사가들은 '호胡' 가운데 가장 문명화된 이들이라 기록했는데, 5세기 몽골고원에 성립한 더 강력한 제국인 유연(아바르?)에 의해 멸망했다.

더 서쪽으로 떠난 '강한' 훈 집단은 다시 두 개 집단, 중앙아시아 남부의 소위 백훈 집단(또는 서훈 집단)과 유럽의 훈 집단으로 나뉘었다. 키다라 왕조의 지배 아래 백훈 집단은 중앙아시아로 진입, 강거를 정복하고 사산 제국에게서 옛 쿠샨 제국의 영토였던 이란 동부와 아프가니스탄을 빼앗았다. 이후 5세기 중반 유연의 지원을 받은 새로운 왕조인 에프탈 왕조가 백훈 집단을 장악하여 키다라 왕조를 대체했다. 이 에프탈 왕조는 키다라 왕조를 제거한 뒤 사산 왕조 페르시아는 속국으로 만들고, 굽타 왕조 인도에서는 영토 다수를 빼앗았다. 이란과 인도에서 훈 집단은 깊은 영향을 남겼다. 이란에서 훈 제국의 정복은 사산 왕조의 민족국가사, 즉 가짜 역사를 만들게끔 했고, 이는 중세 이민족의 지배 과정에서도 이란 정체성이 보존되는 기반이 되었다. 인도에서 인도화된 훈 집단은 아랍 침공과 이슬람의 확장을 400년 가까이 격퇴하여 힌두 종교와 생활 방식의 방파제가 되었다.

마지막으로 유럽으로 간 훈 집단은 회오리 바람과 같이 유럽에 나타나 앞에 놓인 모든 존재를 정복했다. 그들은 우선 동유럽의 알란 종족과 고트 종족을 정복했다. 이후 이들은 '스키트'와 '게르마니아'를 모두 정복하고 양 로마 제국을 복속시키고 공물을 받음으로써 유럽의 정치적 지형을 근본적으로 뒤흔들었다. 이들의 대두와 서로마 제국의 해체는 새로운 종류의 유럽, 즉 '중세 유럽'의 시작을 알렸다. 요컨대 훈 집단의 영향력과 지리적 범위, 그리고 정복은 진정한 유라시아적 현상이었다. 이들은 도달한 모든 곳에 매우 혼종적인 내륙아시아 문화를 도입했고, 방대한 인구의 문화와 운명을 급진적으로 바꾸었다.

유라시아의 훈 집단들은 하나의 인종도, 엄밀히 말해 종족 집단도 아니었다. 훈이라는 이름은 내륙아시아 제국 통치의 개념을 일컫는 것이었다. 이 이름은 제국 또는 제국에 가까운 영역을 지배하는 초기 국가를 가리키는 말로 사용되었다. 동쪽과 서쪽을 막론하고 훈의 통치자들은 혼종적 엘리트로 다양한 언어를 사용했고 그 정체성과 종족적 배경도 다층적이었다. 서방에서 이들의 주요 언어와 종족적 핵심은 오구르 튀르크였으나, 이 핵심 요소는 튀르크계 훈인들 못지않게 훈 국가의 몸체를 구성했던 상당한 규모의 이란과 게르만계 하위집단들과 공존했다.

과거의 문헌과 심지어 일부 현대 문헌에서도 보이는, 유목민 야만족이 원시적인 무리였다는 상과 반대로 훈계 집단들은 정치적으로 세련된 존재였고, 아주 잘 조직되었으며, 군사적으로도 서방과 동방의 적수들을 압도했다. 이들은 후일 '봉건제' 또는 원봉건제으로 불리게 될 통치 체제, 새로운 정부 구조를 유럽에 소개했다. 유럽의 게르만계 종족들은 유럽으로 훈 집단이 가져온, 훈 집단을 비롯 다른 내륙아시아인들이 발달시킨 계층 체제, 즉 대왕supreme king과 제왕sub-king들, 군사귀족들이 주재하는 '공동통치'라는 체제를 채용했다. 중세 전쟁의 특징인 중무장한 기사들로 구성된 기병대 중심의 새로운 기동 전쟁 방식과, 군사화된 중세 엘리트에 스며든 기사도적 가치관 역시 훈을 위시한 내륙아시아의 지배와 영향력에 말미암은 것이었다.

중세 초기 유럽의 새로운 통치자들 역시 대다수가 훈 집단에서 기원했거나, 훈 제국의 속신 출신이었다. 훈 출신의 통치자로는 이탈리아 최초의 야만족 왕이자 에데코의 아들인 오도아케르와 이탈리아에서 오도아케르를 대체한 이탈리아 오스트로고트 왕국의 테오도리크 대왕, 테오도리크의 아버지 또는 삼촌으로 '훈의 왕'이자 오스트로고트의 태조 발라메르, 게피드의 왕 아르다리크 등이 있다. 훈에서 기원하지는 않았으나 훈 제국의 속신에서 출발한 통치자로는 훈의 비오마두스에 의해 프랑크의 왕으로 즉위할 수 있었던 킬데리쿠스, 아이러니하지만, 로물루스 아우구스툴루스(서로마 제국의 마지막 통치자)의 아버지로 아틸라의 비서를 지낸 오레스테스가 있다.

서방의 다른 게르만계 왕들 또한 마찬가지로 내륙아시아 사람들의 영향을 짙게 받았다. 북아프리카의 반달 왕국은 게르만계 반달인 못지않게 많은 내륙아시아인, 즉 알란 요소를 지니고 있었다. 스페인과 프랑스 남부에 왕국을 세운 비시고트인 또한 내륙아시아의 문화와 정치의 영향을 받았다. 훈과 알란의 예술 및 물질문화 또한 게르만계 서유럽 왕국들에 충격을 주어 현재 '중세 초기 양식'이나 '다뉴브 양식'이라 부르는 혼성적이고 혼종적인 예술 사조의 탄생을 이끌었다.

마지막으로, 훈 사람들은 서부 유라시아에 진정한 의미의 지정학적 혁명을 야기했다. 유라시아의 서쪽 가장자리는 훈 제국의 정복 이후 불가역적으로 지중해 연안에서 분리되었다. 이것이 지중해의 패권에서 완전히 자유로워진, 서유럽의 독특한 세계라 할 수 있는 오늘날 '서구 세계'의 출현으로 이어졌다. 이 새 유럽의 정치·문화적 기풍은 내륙아시아의 훈/알란과 지중해의 그리스·로마, 게르만, 근동의 유대·기독교 전통과 문화가 복잡하게 뒤섞인 것이었다. 훈 사람들은 서로마 제국을 멸망시킴으로써 서유럽 정체성의 탄생을 견인했다. 훈 제국의 대두는 또한 이후 1000년간 이어질 내륙아시아의 세계 패권 독점의 시작점으로, 짧막한 막간극을 거쳐 초기 근대 서유럽 열강의 대두까지 이어졌다.

요컨대 훈 집단은 근대 세계까지 이어질 유산을 남겼고, 유라시아 전역에 걸쳐 고대 세계의 외양을 급진적으로 바꾸어놓았다. 훈과 내륙아시아의 역사는 세계사 이해에 있어 매우 중요하다. 이제 훈을 비롯한 내륙아시아인들은 인류사에서 세상을 바꾼 위대한 고대 문명 중 하나로 응당 위치할 때가 되었다.

감사의 말

이 책을 학문의 길을 걷는 동안 지지와 지원을 아끼지 않아준 부모님을 비롯한 가족에게 바친다.

또한 내륙아시아학의 카간인 피터 골든 교수께도 각별한 감사의 말을 전하고 싶다. 그의 훌륭한 연구와 통찰력 넘치는 조언, 탁월한 학문적 지식은 모든 측면에서 내가 가진 부족함을 일깨워주었다. 미래에 흉노/훈의 역사를 알려줄 결정적이면서도 학문적 권위가 있는 역사서를 적어줄 또 다른 피터 골든이 필요함은 명백하다. 이렇게 위대한 학자가 다시 한 번 나타나기 어렵다는 점을 감안하면 현실성이 없는 바람이라는 사실이 안타까울 뿐이다.

당연하지만, 이 책의 모든 주장과 있을지 모를 오류는 모두 나의 허물이다.

학은學恩을 베풀어준 새뮤얼 리우Samuel Lieu 교수께도 감사하다는 말을 전한다. 아울러 오랜 친구이자 지도교수로서 종족성에 대한 연구에 있어 지도 편달에 힘써준 티모시 루드Timothy Rood 박사께도 감사하다.

이 책을 쓰는 과정에서 나의 친우이자 형제 셀림 아달르Selim Adalı 박사가 건넨 조언, 제안, 검토에도 특별히 감사의 말씀 바친다.

백훈 제국에 대한 조언을 아끼지 않은 에티엔 드 라 베시에르 교수께 감사드린다. 리처드 페인Richard Payne 교수의 강평도 큰 도움이 되었다.

개인적으로 아는 분은 아니지만 피터 히더 교수께도 감사의 말씀 올리고 싶다. 히더 교수는 흉노/훈에 대한 전작을 꼼꼼히 비평해 주었다. 뿐만 아니라 그의 선구적 연구는 고대 후기에 대한 나의 이해에서 큰 비중을 차지하고 있다.

흉노/훈에 대한 전작을 비평해 준 여러 논평가에게도 감사하다고 말하고 싶다. 동의하는 부분도 있고 결코 인정할 수 없는 것도 있었지만 어느 쪽이든 유익했다.

서로의 연구에 대해 함께 논쟁하고 조언한 티보르 셰퍼Tibor Schäfer 박사께도 감사하다.

책에 사용된 지도를 그리는 데 도움을 준 미셸 네구스 클리어리 Michelle Negus Cleary 박사께도 감사의 말을 전한다.

흉노 유물의 도판을 제공해준 우르줄라 브로세더 교수께도 감사하다.

쿠샨 주화 도판을 제공해준 아쉬몰리안 박물관의 수잔 워커Susan Walker 박사와 샤일렌드라 반다레Shailendra Bhandare 박사께도 고맙다.

훈 편두 고인골 복원도를 제공해주신 피터 메이올Peter Mayall 선생께도 감사하다.

지금껏 방문한 나라들 가운데 가장 아름다운 곳인 헝가리에서 지내는 동안 살펴준 헝가리 중부유럽대학 가족들에게도 감사의 말을 전한다. 친절히 연구 의지를 북돋아준 헝가리의 많은 독자들께도 감사드린다.

마지막으로 멜버른대학의 동료들이 보내준 지원, 우정, 협력에도 감사하다. 2년이라는 기간 동안 흉노/훈에 대한 책을 두 권이나 집필할 수 있었던 것은 오롯이 이들 덕분이다.

프레데릭 베르바에Frederik Vervaet 박사, 제임스 총고사드James H.K.O. Chong-Gossard 박사, 루이스 히치콕Louise Hitchcock 교수, 안토니오 사고나 Antonio Sagona 교수, 고차 체츠흘라드제Gocha Tsetskhladze 교수, 앤드류 자이메슨Andrew Jamieson 박사 등 특히 고전·고고학 분야의 동료들에게 특별히 감사드린다. 아울러 안토니아 파나네Antonia Finnane 교수, 마가렛 카메론Margaret Cameron 교수(멜버른대학 역사·철학대학 학장) 등 멜버른대학 역사·철학대학의 동료들께도 감사의 인사 올린다.

창피한 이야기지만 흉노/훈에 대한 관심은 신라가 흉노의 후예였다고 주장한 '사이비 역사학'에서 시작되었다. 중학생 시절 읽은 한스 크리스티안 후프의 《역사의 비밀》(2000)의 마지막 장 '유럽을 강타한 훈족'은 기억에 선명하게 남았다. 이 장에서는 신라·가야와, '훈족'의 유물·유적·문화를 비교한 끝에 '훈족'이 아시아의 최동단, 즉 한반도에 존재한 신라·가야 등과 '흉노족'이라는 원류를 공유했을 가능성이 높다고 주장했다. 지금 생각해보면 허무맹랑한 이야기이지만 어릴 적에 나는 이를 굉장히 진지하게 받아들였다.

물론 이렇게 말하지 않아도 흉노는 한반도의 역사와 굉장히 관련이 깊은 존재다. 《한서漢書》에 있는 "효무황제가 (…) 동쪽으로 조선을 쳐서 현도·낙랑을 세워 흉노의 왼팔을 끊었다. 서쪽으로 대완을 치고 36개 나라를 병합하여 오손을 강화하고 돈황·주천·장액을 세워 야강을 막아 흉노의 오른팔을 찢었다. 선우單于는 고립되어 멀리 막북으로 도망쳤다.孝武皇帝 (…) 東伐朝鮮, 起玄菟·樂浪, 以斷匈奴之左臂; 西伐大宛, 並三十六國, 結

烏孫, 起敦煌·酒泉·張掖, 以鬲婼羌, 裂匈奴之右肩. 單于孤特, 遠遁于幕北"(《위현전韋賢傳》,
권73, 2913쪽)는 내용이 이를 잘 말해준다. 즉 한반도 최초의 국가인
고조선의 멸망은 한과 흉노의 전쟁이라는 맥락 속에서도 중요성을
가진 사건이었던 것이다. 아울러 최근에는 흉노와 고대 한반도 사이
의 관계가 매우 깊었음을 보여주는 고고학적 연구도 나오고 있다.

그러니 흉노에 대한 국내 연구는 내용의 질이 굉장히 높은 게 자
연스러운 일이라 할 수 있다. 책으로 출판된 경우만 꼽아보아도 사와
다 이사오의《흉노》(2007)와 정재훈의《흉노 유목제국사》(2023)가 있
는데, 두 책 모두 학술적인 가치가 매우 높다. 사와다 이사오의 책은
일본에서도 거의 처음으로 나온 흉노 역사 개설서로, 일본의 몽골사
연구자 스기야마 마사아키杉山正明도 극찬할 정도였다. 흉노에 대한
모든 연구를 섭렵한 게 아니라 조심스럽지만, 정재훈의 책은 동유라
시아에서 활약한 흉노 제국의 역사에 대해 다룬 연구들 가운데 밀도
로 보나 깊이로 보나 세계에 자랑할 만한 성과라고 생각한다. 두 책
을 비롯한 선학들의 연구가 없었다면 나는《흉노와 훈》을 번역할 수
없었을 것이다. 또 이 책에는 인용문이 다수 존재하는데, 한국어판에
서는 이미 한국어로 번역된 자료가 존재하는 경우 가급적 이를 인용
한 이유도 바로 여기에 있다. 참고한 부분을 옮긴이 주 등에서 모두
적시해야 했으나 개설서 번역이라는 성격상 그러지 못해 송구스러울
따름이다.

그런데 흉노에 관한 종래 연구들은 흉노가 서천西遷한 이후의 역
사에 대해서는 거의 관심을 두지 않는다는 한계를 가지고 있다. 인쇄

물로 직접 확인하지 못했지만, 2008년《주간조선》에서 연재되었다고 하는 〈김호동 교수의 중앙유라시아 역사 기행 5: 흉노와 훈족, 민족 대이동의 시대〉에 따르면 이 시점에서 이미 아틸라로 대표되는 훈 제국의 기원이 동유라시아 초원지대의 흉노 제국에 있다는 설은 대체적으로 인정받고 있었다고 한다. 이를 고려하면 동유라시아의 흉노, 중앙유라시아의 키다라–에프탈, 서유라시아의 훈을 완전히 별도의 존재로만 인식·서술할 경우 흉노/훈 계통의 여러 세력이 고대 후기 유라시아 각지에서 불러일으킨 변화를 하나의 전체로 인지할 수 없게 된다.

요컨대 흉노/훈의 역사 연구에 있어서도 몽골 제국사 연구와 마찬가지로 일종의 '전체적 관점'이 필요한데, 김현진은 이 책을 통해 처음으로 개설서 형태로 서술해냈다. 서양고전학 전공인 김현진이 이런 내용의 책을 집필했다고 하면 의아할 수 있지만, 그의 배경과 경력을 고려하면 그리 놀랍지 않다. 그는 서울에서 태어나 뉴질랜드에서 성장하여 서구 문화와 동아시아 문화, 양쪽 모두에 익숙했다.

김현진은《흉노와 훈》을 통해 크게 두 가지를 입증하고자 했다. 첫째, 흉노/훈 계통 세력의 역사를 전체 유라시아를 바탕으로 연구할 수 있고, 그렇게 할 때 획득할 수 있는 이점이 존재한다. 둘째, 흉노/훈, 더 나아가 세칭 '유목제국'에 대한 정주세계의 단편적인 상은 교정이 필요하며, 실제로 흉노/훈 계통 세력들이 유라시아에 남긴 유산은 부정적인 것만이 아니었다. 결과를 먼저 말하자면, 김현진은 두 가지 목표를 탁월하게 성취했고, 이 책은 흉노/훈 역사 연구에서 중요한 분수령이 되리라고 생각한다.

이 책은 머리말과 맺음말, 그리고 8개 장으로 구성된다. 머리말에서는 흉노/훈의 고향인 내륙아시아의 환경과 사회에 관한 내용인데, 흉노/훈을 ○○족族이라고 하는 민족/종족의 개념으로 받아들여서 안 된다는 점과 흉노와 훈이 사실은 같은 명칭이라는 점이 가장 중요한 내용이다. 1장은 동유라시아 북부에 근거지를 둔 흉노 제국의 정치 구조와 역사, 동유라시아에 남긴 유산에 대해 다룬다. 흉노 제국의 정치구조는 일종의 준봉건제準封建制, quasi-feudal로, 선우를 정점으로 한 피라미드 모양이었고 이는 위진남북조 시대 북조의 북방계 왕조들을 통해 중화세계에 이식되었다. 2장은 서기 1세기말~2세기초 한 제국에 의해 멸망했다고 알려진 북흉노의 본체가 사실은 알타이 지방으로 들어가 웅거하며 3세기와 4세기 중앙아시아·남아시아·유럽 방면으로 이주할 준비를 하고 있었음을 증명하는 내용이다. 3장은 중앙아시아와 남아시아로 진출하고 서아시아를 영향권 아래에 두었던 키다라 왕조와 에프탈 왕조의 백훈 제국에 관한 내용이 나온다. 이들 역시 중앙아시아·남아시아·서아시아에 많은 유산을 남겼다. 예컨대 고대 후기 사산 왕조 페르시아의 '민족사' 형성은 에프탈 왕조의 지배에 대한 반작용이었다. 또한 인도의 라지푸트는 이 시기 인도 방면에 진입한 훈계 집단에 기원하고 있다.

4장부터 8장까지는 유럽 방면으로 진출한 세칭 '아틸라의 훈 제국'에 대한 내용이다. 4장은 훈 제국의 도래 이전 유럽이 여러 세력에 대한 설명에서 시작하여 블레다와 아틸라 집권 이전까지의 훈 제국 정치사를 거쳐 훈 제국의 정치 구조에 대해 논의하는 내용으로 마무리된다. 저자는 특히 훈 제국이 멀리 유럽까지 이동했음에도 기본적으로는 흉노 제국 이래의 정치 구조를 유지하고 있음을 강조한다.

5장은 아틸라 집권기 훈 제국의 정치사를 서술하고 있는데, 아틸라의 서로마 제국 원정이 호노리아로 인해 촉발되었다거나 카탈라우눔/샬롱 전투의 승자가 로마-비시고트 연합군이라는 인식이 로마와 비시고트 측의 프로파간다임을 지적한다. 6장은 아틸라 사후 훈 제국의 해체에 대해 논의하고 있다. 특히 저자는 이 시기 훈 제국의 내란은 복속된 게르만계 '민족'들의 독립이라는 서사와 달리 실제로는 훈 제국에 의해 분봉된 제왕들 사이의 권력투쟁이었음을 입증했다. 7장에서는 아틸라 사후 내전으로 약화된 훈 제국의 본체가 흑해 북안의 초원으로 물러났고, 이후 서구권의 기록에서 나타나는 '오구르'나 '불가르' 등은 이들을 가리키는 또 다른 이름이었다. 8장은 훈 제국이 유럽에 남긴 유산에 대해 논의한다. 특히 저자는 세칭 훈 제국의 '멸망' 이후 유럽에서 활약한 프랑크·비시고트·오스트로고트 등 게르만계 집단은 사실 훈 시대 내륙아시아화된 정치 체제를 받아들였고, 이것이 중세 유럽 봉건제의 기원이 되었다고 주장했다. 마지막 맺음말에서 저자는 앞서 소개한 논의를 다시 정리하며 흉노/훈계 집단과 국가의 역사에 대해 정치한 재평가가 필요함을 강조한다.

이렇게 짧은 소개글만 읽으면 대담하다 싶을 정도인 저자의 주장이 역사학적/사료적 근거를 가지고 있기는 한가 의아함을 느낄 수 있다. 그러나 실제로 이 책을 읽어보면 김현진의 주장이 동서 사료 및 연구의 광범위한 수집과 치밀한 분석에 기초하고 있음을 확인할 수 있다. 예컨대 흉노 제국의 정치 구조가 선우를 정점으로 한 피라미드형 준봉건제였다거나 흉노와 훈이 사실 같은 말을 서로 다른 언어로 옮긴 형태라는 사실, 유럽의 훈 제국이 동유라시아 초원지대의 흉노 제국에서 나왔다는 가설 등은 이미 여러 학자들의 연구에서 입증된 내용으로, 저자 역시 이러한 종래 연구에 기반하여 설명을 전개한다. 그러나 이 책은 종래 연구들을 단순히 묶어 지식들의 덩어리를 분절적으로 전달하는 것을 넘어 이들을 충분히 소화하여 동유라시아의 흉노 제국부터 유럽의 훈 제국까지를 하나의 유라시아적 현상으로 망라하여 바라보는 관점이 가능하고 또 필요함을 설득력 있게 전달하고 있다.

또한 저자는 생경하게 느껴질 수도 있는 최근 중앙유라시아사 연구의 성과를 일반 독자들도 쉽게 이해하도록 평이한 언어로 서술하고 있다. 그렇다고 전문가들의 입장도 배제한 것은 아니어서 각주를 통해 단순히 출처를 제시하는 것을 넘어 그간의 연구 성과나 논쟁도 꼼꼼하게 다루고 있다. 이 책을 접하고 나서 한국어로 옮겨야겠다는 결심을 하게 된 것도 바로 이 특징 때문이다. 따라서 혼자 번역을 진행하고 있던 2020년에 이 책을 튀르키예의 하칸 헤르뎀Hakan Herdem이 현대 튀르키예어로 번역했다는 소식을 들었을 때도 그리 놀라지 않았다. 이로써 이 책이 가진 학문적인 가치와 대중성을 다시 확인하게 된 것이 기뻤을 따름이다. 이 시점에 한국어판을 출간할 출판사를 찾지 못했는데, 왜 좀 더 부지런히 움직이지 않아서 4년이 지난 후에야 출간을 진행할 수 있게 되었는지 아쉬움이 남는다.

이 책을 번역하는 과정에서 여러 귀한 도움을 받았다. 먼저 책의 지은이인 김현진 선생님께 감사의 말씀 올린다. 출판이나 역사 연구와 관련해 어떤 경력도 없던 내가 2021년 8월에 선생님 책의 한국어판을 출간하고 싶다는 메일을 보냈을 때부터 송구스러울 정도로 지원을 아끼지 않으셨다. 원서의 사소한 오류를 몇 가지 지적했을 때 흔쾌히 인정하시고 내가 잡아내지 못한 실수도 아울러 짚어주셨다. 또한 한국외국어대학교 중국연구소의 장수현 선생님께서도 큰 도움을 주셨다. 이 책에서 중화서국中華書局본 "24사二十四史"외에도, 흔히 쓰이지 않는 상무인서관商務印書館의 "백납본 24사縮印百衲本二十四史"등 여러 중국 사료의 원문을 선생님의 도움 덕분에 확인할 수 있었다. 또한 도서출판 책과함께와, 이러저러한 번역의 오류를 바로잡아준 편집자께도 감사의 말씀 드린다. 여러 차례 교정을 거쳤음에도 남아 있을 수 있는 번역의 미흡함은 오롯이 나의 책임이다. 마지막으로 집에 있거나 타지에 있거나 심란한 마음을 달래주고 여러 요구를 들어주며 지원을 아끼지 않은 가족과 친구 들에게 감사 인사 올린다.

내게 있어 흉노/훈에 대한 원초적인 기억은 게임 〈로마: 토탈 워-바바리안 인베이전〉과 〈토탈 워: 아틸라〉의 을씨년스러운 분위기, 즉 '세계의 재앙'으로 남아있다. 아마 비슷한 나이대의, 역사와 게임을 동시에 좋아했던 사람들이 가진 원초적인 기억도 비슷하지 않을까 싶다. 그동안 공부하면서 이런 기억은 낭만의 영역으로 남겨두고 좀 더 '역사적'인 모습을 그리고 소개할 방법을 고민해왔다. 이 책을 통해 고대 후기 유라시아 대륙에서 살아가며 중세 세계를 만들어낸 흉노/훈을 만날 기회를 한국의 독자들도 가지길 바란다.

2024년 2월, 이스탄불에서
최하늘

머리말

1 La Vaissière (2005), 11-15.

2 Pulleyblank (2000a), 60-61에 제시된 음성학적 검증은 유럽의 훈이 흉노와 같은 이름이라는 사실을 확인해준다. Crespigny (1984), 174도 이 사실에 동의한다. 또한 Atwood (2012), 27-52는 현존하는 음성학적 근거를 약간 다르게 활용하였기는 하지만 훈과 흉노가 같은 명칭이라는 결론에 이른 것은 마찬가지이다. 흉노와 훈이 같은 이름이라는 점을 지지하는 음성학 및 기타 근거에 대한 더 자세한 정보는 Wright (1997)와 Hill (2009), 73-74를 참고하라.

3 Hambis (1958), 262; Maenchen-Helfen (1973), 330-1; La Vaissière (2005), 17; Bóna (1991), 140; Érdy (1995), 5-94.

4 Pulleyblank (1962); (2000a), 62-65; Vovin (2000).

5 Benjamin (2007), 49는 흉노가 원뷔르크인Proto-Turks 또는 원몽골인Proto-Mongols이라 보며, 이들이 사용한 언어는 서쪽의 뷔르크계였음이 분명한 정령丁靈과 관련되었다고 보았다.

6 이상 어원에 대한 설명은 Bóna (1991), 33을 보라.

7 Maenchen-Helfen (1973), 392-415. 또한 Bóna (1991), 33-35와 Pritsak (1956), 414도 확인하라. Maenchen-Helfen (1973), 427-41에 따르면 훈계 부部 대부분의 집단명은 뷔르크어였다.

8 《三國志》券30, 863~864. 어환魚豢이란 인물이 3세기에 지은《위략魏略》은 흉노를 포함한 당대 내륙아시아 집단에 대해 대단히 귀중한 지리정보를 제공한다.《위략》의 원본은 사라져 지금은 전해지지 않으나,《삼국지》의 배송지裴松之 주석 등을 통해

그 내용이 일부 기록되어 있다. 본문의 정령에 대한 기록도 배송지가《위략》에서 인
용한 기록이다. 최진열 등 역주 (2009), 109-10, 특히 n572.〕

9 초원민 사이에서 빈번한 다언어 사용 양상에 대해서는 Golden (2006~2007), 19를
참고하라.

10 Priscus, fr. 13. 13.3, in Blockley (1983), 289. 프리스쿠스는 이란어에 대해서는 언급하
지 않았으나, 이 언어 또한 제국 내에서 사용되었을 것이며, 훈계 부락 또는 고트계 부
락, 특히 제국의 동부에 거주한 부락들에게 영향을 주었을 가능성도 있다. 465~466년
다키아 리펜시스Dacia Ripensis와 다키아 메디테라네아Dacia Mediterranea를 약탈한
훈 부락 지도자의 이름 호르미다스Hormidas는 이란어 단어이다. Maenchen-Helfen
(1973), 390.

11 Zeimal (1996), 132.

1장 흉노/훈 제국

1 Honeychurch & Amartuvshin (2006), 255-78, 특히 262를 보라.

2 Kradin (2002), 368-88.

3 Tapper (1991), 525.

4 Barfield (1981), 59.

5 Kradin (2002), 368-88. 또한 (2011), 82를 참조하라. 여기서 크라딘은 자신의 입장
을 되풀이하며, 흉노를 중앙집권화된 제국적 연맹, 즉 국가 없는 제국이라 불렀다.
그리고 94도 확인하라.

6 Krader (1978), 108.

7 Crespigny (1984), 178.

8 선우單于는 최고 지도자를 뜻하며, 튀르크·몽골의 카간Haǧan에 해당한다. 이에 대
해서는 Kürşat-Ahlers (1994), 268-70을 참고.

9 《史記》, 卷110, 9b~10b. 영어 번역은 Watson (1961), vol. 2, 163-4을 참고했다〔한국
어판. 정재훈 역주 (2009), 64-68〕.

10 Pulleyblank (2000a), 64.

11 Christian (1998), 194.

12 Brosseder & Miller (2011a), 20.

13 Barfield (1981), 48-9.

14 Kürşat-Ahlers (1994), 289-90에서는 흉노 관료제가 군사 조직의 형태를 띠었다고
주장했다.

15 Christian (1998), 194.

16 Yü (1990), 124.

17 Di Cosmo (2011), 44-45.

18 Kradin (2011), 94-95, 그러나 크라딘은 여기서 실제 관직이라 할 수 있는 칭호는
    그 수가 많지 않았다고 주장했다.

19 '초기 국가'를 구성하는 것은 무엇이냐에 대한 논의는 Claessen & Skalnik (1978),
    22-23과 Scheidel (2011), 114를 참고하라. 흉노 전문가 대부분이 흉노 정치체를 초
    기 국가체 형태로 파악할 수 있음에 동의한다.

20 Di Cosmo (2011), 44-45.

21 같은 책, 47-48.

22 Kollautz & Miyakawa (1970), 45. 흉노의 엘리트 지배와 봉건제에 대해서는 Yü
    (1990), 135-6을 보라.

23 Pulleyblank (2000a), 70.

24 초기 흉노 문화에 대한 스키트의 영향으로 추측할 수 있는 요소들에 대해서는
    Pulleyblank (2000a), 53을 확인하라.

25 Herodotus, *Histories*, 4.7.

26 Khazanov (1984), 178 〔한국어판. 김호동 옮김 (2002), 242〕; Kollautz & Miyakawa
    (1970), 44.

27 Christian (1998), 129-31.

28 사르마트에 대한 개괄적 설명은 Melyukova (1990), 110-17을 보라. 더 상세한 설명
    은 Batty (2007), 225-36을 참조하라.

29 Strabo, *Geography*, 7.3.17. 또한 Ptolemy 5.9.16; Harmatta (1970), 12, 14-15도 참고
    하라.

30 알란의 초기 역사와 그 정치 조직에 대해서는 이하 1차 사료들이 유용하다. Lucian,
    Toxaris, 51; Movsēs Khorenats'i, *History of the Armenians*, 2.50, 58; P'awstos Buzand,
    History of the Armenians, 3, 6-7.

31 Strabo, 11.5.8.

32 Yatsenko (2003), 93.

33 Ptolemy, *Geography*, 3.15.3; Alemany (2000), 8.

34 흉노사에 대한 훌륭한 요약으로는 Barfield (1989), 32-84 〔한국어판. 윤영인 옮김
    (2009), 85-184〕와 Yü (1990), 118-50이 있다.

35 《漢書》, 卷94A, 5a. 《한서漢書》는 전한을 다룬 정사正史이다. 반고班固가 주로 서술한
    이 사서는 서기 1세기까지의 역사를 다루기에 사마천의 《사기》와 얼마간 내용이 중
    복되는 부분이 있다.

36 《漢書》(1958), 卷94B, 12b.

37 《史記》, 卷123, 3162.

38 Barfield (1989), 87 〔한국어판. 윤영인 옮김 (2009), 191-92〕.

39 Golzio (1984), 22-23.

40 Holmgren (1982), 65-69 〔《魏書》(1974), 卷1, 61-79〕을 보라. 저氏는 고대 후기 중국을 다스린 5호五胡(다섯 오랑캐)의 하나이다. 이들은 언어적으로, 어쩌면 종족적으로도, 현대의 티베트인이나 버마인과 관련이 있다.

41 Kwanten (1979), 16 〔한국어판. 송기중 옮김 (1984), 36〕.

42 Lattimore (1979), 485; Pulleyblank (2000b), 82-83.

43 Brosseder & Miller (eds.) (2011).

44 Brosseder & Miller (2011), 22.

45 이 취락과 성채, 건축물 등에 대한 더 자세한 설명은, Danilov (2011), 129-36을 보라.

46 Brosseder & Miller (2011), 25.

47 Batsaikhan (2011), 122.

2장 소위 '200년의 공백'

1 《三國志》卷30, 862~863.

2 《魏書》, 卷103, 2290.

3 《魏書》(1974), 卷102, 2268.

4 《魏書》19??, 卷102, 9b.5-6(《北史》19??, 卷97, 14b.7-8). 〔《魏書》(1974), 卷102, 2267;《北史》(1974), 卷97, 3219. 554년 완성된《위서魏書》는 북송대가 되면 이미 망실된 바가 많아 유서劉恕(1032-78) 등이 여러 책을 근거로 개수하였다.《위서》〈서역전西域傳〉의 경우《북사北史》를 기초로 삼았기 때문에 본문에 언급된 오손 관련 기록이 동일하다.〕

5 Érdy (1995), 45.

6 《魏書》(1974), 卷102, 2278-9; La Vaissière (2005), 21.

7 《魏書》(1974), 卷102, 2270.

8 Pulleyblank (2000b), 91-92를 보라.

9 같은 책, 94.

10 《漢書》, 卷61, 4b.〔《漢書》(1962), 卷61, 2692.〕

11 해당 논의에 대해서는 Benjamin (2007), 97-100과 Hill (2009), 537을 보라.

12 Strabo, 11.8.4

13 다섯 야브구에 대해서는 Grenet (2006)을 보라.

14 Narain (1990), 167.

15 Czeglédy (1983), 91; Sinor, (1990a), 202-3; Kollautz & Miyakawa (1970), 210-2; Narain (1990), 172-3.

16　Zadneprovskiy (1994), 463, 466-7; Alemany (2000), 398; Kyzlasov (1996), 316.

17　Grenet et al. (2007), 1019를 참고하라.

18　Érdy (1995), 22.

3장 중앙아시아와 남아시아의 훈

1　《魏書》卷102, 2270; Wright (1997), 96; Pulleyblank (2000b), 93.

2　《魏書》卷102, 2270; Pulleyblank (2000b), 91-92.

3　Érdy (1995), 21.

4　《魏書》(1974), 卷103, 2290; 이들 기록에 대한 최고의 분석인 La Vaissière (2015), 188을 보라.

5　《魏書》(1974), 卷102, 2278-9; La Vaissière (2005), 21.

6　《梁書》(1973), 卷54, 812.

7　Sinor (1990b), 298. 드 라 베시에르는 조금 다른 해석을 제시했는데, 이는 La Vaissière (2003), 121, 125를 확인하라.

8　Pulleyblank (1983), 453.

9　Theophylact, *Theophylacti Simocattae historiae*, 7. 7-8, ed. C. de Boor, 256.23-262.17.

10　바르-훈에 대해서는 Menander, fr. 19.1, trans. Blockley (1985), 174.

11　Haussig (1953), 281-90, 347.

12　Czeglédy (1983), 34-35.

13　Schlütz & Lehmkuhl (2007), 114.

14　Érdy (1995), 45.

15　La Vaissière (2003), 121을 보라. 이 논문의 124에는 《通典》, 卷193, 5259의 원문과 영문 번역이 있는데, 이 내용은 훈이 알타이 지방에서 나와 남진한 정확한 시기에 대한 정보를 제공해준다. 여기의 기록은 훨씬 이전에 편찬된 《위서》〔한국어판. 김호동 역주 (2010), 198-200〕에 근거했다.

16　Kononov (1977), 62, 75.

17　Bivar (1983), 212.

18　Procopius, *De Bellis*, 1.3.2-7.

19　Pulleyblank (2000b), 92; La Vaissière (2015), 185. Theophanes Byzantios, *Histories*, 446, 21과 Moravcsik (1983), vol. 2, 158-9의 설명도 확인하라.

20　Pritsak (1954a), 382; 1955b, 259.

21　Olympiodorus, fr. 19 (*Bibl. Cod*, 80, 173). Moravcsik (1983), vol. 2, 341도 확인하라.

22 Rahman, Grenet & Sims-Williams (2006), 125-31; Lerner & Sims-Williams 2011, 72-74.

23 Priscus, fr. 33, 41.

24 Blockley (1983), 336, 346, 348.

25 Tremblay (2001), 188; Grenet (2002), 209. 또한 키다라 왕조가 훈계라는 시각에 동의한 Biswas (1973), 15; Bivar (1983), 212 그리고 Frye (1975), 38도 보라.

26 Zeimal (1996), 122.

27 같은 책, 123.

28 Golden (1992), 81.

29 Sims-Williams (2002), 234.

30 Pulleyblank (2000b), 92.

31 Enoki (1959), 24는 이들을 중국 사료에서 4세기 후반과 5세기 초 소그디아를 지배했다고 기록된 온나사溫那沙(훈의 왕)와 연관 지었는데, 그럴듯한 주장이다. 또한 키오니타이에 대해서는 Frye (1975), 38과 Bivar (1983), 211도 참고하라.

32 Ammianus Marcellinus, *Res Gestae*, 16.9.3-4; 19.1.7.

33 Payne (2015), 284.

34 Bivar (1983), 214; Litvinsky (1996), 139-40.

35 Procopius, *De Bellis*, 1.3.1-22, 1.4.1-14

36 Procopius, *De Bellis*, 4.27.3-4, trans. Frendo (1975), 130. (Agathias, *The Histories*, 4.27.4)

37 Procopius, *De Bellis*, 1.6.10; Theophanes, *Chronographia*, AM 5968, trans. Mango & Scott (1997), 189-91.

38 Payne (2015), 287; Litvinsky (1996) 140.

39 Procopius, *De Bellis*, 1.7.1-3.

40 La Vaissière (2003), 125를 보라. 또한 에프탈 왕조 국가의 영역에 대해서는 Biswas (1973), 25도 확인하라.

41 Harmatta & Litvinsky (1996), 373.

42 Dani, Litvinsky & Safi (1996), 177-82.

43 같은 책, 169-72.

44 Litvinsky (1996), 146.

45 Kollautz & Miyakawa (1970), 98.

46 Frye (1996), 176과 Grenet (2002), 210.

47 Grenet (2002), 212; Sims-Williams (2002), 234.

48 Dani, Litvinsky & Safi (1996), 172-3; Chakrabarti (1996), 189. 훈 제국이 준봉건제를 소개하기 전에 (마찬가지로 내륙아시아에서 근원한) 쿠샨이 이미 이 체제를 운

영했을 가능성도 있다(194쪽).

49 Payne (2015), 286.

50 Payne (2015).

51 Yarshater (1983), 402-3.

52 카얀 왕들에 대해서는 Yarshater (1983), 366-77을 보라.

4장 유럽의 훈

1 Ptolemy, 3.5.10.

2 Heather (2006), 86-98 [한국어판. 이순호 옮김 (2008), 132-149].

3 Todd (1992), 30-31.

4 Socrates Scholasticus, *Hist. eccl.* 4.33.

5 Geary (1999), 119.

6 Burns (1980), 47.

7 Ammianus Marcellinus, "Res Gestae", 31.3.3.

8 Vernadsky (1951), 356을 보라.

9 Procopius, *De Bellis*, 3, 2, 2-3; 3, 3, 1; 5, 1, 3.

10 Vernadsky (1951), 359.

11 Jordanes, *Getica*, 13.78, 14.79.

12 Jordanes, *Getica*, 50.266.

13 Vernadsky (1951), 359.

14 Christian (1998), 226.

15 Hummer (1998a), 9.

16 Ammianus Marcellinus, *Res Gestae*, 16.12.23-26. Wickham (2009), 45와 Hummer (1998a), 8을 확인하라. 또한 Matthews (1989), 314-5와 Heather (2001), 42도 참고하라.

17 Ammianus Marcellinus, *Res Gestae*, 16.12.34.

18 같은 책, 16.12.17.

19 Hummer (1998a), 10; Leube (1978), 514; Lenski (2002), 120.

20 Christian (1998), 225; Matthews (1989), 325.

21 James (1988), 52-54를 보라.

22 Geary (1999), 110.

23 Ammianus Marcellinus, *Res Gestae*, 17.12.21.

24 Matthews (1989), 294; Todd (1992), 42.

25 Kelly (2009), 96.

26 Williams (1985), 212.

27 Heather (2006), 62, 98 [한국어판. 이순호 옮김 (2008), 99, 149]; Halsall (2007), 144-7.

28 Heather (2006), 63-64 [한국어판. 이순호 옮김 (2008), 100-2]; Wickham (2009), 9도 보라.

29 Lydus, *De Mensibus*, 1.27.

30 Agathias, *Histories*, 13.7-8.

31 Halsall (2007), 74-77.

32 Matthews (1989), 253.

33 Kelly (2004), 1, 7, 192-3.

34 Cameron (1993), 84, 94, 99, 103.

35 Campbell (1999), 234.

36 Boak 1955, 92; Williams (1985), 213; Cameron (1993), 53; Halsall (2007), 108-9.

37 Ammianus Marcellinus, *Res Gestae*, 31.3.3.

38 Maenchen-Helfen (1973), 23, 444-55. Altheim (1959), vol. 1, 8도 참고하라.

39 Liebeschuetz (1990), 61; Demougeot (1979), 390.

40 Maenchen-Helfen (1973), 31.

41 Zosimus, *Historia Nova*, 4.34.6.

42 Ambrose, *Ep*, 24.8 (ed. PL 16.c1038); Alemany (2000), 31.

43 Thompson (1996), 30.

44 Maenchen-Helfen (1973), 52 ff.

45 Jerome, *Commentary on Ezekiel*, 38.2, J-P Migne, *Patrologia Latina* 25, 356A; *Epistolae*, 77.8.

46 Zosimus, *Historia Nova*, 5.26.4, ed. Paschoud (1989), 39; Alemany (2000), 109-10.

47 Orosius, *Histoires contre les païens*, 7.38.3; 7.40.3, ed. Arnaud-Lindet (1990), 112, 118; Alemany (2000), 62-63.

48 Sozomon, *Ecclesiastical History*, 9.5. Thompson (1996), 33-34도 확인하라.

49 Olympiodorus, fr. 19 (*Bibl.*, Cod. 80, 173), in Blockley (1983), 182.

50 Prosper, *Epitoma Chronicon*, 1322, ed. Mommsen (1892), 475; 또한 *Chronica Gallica*, A 452, 118, ed. Mommsen (1892), 660도 보라.

51 Croke (1977), 365-6.

52 Priscus, fr. 11.2, in Blockley (1983), 279.

53 Aurelius Victor, *Epitome de Caesaribus*, 47.3, ed. Pichlmayr (1911), 173.

54 Priscus, fr. 11.2. in Blockley (1983), 279.

55 Blockley (1983), 386.

56 Priscus, fr. 11,2, in Blockley (1983), 277.

57 같은 책.

58 Priscus, fr. 11,2, in Blockley (1983), 279.

59 같은 책.

60 Priscus, fr. 11,1, in Blockley (1983), 245.

61 Priscus, fr. 13, in Blockley (1983), 284.

62 Thompson (1996), 181과 Demougeot (1979), 533, 541-2를 보라.

63 Priscus, fr. 13, 14, in Blockley (1983), 284, 290.

64 Pohl (1988), 186. ((2018), 240-1)

65 Priscus, fr. 11, in Blockley (1983), 258.

66 Pritsak (1954b), 194.

67 Altheim (1959), vol. 1, 27.

68 Thompson (1996), 182. Altheim (1959), vol. 4, 281-83도 확인하라.

69 Priscus, fr. 49, in Blockley (1983), 356.

70 Thompson (1996), 197.

71 Whitby (2000c), 711.

72 Altheim (1948), 21-22.

73 Priscus, fr. 11,2, in Blockley (1983), 257.

74 Altheim & Stiehl (1954), 259.

75 Marcellinus Comes, 444-5.1, trans. Croke (1995), 18, 87.

76 Priscus, fr. 11,2, in Blockley (1983), 258.

77 같은 책.

78 Burns (1984), 46-47, 189.

79 Priscus, fr. 25(Jordanes, *Getica*, 50, 259-63), in Blockley (1983), 319-21.

80 아마 인명이 아니라 칭호였을 것이다. Bóna (1991), 63은 게르만어화된 훈어 인명으로 보았다.

81 Burgess (2001b), 97.

82 Bóna (1991), 63.

83 Croke (1977), 353과 Bóna (1991), 50을 보라.

84 Jordanes, *Getica*, 35,180.

85 Priscus, fr. 21.1 (*Chronicon Paschale*, 587f), in Blockley (1983), 308. 또한 Malalas, 19, 5-12; Lakatos (1973), *Quellenbuch* 55; Pohl (1980), 247도 확인하라.

86 Priscus, fr. 24, in Blockley (1983), 318; Altheim (1948), 28은 '프라이키푸우스 렉스 praecipuus rex'란 칭호를 다뉴브 불가르의 슈멘 비문에 사용된 오구르 튀르크어에서 황제를 뜻하는 아닐리키aniliki를 번역한 것으로 보았다.

87 Agathias, *The Histories*, 5.11.2, trans. Frendo (1975), 146에서는 부部 가운데 하나로 언급되었다. 이는 아마 특정 부部의 이름이 아니라 여섯 군주가 이끄는 부락들의 통칭일 것이다. Altheim (1959), vol. 1, 27.

88 Constantine Porphyrogenitus, *De Cerimoniis Aulae Byzantinae*, 2.47. 또한 Haussig (2000), 277도 확인하라.

89 Pritsak (1954a), 379.

90 Altheim (1948), 27-28.

91 Priscus, fr. 24.

92 Heather (1996), 117.

93 Findley (2005), 81-83.

5장 아틸라의 훈

1 Croke (1981), 167.

2 Priscus, fr. 9.1, in Blockley (1983), 235.

3 《漢書》(1958), 94A, 35b-38b.

4 Priscus, fr. 2, 9.3, in Blockley (1983), 227, 238.

5 Marcellinus Comes(452.3), trans. Croke (1995), 19.

6 Theophanes, *Chronographia*, AM 5942.

7 Burgess (2001a), 80; Muhlberger (1990), 174. Callinicus, *Vita Hypatii*, 139.21 ff.에는 100개 도시라고 기록되었다. trans. Croke (1995), 88을 보라.

8 Theophanes, *Chronographia*, AM 5942.

9 Lee (2000), 41-42와 Whitby (2000c), 709를 보라.

10 Marcellinus Comes, 447.2, trans. Croke (1995), 19; Thompson (1948), 94.

11 Priscus, fr. 9.3 (*Exc. de Leg. Gent.* 3), in Blockley (1983), 236-40.

12 Croke (1981), 163.

13 Lenski (2015), 230-46, 특히 245를 참고하라.

14 Priscus, fr. 11.1, in Blockley (1983), 242.

15 Jordanes, *Getica*, 36.185.

16 Priscus, fr. 20, 1 (*Exc. de. Leg. Gent.* 7), in Blockley (1983), 304-6. Christensen (2002), 340은 이 기록의 출처에 대한 의문을 이미 제기했다. 그에 따르면 가이세리크에 이목을 집중시켜 고트를 강조한 점으로 보아 호노리아 관련 서술은 카시오도루스/요르다네스의 기록을 프리스쿠스가 인용하였다고 주장했다. 정확한 추측으로 보인다.

17 이 당시 프랑크라 불린 집단은 여러 하위 집단으로 나뉘어 있었다.

18 Priscus, fr. 20.3 (*Exc. de. Leg. Gent.* 7), in Blockley (1983), 306.

19 Malalas, XIV, 358; *Chronicon Paschale* I, 587. 또한 Priscus, fr. 21, in Blockley (1983), 309와 trans. Jeffreys et al. (1986), 195도 확인하라.

20 Holmes & Evans (2006), 36-37.

21 Parker (1995), 64.

22 Jordanes, *Getica*, 35.182.

23 *Chronicon Paschale*, 587 ff., in Blockley (1983), 308.

24 Barnish (1992), 41.

25 Jordanes, *Getica*, 22.113-5; Merrills & Miles (2010), 28.

26 Jordanes, *Getica*, 40.209.

27 Jordanes, *Getica*, 41.216. Thompson (1996), 155-6과 Kelly (2009), 197-8은 요르 다네스의 서술을 수동적으로 받아들였다.

28 Wallace-Hadrill (1962), 60-63.

29 Herodotus, *Histories*, 6.111-21.

30 Jordanes, *Getica*, 40. 211.

31 같은 책, 40. 212.

32 같은 책, 40. 213.

33 Gregory of Tours, *Hist.*, 2.7; *Chronica minora* I, 302; Thompson (1996), 156.

34 *Chronica Gallica*, A 511, ed. Burgess (2001b), 97; Bóna (2002), 57; Marin 1990, 45; Érdy (1995), 17-18.

35 Burgess (2001b), 86.

36 Prosper, a.451, in Murray (2000), 73.

37 Jordanes, *Getica*, 43.226-8.

38 Muhlberger (1990), 122, 189. Collins (1999), 86도 보라.

39 Prosper, a.452, in Murray (2000), 73-74.

40 Priscus, fr. 24.1, in Blockley (1983), 317.

41 Maenchen-Helfen (1973), 161-2. 또한 다뉴브강 하류 지방에서 로마 성채들의 재 건이 450년대 후반에야 시작되어 천천히 진행되었음을 밝혀낸 Liebeschuetz (2007), 105도 보라.

42 Jordanes, *Getica*, 49.254-8, trans. Charles C. (1908).

6장 아틸라 이후의 훈

1 Malalas, 14.10, trans. Jeffreys et al. (1986), 195.

2 Bóna (1976), 28 ff. 특히 38을 참고.

3   Todd (1992), 236.

4   Wolfram (1988), 258-9.

5   Jordanes, *Getica*, 50.259.

6   Burgess (2001b), 97.

7   Maenchen-Helfen (1973), 388; Sino (1946~1947), 29; Schönfeld (1911), 277.

8   Maenchen-Helfen (1973), 389; Schramm (1969), 148을 보라.

9   Jordanes, *Getica*, 50.266.

10   Maenchen-Helfen (1973), 407.

11   Jordanes, *Getica*, 23.120; Bóna (2002), 27.

12   *Chronicon Paschale*; Maenchen-Helfen (1973), 407.

13   Maenchen-Helfen (1973), 390-2를 참고하라.

14   Harmatta (1970), 58-97.

15   Vernadsky (1951), 376.

16   Jordanes, *Getica*, 38.199, 200.

17   Alemany (2000), 112.

18   Zieme (2006), 114-27.

19   Wolfram (1997), 144.

20   Pohl (1980), 290.

21   Maenchen-Helfen (1973), 154는 헤이드레크와 아르다리크가 같은 사람이라는 입
     장에 매우 강력하게 반대했다.

22   같은 책, 152-3.

23   Pohl (1980), 261, 295.

24   Jordanes, *Getica*, 54.277.

25   Priscus, fr. 11.2, in Blockley (1983), 248.

27   Heather (1996), 152.

27   Paulus Diaconus, *Historia Langobardorum*, 1.1.

28   Jordanes, *Getica*, 46.242, 57.291; *Romana*, 344.

29   Pomponius Mela, 1.116.

30   Pliny the Elder, *Natural History*, 6.19.

31   Fredegar, *Chron.*, 3.2, in Murray (2000), 593.

32   Pritsak (1968), 163.

33   Golden (1996), 97-107; Pritsak (1976a), 27.

34   Jordanes, *Romana*, 344.

35   Jordanes, *Getica*, 57.291.

36   Jordanes, *Getica*, 53.272, 50.266; Thompson (1996), 202.

37 이 인명의 형태는 *Anonymus Valesianus*, 10.45에서 나왔다.

38 Altheim (1948), 24.

39 Reynolds & Lopez (1946), 48.

40 같은 책, 44-45.

41 Maenchen-Helfen (1973), 400.

42 Heather (1996), 115.

43 Heather (1991), 9, 18.

44 Merrills (2005), 109.

45 Jordanes, *Getica*, 14.17.

46 관련된 논의는 Wagner (1998) 403-8을 보라.

47 Wolfram (1988), 31.

48 Jordanes, *Getica*, 14.79.

49 Tekin (1968), 334 〔한국어판. 이용성 옮김 (2012), 449〕.

50 Rice (1965), 37-38; Pritsak (1953~1954), 23과 Kollautz & Miyakawa (1970), 85 를 보라.

51 Haussig (2000), 277.

52 Altheim (1959), 227.

53 Golden (2009), 95-96; Sinor (1982), 223-31.

54 마레크 얀 올브리흐트Marek Jan Olbrycht는 초기 사르마트의 부部명 우르고이Ourgoi 가 '늑대들'을 뜻한다고 보았다 〔Olbrycht (2000), 122〕. 그러나 사르마트의 인명 가 운데 늑대를 뜻하는 것을 찾기가 힘들다. 따라서 늑대를 뜻하는 접미사가 인명에서 널리 사용되기 시작한 시점이 훈 제국 이후의 현상이라 생각하는 편이 안전하다.

55 아탈라Athala라는 형태는 Cassiodorus, *Variae epistolae*, 330, 19에서 찾을 수 있다. Schönfeld (1911), 33을 참고하라.

56 이 관행에 대해서는 Findley (2005), 45를 확인하라.

57 Jordanes, *Getica*, 4.25; Maenchen-Helfen (1973), 406. 베리그에 대한 더 상세한 논 의는 Merrills (2005), 118-9를 보라.

58 Cassius Dio, *Historia Romana*, 60.19.1; Christensen (2002), 303. 또한 Altheim (1959), 226도 참고하라.

59 Schönfeld (1911), 250; Heather (1996), 114-5; Christensen (2002), 146, 154. Doerfer (1973), 34도 참고하라.

60 Fine (1983), 25; Browning (1975), 32; Curta (2006), 56-61. 아울러 Heather (2009), 607 〔한국어판. 이순호 옮김 (2011), 737-8〕도 보라. Procopius, *De Bellis*, 8.4.9에 따르면 안테스는 6세기 중반까지도 쿠트리구르와 우티구르 훈의 북서쪽에 해당하는 우크라이나 북부에 위치했다.

61 Schramm 1969, 140. 고트어식 형태는 프리스쿠스가 기록한 문디우호스Moundiouchos 에 따랐다. 이는 더욱 간략화되어 문디오스Moundios가 되기도 했다. 이 형태는 Theophanes, 102, 15, Moravcsik (1983) vol. 2, 194에서 확인 가능하다.

62 Pritsak (1956), 404-19.

63 Schönfeld (1911), 206.

64 Schönfeld (1911), 108, 245.

65 Maenchen-Helfen (1973), 404.

66 Schramm (1969), 146-55.

67 Jordanes, *Getica*, 48.252-3.

68 Prosper, *Epitoma Chronicon*, a. 445, 1353, 480; Jordanes, *Getica*, 35.180 ff.

69 Cassiodorus, *Variae*, 9.25.4, p. 291 ff. 그리고 11.1.19, p.329ff. Wolfram (1988), 31; Christensen (2002), 75.

70 Reynolds & Lopez (1946), 49; Altheim (1959), 351.

71 Jordanes, *Getica*, 48.248.

72 Cassiodorus, *Variae*, 8.9.8.

73 Jordanes, *Getica*, 24.121-2.

74 Wolfram (1988), 257; Merrills (2005), 164.

75 Jordanes, *Getica*, 52.268-9.

76 Jordanes, *Getica*, 52.271; Ennodius, *Panegyricus Dictus Clementissimo Regi Theoderico ab Ennodio Dei Famulo*, III, ed. in Vogel (Berlin: 1885; rep. 1961), *MGH, AA*, 7, 204.

77 *Anonymus Valesianus*, 9.42와 12.58; Malchus, fr. 11.14 [Blockley (1983), 420-1]; Damascius, *Epitoma Photiana*, 46=Photius, *Bibliotheca*, 242. John of Antioch, fr. 211.4=de Boor (1905), c.95; Theophanes, *Chronicle*, AM 5977.

78 Priscus, fr. 37, in Blockley (1983), 340.

79 Schäfer 2014a, 243-56은 이 발라메르Balamer가 종래 생각되었던 오스트로고트의 발라메르Valamer the Ostrogoth라는 설을 단호히 부정하고 같은 이름을 가진 캅카스의 훈왕이라는 가설을 제시하기도 했다. 공간의 한계로 다양한 근거를 일일이 제시할 수는 없지만 이 발라메르Balamer를 발라메르Valamer로 본 종래의 인식은 정확하다.

80 Pohl (1980), 256; Wolfram (1988), 488.

81 Maenchen-Helfen (1973), 164. 아울러 Priscus, fr. 37, in Blockley (1983), 340도 확인하라.

82 Jordanes, *Getica*, 50.266.

83 같은 책, 50.264.

84 Priscus, fr. 37, in Blockley (1983), 340.

85 Demougeot (1979), 777.

86   Wolfram (1988), 259.

87   Priscus, fr. 45, in Blockley (1983), 352.

88   Jordanes, *Getica*, 53.276.

89   같은 책, 52.268, 54.278

90   Priscus, fr. 45 (*Exc. de Leg. Gent.* 17), in Blockley (1983), 352.

91   베레무르는 후일 오스트로고트의 왕 테오도리크의 사위가 되는 에우타리크Eutharic 의 할아버지이다.

92   Jordanes, *Getica*, 48.251.

93   Maenchen-Helfen (1973), 165.

94   Priscus, fr. 46 (*Exc. de Leg. Gent.* 18), in Blockley (1983), 352.

95   같은 책.

96   같은 책, 356-58.

97   Schutz 2000, 72.

98   Agathias, *The Histories*, 2.13.3, trans. Frendo (1975), 45-46.

99   Jordanes, *Getica*, 55.280-1. 또한 Sidonius Apollinaris, *Carmen*, 2.377도 확인하라.

100 *Vita Sancti Severini*, 5.

101 Jordanes, *Getica*, 54.277-9, 55.282.

102 Sidonius Apollinaris, *Epistulae*, 8.9.5, vv. 36-38.

103 같은 책, vv. 39-42.

104 John of Antioch, fr. 209, 1 (Mariev (2008), 232.1, 420-23).

7장 폰토스 초원의 훈

1   Kollautz & Miyakawa (1970), 113; Golden (1992), 78; Christian (1998), 237.

2   Pritsak (1976b), 28-29; Pulleyblank (2000b), 71.

3   Priscus, fr. 30.

4   Kollautz & Miyakawa (1970), 141은 Sar-를 어원적으로 sary=하얀색(튀르크어)와 관련이 있는 접두사로 보았다. 아울러 Golden (2006~2007), 37도 확인하라.

5   Priscus, fr. 13.3, in Blockley (1983), 288.

6   Golden (1990), 257; Kollautz & Miyakawa (1970), 157; Sinor 1990a, 199; Altheim (1948), 15, 21; Gyuzelev 1979, 11을 보라.

7   Bell-Fialkoff (2000), 299; Golden (1990), 257; Clauson (1962), 39.

8   Golden (1992), 99.

9   Procopius, *De Bellis*, 8.5.1-4

10   같은 책, 8.5.22-23

11 같은 책, 8.5.21-2; Menander, trans. Blockley (1985), 42-4.

12 Menander, fr. 12.6, trans. Blockley (1985), 138-40.

13 Agathias, *The Histories*, 5.12.6-7, trans. Frendo (1975), 147.

14 같은 책, 5.24-25, trans. Frendo (1975), 160-2.

15 Golden (1992), 104.

16 Golden (1992), 103.

17 Marcellinus Comes (499.1, 502.1), trans. Croke (1995), 32-33; Golden (2000), 288; Browning (1975), 29; Croke (1980), 189-90; Collins (2001), 127.

18 Marcellinus Comes (514, 515), trans. Croke (1995), 37-38.

19 Malalas, 16.16, trans. Jeffreys et al. (1986), 226.

20 Procopius, *De Bellis*, 7.14.1-2.

21 Procopius, *De Bellis*, 2.4.4-11.

22 Golden (1992), 100; Whitby (2000c), 715.

23 Procopius, *De Bellis*, 8.3.5.

24 같은 책, 1.8.19.

25 같은 책, 1.12.1-9.

26 Malalas 18.13, trans. Jeffreys et al. (1986), 249-50; Theophanes, AM 6020, trans. Mango & Scott (1997), 266-7.

27 Golden (1992), 106.

28 Procopius, *De Bellis*, 1.14.39-50.

29 같은 책, 3.11.11-12; 18.12-19

30 같은 책, 3.12.8-10, 4.1.5-11, 4.3.7-16.

31 같은 책, 4.13.1-17; Greatrex (2000), 268.

32 같은 책, 5.5.4, 6.1.1-10, 7.30.6.

33 같은 책, 5.5.11 ff., 5.7.1-8.

34 같은 책, 8.26.

35 같은 책, 1.21.11-16, 27-28.

36 Jordanes, *Getica*, 5.36-37.

37 요르다네스가 불가르만 언급하고 쿠트리구르와 우티구르를 거론하지 않은 사실은 의미심장하다. 그에게는 이들이 하나의, 같은 존재였음이 확실하다.

38 Jordanes, *Getica*, 5.36-37.

39 Marquart (1903), 365 n. 1. 또한 Alemany (2000), 394; Czeglédy (1971), 137도 확인하라.

40 Czeglédy (1971), 143.

41 같은 책, 142.

42 Jordanes, *Getica*, 5.37.

43 Golden (1992), 109.

44 Menander, fr. 27.2, trans. Blockley (1985), 239; Golden (1992), 110.

45 Golden (1992), 111; Szádeczky-Kardoss (1990), 207.

46 Christie (1998), 58 ff.

47 *Theophylacti Simocattae Historiae*, 1.6.6.

48 Pohl (1988), 58-89; Szádeczky-Kardoss (1990), 208-9, 215.

49 Fredegar, *Chron.*, 4.72, in Wallace-Hadrill (1960), 60-61.

50 Curta (2006), 76-79. 오구르·온오구르·불가르의 역사에 대한 더 상세한 서술을 Golden (2000), 286-9를 보라.

51 아가티아스는 이들을 온오구르 훈Onogur Huns(정확하게는, "온오구르라고 불린 훈의 분파Ounnōn ... tōn di Onogourōn epilegomemon")이라 불렀다. Agathias, *The Histories*, 3.5.6, trans. Frendo (1975), 72.

52 Theophanes, Chronographia, ed. C. de Boor (Leipzig: 1883; rep. Stuttgart: 1972), 1, 357; AM 6171, trans. Mango & Scott (1997), 497.

53 Szádeczky-Kardoss (1990), 217-20. 아울러 Curta (2006), 94도 참고하라.

54 Fine (1983), 78. 또한 Kristó (2000), 370-2도 보라.

55 Németh (1930), 178-82; Pritsak (1976b), 21.

56 Pohl (1997), 69.

57 Curta (2006), 243-7.

8장 훈의 유산

1 Croke (1983), 85; *Anonymus Valesianus*, 8.38.

2 Altheim (1948), 23.

3 Jordanes, *Getica*, 46.242; Romana, 344.

4 John of Antioch, fr. 209 (1).

5 Procopius, *De Bellis*, 5.1.6.

6 같은 책, 5.1.4.

7 trans. Croke (1995), 26-27 (Marcellinus Comes, 476.2).

8 Cassiodorus, *Variae epistolae*, 1.18.2, 12.22.5; Fanning (1992), 295.

9 Dixon (1976), 77.

10 Croke (1983), 115. 아울러 *Anonymus Valesianus*, 11.49도 확인하라.

11 Croke (1983), 115. Demougeot (1979), 609-14도 보라.

12 Jones (1964), Vol. 1, 253-4; Amory (1997), 8.

13 Burns (1980), 113. 또한 Collins (1999), 109-10도 참고하라.

14 Bóna (1991), 127.

15 Priscus, fr. 20.3, in Blockley (1983), 306.

16 Fredegar, *Chron.*, 3 II. Murray (2000), 612; Bóna (2002), 68; Demougeot (1979), 682를 참조하라.

17 Gregory of Tours, *Hist.*, 2.9.

18 James (1988), 62; Perin & Feffer (1987), Vol. 1, 114-34.

19 Demougeot (1979), 682.

20 James (1988), 79.

21 Perin & Feffer (1987), Vol. 1, 106.

22 James (1988), 57-58. Wood (1994), 37은 이 사건이 448년에 일어났다고 추정했다.

23 Bóna (2002), 69.

24 Fredegar, *Chron.*, 3 II.

25 Bachrach (1972), 4; Wallace-Hadrill (1958), 541.

26 Fredegar, *Chron.*, 3 II. Wood (1994), 39-40; Wallace-Hadrill (1962), 85, 161.

27 Fredegar, *Chron.*, 3.2.

28 Hummer (1998b), 13-14.

29 James (1988), 65, 67.

30 Reynolds (1994), 2-3.

31 Wallace-Hadrill (1962), 7.

32 Cribb (1991), 42.

33 《魏書》(1974), 卷103, 2294=《北史》(1974), 卷97, 3255.

34 Khazanov (2001), 4-5; Krader (1958), 79; Stepanov (2001), 17.

35 Agathias, *Histories*, 1.3.4.

36 Jordanes, *Getica*, 13.78.

37 Ganshof (1971), 87.

38 Ganshof (1971), 88-89; Kaiser 1993, 68-71.

39 Bachrach (1972), 18; Kaiser 1993, 28; Wood (1994), 50. 아울러 Arce (2003), 138-40을 보라.

40 James (1988), 171.

41 Wood (1994), 56.

42 Geary (1988), 117 [한국어판. 이종경 옮김 (2002), 163].

43 Widdowson (2009), 3; Schutz 2000, 183-4; Lasko 1965, 213을 보라.

44 Wickham (2009), 116-19.

45 Grierson (1965), 290; Ganshof (1971), 278; Mckitterick (1983), 53.

46 Geary (1988), 118-19 〔한국어판. 이종경 옮김 (2002), 165-6〕; James (1988), 105-06; Wood (1994), 159-64; Mckitterick (1983), 17-18, 23.

47 Geary (1988), 100 〔한국어판. 이종경 옮김 (2002), 142〕.

48 Wolfram (1988), 75.

49 *Lex Burgundionum*, 17.1; Barnish (1992), 38.

50 Schutz 2000, 34; Kelly (2009), 40을 보라.

51 Olympiodorus, fr. 26, trans. Blockley (1983), 188. 아타울프의 경력에 대해서는 Todd (1992), 161-2를 확인하라.

52 Culican (1965), 193.

53 Jordanes, *Getica*, 30.158

54 Wolfram (1997), 151.

55 Bloch (1961), 289-90 〔한국어판. 한정숙 옮김 (2001), 2권, 47-48〕.

56 Wickham (2009), 106.

57 Kwanten (1979), 16 〔한국어판. 송기중 옮김 (1984), 36〕.

58 Wood (1994), 56-60; Wickham (1981), 30-32; Whitby (2000b), 471-2.

59 Oosten (1996), 224.

60 Heather (1995), 154.

61 같은 책, 160.

62 같은 책, 163.

63 Garipzanov (2008), 113-4.

64 Roesdahl (1982), 25.

65 Urbańczyk (2005), 143-5; Heather (2009), 401 〔한국어판. 이순호 옮김 (2011), 737-8〕을 보라.

66 Golden (2001), 29-32.

67 Fredegar, *Chron.*, 4.48.

68 Urbańczyk 1997, 42; Brachmann 1997, 27-28.

69 Lübke 1997, 120-1; Gringmuth-Dallmer 2000, 65.

70 Pohl (1988), 119.

71 Třeštík (2000), 193.

72 Steinhübel (2000), 200.

73 Sims-Williams (2002), 234.

74 Róna-Tas (1999), 115.

75 Anderson (1974), 231.

76 Fine (1983), 51-52; ed. Jenkins (1962), 115, 118.

77 Vernadsky (1951), 369-70, 375.

78 Vegetius, *Epitoma rei militaris*, 1.20; 3.26. Halsall (2007), 105.

79 Sulimirski (1970), 116-7, 144-7.

80 Rudenko (1970), 88.

81 Bachrach (1973), 34-35.

82 Bachrach (1973), 42. Priscus, fr. 20; Evagrius, II, 1; Socrates, 7.18.

83 Whitby (2000a), 308; Bachrach 1973, 45.

84 Paulinus Pellaeus, *Eucharisticus*, 377-85 [ed. Moussy (1974), 84; ed. Brandes (1888), 305-06]. Alemany (2000), 67.

85 Hydatius, *Hydatii Limici Chronica Su*bdita, 68 [ed. Mommsen (1894), *MGH AA* XI, 19; ed. Tranoy (1974), *SC* 218, 122]. Alemany (2000), 54.

86 Bachrach (1973), 58.

87 같은 책, 78.

88 이 유럽의 서쪽 끝에서 알란과 함께했던 훈의 존재에 대한 깊이 있는 분석으로는 Schäfer 2014b가 있다.

89 Bachrach (1973), 85.

90 같은 책, 78.

91 Vernadsky (1951), 367-8; Bachrach (1999), 293; Sulimirski, (1970), 31-32.

92 Bloch (1961), 291 [한국어판. 한정숙 옮김 (2001), 2권, 49-50].

93 Bachrach (1973), 91.

94 Wickham (2009), 189.

95 Allsen (2006), 16, 40, 189, 266, 269를 보라.

96 Bachrach (1973), 118.

97 Bloch (1961), 303-4 [한국어판. 한정숙 옮김 (2001), 2권, 74-78]; Wickham (2009), 524; Allsen (2006), 59.

98 Findley (2005), 31.

99 Wickham (2009), 100.

100 Frenkel (2005), 212-3; Christian (1998), 142.

101 Bullough (1965), 172.

102 Herodotus, *Histories*, 4.65.

103 《史記》1959, 卷110 [〈匈奴列傳〉].

104 Werner (1956), 15; Krüger (1983), 541-2; Vernadsky (1951), 366-7; Schutz (2000), 290-1; Buchet 1988, 61.

105 Schutz (2000), 411.

106 Heather (1996b), 259.

107 Sulimirski (1985), 186; Bashilov & Yablonsky (2000), 10.

108 Sulimirski (1985), 173, 192-3.

109 Bóna (2002), 29, 96-99.

110 Khudyakov (1997), 342.

111 Bóna (1991), 150.

112 Halphen (1939), 100; Werner 1956, 66-68.

113 Halphen (1939), 100-01.

114 Halphen (1939), 101; Brosseder 2011, 412.

115 Halphen (1939), 102.

116 Bóna (1991), 136-7; Werner (1956), 90.

117 Bóna (1976), 54-55; Kazanski (1993), 213.

118 Marin (1990), 49-53; Werner (1956), 32.

119 Musset (1975), 200-1.

120 Bóna (2002), 114-5; Harhoiu (1980), 106-7; Genito (1992), 64; Sulimirski (1970), 163-4; Kazanski (1993), 212-3.

121 Érdy (1995), 13.

122 Sulimirski (1970), 185-6.

123 Åberg (1947), 40-69.

124 Werner (1956), 91; Kazanski (1991), 72, 76; Arrhenius (1985), 44.

125 Gryaznov (1969), 166-70.

126 Bader & Usupov (1995), 30. 아울러 같은 책의 ed. Invernizzi (1995), PL VII도 보라.

127 Sulimirski (1970), 156.

사료

본문에 인용된 사료의 번역본(한국어, 영어)이 존재하는 경우 아울러 명기하였다.

《史記》

司馬遷 (1958),《縮印百衲本二十四史: 史記》, 北京: 商務印書館.

司馬遷 (1959),《史記》, 北京: 中華書局.

Watson, B. (trans.) (1961), *Records of the Grand Historian of China*, (Shih chi), vol. 2, New York: Columbia University Press.

〔한국어판. 정재훈 역주 (2009),〈흉노열전匈奴列傳〉,《사기 외국전 역주》, 동북아역사재단, 23-146〕

《漢書》

班固 (1958),《縮印百衲本二十四史: 漢書》, 北京: 商務印書館.

班固 (1962),《漢書》, 北京: 中華書局.

《後漢書》

Hill, J.E. (2009), *Through the Jade Gate to Rome: A Study of the Silk Routes during the Later Han Dynasty 1st to 2nd Centuries CE, An Annotated Translation of the Chronicle on the 'Western Regions' from the Hou Hanshu*, Lexington, Kentucky: BookSurge Publishing.

《三國志》

陳壽 (1971),《三國志》, 北京: 中華書局.

〔한국어판. 최진열·이재성·이근우·김호동 역주 (2009),《《삼국지三國志》〈오환선비동

이전烏丸鮮卑東夷傳〉〉,《삼국지·진서 외국전 역주》, 동북아역사재단, 18-142]

《晉書》

房玄齡 等 (1988),《晉書》, 北京: 中華書局.

《魏書》

魏收 (19??),《魏書》, 台北: 藝文印書館.

魏收 (1974),《魏書》, 北京: 中華書局.

〔한국어판. 김호동 역주 (2010), 〈서역전西域傳〉,《위서 외국전 역주》, 동북아역사재단, 133-211]

《北史》

李延壽 (19??),《北史》, 台北: 藝文印書館.

李延壽 (1974),《北史》, 北京: 中華書局.

《梁書》

姚思廉 (1973),《梁書》, 北京: 中華書局.

《通典》

杜佑 (1988),《通典》, 北京: 中華書局.

Agathias, *Histories*

Frendo, J.D. (trans.) (1975), *The Histories*, Berlin; New York.

Ambrose, *Ep.* 24.

〔Beyenka, M.M. (trans.) (1954), "Ambrose to Emperor Valentinian (386)", in *The Fathers of the Church*, A New Translation 26, Washington D.C.: The Catholic University of America, 57-62]

Ammianus Marcellinus, *Res Gestae*

〔Rolfe, J.C. (trans.) (1939~1950), *Ammianus Marcellinus*, 3 vols., Cambridge, MA: Harvard University Press]

Anonymus Valesianus

〔Rolfe, J.C. (trans.) (1939), "The Excerpts of Valesius", in *Ammianus Marcellinus* 3: Books 27-31 and Excerpta Valesiana: 506-69. Cambridge, MA: Harvard University Press]

Aurelius Victor, *Epitome de Caesaribus*

Pichlmayr, F. (ed.) (1911), *Sexti Aurelii Victoris Liber de Caesaribus*, Lipsiae: In aedibus B.G. Teubneri.

Cassiodorus, *Variae epistolae*

Mommsen, T. (ed.) (1894), *Monumenta Germaniae Historica, Auctores Antiquissimi* 12: *Cassiodori Senatoris Variae*, Berolini: APVD Weidmannos.

Bjornlie, M.S. (trans.) (2019), *The Variae: The Complete Translation*. Oakland,

California: University of California Press.

Cassius Dio, *Historia Romana*

[Cary, E. (trans.) (1914~1927), *Roman History*, 9 vols. Cambridge, Mass.: Harvard University Press.]

Chronica Gallica, A 452

Mommsen, T. (ed.) (1892), *Monumenta Germaniae Historica, Auctores Antiquissimi* 9: *Chronica minora saec. IV. V. VI. VII*. (*I*), Berolini: APVD Weidmannos.

Burgess, R. (ed.) (2001a), "The Gallic Chronicle of 452: A New Critical Edition with a Brief Introduction," in Ralph W. Mathisen and Danuta Shanzer, eds., *Society and Culture in Late Antique Gaul: Revisiting the Sources*, Aldershot, 52–84.

Chronica Gallica, A 511

Burgess, R. (ed.) (2001b), "The Gallic Chronicle of 511: A New Critical Edition with a Brief Introduction", in R.W. Mathisen and D. Shanzer, eds., *Society and Culture in Late Antique Gaul: Revisiting the Sources*, Aldershot, 85–100.

Chronicon Paschale

[Whitby, Michael and Whitby, Mary (trans.) (1989), *Chronivon Paschale*, Liverpool: Liverpool University Press, 284–628]

Constantine Porphyrogenitus, *De Cerimoniis Aulae Byzantinae*

[Moffatt, A. and Tall, M. (trans.) (2012), *Constantine Porphyrogennetos: The Book of Ceremonies*. Leiden and Boston: Brill]

Corippus, *In laudem Justini minoris*

[Cameron, A. (trans.) (1976), *In laudem Justini minoris*, London: The Athlone Press.]

Damascius, *Epitoma Photiana*=Photius, *Bibliotheca*, 242.

[Athanassiadi, P. (trans.) (1999), *Damascius: The Philosophical History*, Athens: Apamea Cultural Association]

Ennodius, *Panegyricus Dictus Clementissimo Regi Theoderico ab Ennodio Dei Famulo*

Vogel, F. (ed.) (Berlin: 1885, reprint 1961), *Monumenta Germaniae Historica, Auctores Antiquissimi*, vol. 7, Berolini: APVD Weidmannos.

[Haase, B.S. (trans.) (1981), "Ennodius' panegyric to Theoderic to Great". Master Diss., University of Ottawa]

Evagrius

[Whitby, M. (trans.) (2000), *The Ecclesiastical History of Evagrius Scholasticus*, Liverpool: Liverpool University Press]

Fredegar, *Chron*.

[Woodruff, J.E. (trans.) (1987), "The *Historia Epitoma* (Third Book) of the *Chronicle* of

Fredegar". PhD. Diss., The University of Nebraska-Lincoln)

Wallace-Hadrill, J.M. (trans.) (1960), *The fourth book of the Chronicle of Fredegar with its Continuations,* London: Nelson.

Gregory of Tours, *Hist.*

(Thorpe, L. (trans.) (1974), *The History of the Franks,* Harmondsworth; Baltimore: Penguin)

Herodotus, *Histories*

(한국어판. 김봉철 옮김 (2016),《역사》, 도서출판 길)

(한국어판. 천병희 옮김 (2009),《역사》, 도서출판 숲)

Hydatius, *Hydatii Limici Chronica Subdita*

Mommsen, T. (ed.) (1894), *Monumenta Germaniae Historica, Auctores Antiquis-simi* 11: *Chronica minora saec.* IV.V.VI.VII., volumen II. Berolini: Apud Weidmannos

Tranoy, A. (ed.) (1974), *Hydace: Chronique,* Paris: Editions du Cerf.

(Burgess, R.W. (trans.) (1983), *The Chronicle of Hydatius and the Consularia Constantinopolitana,* Oxford: Clarendon Press)

Ioannes Lydus, *De Mensibus*

(Bandy, A.C. (trans.) Bandy, A.C., et al. (eds.), Ioannes Lydus. *On the Months (De mensibus), The Three Works of Ioannes Lydus* 1, Lewiston; Queenston; Lampeter: Edwin Mellen Press.)

John of Antioch

de Boor, C. (ed.) (1905), *Excerpta Historica iussu imperatoris Constantini Porphyrogeniti Confecta* 3: *Excerpta de insidiis.* Berolini: APVD Weidmannos.

(Mariev, Sergei (ed.) (trans.) (2008), *Ioannis Antiocheni fragmenta quae supersunt omnia.* Berolini: de Gruyter)

Jordanes, *Getica*

Mierow, C.C. (trans.) (1908), *The Origin and Deeds of the Goths,* Princeton: Princeton University Press.

Jordanes, *Romana*

(Van Nuffelen, P. and Van Hoof, L. (trans.) *Jordanes: Romana and Getica,* Liverpool: Liverpool University Press)

Lucian, *Toxaris*

(Harmon, A.M. (trans.) (1962). "Toxaris, or Friendship", in *Lucian* 5, London: William Heinemann, 102-207)

Malalas, *Chronographia*

Jeffrey, E., Jeffrey, M. and Scott, R. (trans.) (1986), *The Chronicle of John Malalas, A*

Translation, Melbourne: Australian Association for Byzantine Studies.

Marcellinus Comes

Croke, B. (trans.) (1995), *The Chronicle of Marcellinus: A Translation and Commentary*, Sydney.

Menander

Blockley, R.C. (trans.) (1985), *The History of Menander the Guardsman*, Liverpool.

Movsēs Khorenats'i, *History of the Armenians*

(Thomson, R.W. (trans.) (2006), *Moses Khorenats'i: History of the Armenians*, revised edition, Ann Arbor: Caravan Books)

Orosius, *Histoires contre les païens*

Arnaud-Lindet, Marie-Pierre (ed.) (1990), *Collection des Universités de France* 297: *Histoires (contre les païens) 3: Orose: Adversus paganos historiarum libri septem*, Paris: Les Belles Lettres.

Paulinus Pellaeus, *Eucharisticus*

Moussy, C. (ed.) (1974), *Paulin de Pella. Poème d'action de grâces et Prière: Introduction, texte critique, traduction, notes et index*, Paris: Editions du Cerf.

Brandes, W. (ed.) (1888), *Corpus scriptorum ecclesiasticorum Latinorum* 16: *Poetae Christiani Minores*, Pt. 1. Vienna: Apud C. Geroldi filium.

(Evelyn-White, H.G. (trans.) (1921), "Paulinus Pellaeus: Eucharisticus", in *Ausonius, Volume II: Books 18-20. Paulinus Pellaeus: Eucharisticus*: 295-351, Cambridge, Mass.: Harvard University Press)

Paulus Diaconus, *Historia Langobardorum*

(Foulke, W.D. (trans.) (1907), *History of the Langobards*, Philadelphia: The Department of History, University of Pennsylvania.)

Pliny the Elder, *Natural History*

(Rackham, H., Jones, W.H.S. and Eichholz, D.E. (trans.) (1938~1963), *Natural History*, 10 vols, Cambridge, Mass.: Harvard University Press.)

Pomponius Mela

(Romer, F.E. (trans.) (1998), *Pomponius Mela's Description of the World*, Ann Arbor: University of Michigan Press)

Procopius, *De Bellis*

(Dewing, H.B. (trans.) (1914~1918), *History of the Wars*, 7 vols, London: William Heinemann LTD; Cambridge, Mass.: Harvard University Press)

Prosper, *Epitoma Chronicon*

Mommsen, T. (ed.) (1892), *Monumenta Germaniae Historica, Auctores Antiquissimi* 9:

Chronica minora saec. IV. V. VI. VII. (I), Berolini: APVD Weidmannos.

Ptolemy, *Geography*

(Stevenson, E.L. (trans. & ed.) (1991). *Claudius Ptolemy: The Geography*. New York: Dover.)

P'awstos Buzand, *History of the Armenians*

(Bedrosian, R. (trans.) (1985), "P'awstos Buzand's History of the Armenians", www.attalus.org/armenian/pbtoc.html, 2023년 10월 7일 접속)

Sidonius Apollinaris, *Carmen*

(Anderson, W.B. (trans.) (1936), "Poems", in *Sidonius* 1: *Poems and Letters*. Cambridge, Mass.: Harvard University Press)

Sidonius Apollinaris, *Epistulae*:

(Anderson, W.B. (trans.) (1936~1965), *Sidonius*, 2 vols, Cambridge, Mass.: Harvard University Press)

Socrates

(Zenos, A.C. (trans.) (1890), "Socrates: Church History from A.D. 305-439" in Philip Schaff and Henry Wace, eds., *A Select library of Nicene and post-Nicene fathers of the Christian church, Second series* 2: *Socrates, Sozomenus*: 1-178. New York, The Christian literature company)

Strabo, *Geography*

(Roller, D.W. (trans.) (2014), *The Geography of Strabo*, Cambridge: Cambridge University Press)

Theophanes Byzantios, *Histories*

(Müller, K. (ed.) (1851), "Theophanes Byzantius", in *Fragmenta Historicorum Graecorum* 4: 270-71, Paris: Editore Firmin Ambrosio Didot.)

Theophanes, *Chronographia*

de Boor, C. (ed.) (1883), *Theophanis: Chronographia*. Lipsiae: B.G. Teubnneri.

Mango, C. and Scott, R. (trans.) (1997), *The Chronicle of Theophanes Confessor: Byzantine and Near Eastern History, AD 284-813*, Oxford: Clarendon Press.

Theophylact, *Theophylacti Simocattae historiae*, C. de Boor, ed.

(Whitby, Michael and Whitby, Mary (trans.) (1986), *The History of Theophylact Simocatta*, Oxford: Oxford University Press.)

Vegetius, *Epitoma rei militaris*

(Milner, N.P. (trans.) (1993), *Vegetius: Epitome of Military Science*. Liverpool: Liverpool University Press.)

Zosimus, *Historia Nova*

(Buchanan, J.J. and Davis, H.T. (trans.) (1814), *Historia Nova: The Decline of Rome*, 6 vols. London: Green and Chaplin.)

Paschoud, F. (ed.) (1989), *Collection des Universités de France* 3, Paris: Les Belles-Lettres.

연구

Aberg, N. (1947), *The Occident and the Orient in the Art of the Seventh Century*, pt. 3, Stockholm: Wahlström & Widstrand.

Alemany, A. (2000), *Sources on the Alans: A Critical Compilation*. Leiden; Boston; Köln: Brill.

Allsen, T.T. (2006), *The Royal Hunt in Eurasian History*, Philadelphia: University of Pennsylvania Press.

Altheim, F. and Stiehl, R. (1954), *Ein asiatischer Staat: Feudalismus unter den Sasaniden und ihren Nachbarn*, Wiesbaden: Limes-Verlag, 131-74.

Altheim, F. (1948), *Hunnische Runen*, Halle: M. Niemeyer.

Altheim, F. (1959), *Geschichte der Hunnen* 1: *Von den Anfängen bis zum Einbruch in Europa*, Berlin: De Gruyter.

Amory, P. (1997), *People and Identity in Ostrogothic Italy, 489-554*. Cambridge: Cambridge University Press.

Anderson, P. (1974), *Passages from Antiquity to Feudalism*, London: NLB.
〔한국어판. 한정숙·유재건 옮김 (2014), 《고대에서 봉건제로의 이행》, 현실문화〕

Arce, J. (2003), "The Enigmatic Fifth Century in Hispania: Some Historical Problems", in Hans-Werner Goetz, Jörg Jarnut, and Walter Pohl, eds., *Regna and Gentes: The Relationship Between Late Antique and Early Medieval Peoples and Kingdoms in the Transformation of the Roman World*, Leiden: Brill, 135-59.

Arrhenius, B. (1985), *Merovingian Garnet Jewellery: Emergence and Social Implications*, Stockholm: Kungl. Vitterhets Historie Och Antikvitets Akademien.

Atwood, C.P. (2012), "Huns and Xiongnu: New Thoughts on an Old Problem", in B.J. Boeck, R.E. Martin, and D. Rowland, eds, *Dubitando: Studies in History and Culture in Honor of Donald Ostrowski*, Bloomington, Indiana: Slavica Publishers,

Bachrach, B.S. (1972), *Merovingian Military Organization, 481-751*. Minneapolis: University of Minnesota Press.

Bachrach, B.S. (1973), *A History of the Alans in the West*, Minnesota: University of Minnesota Press.

Bachrach, B.S. (1999), "Early Medieval Europe", in Kurt Raaflaub, and Nathan Rosenstein, eds., *War and Society in the Ancient and Medieval Worlds*, Cambridge, Mass.: Center for Hellenic Studies, 271-307.

Bader, A.H. and Usupov, K. (1995), "Gold Earrings from North-West Turkmenistan", in Antonio Invernizzi, ed., *In the Land of the Gryphons: Papers on Central Asian Archaeology in Antiquity*, Firenze: Le lettere, 23-38.

Barfield, T. (1981), "The Hsiung-nu Imperial Confederacy: Organization and Foreign Policy", *The Journal of Asian Studies* 41, 1, 45-61.

Barfield, T. (1989), *The Perilous Frontier: Nomadic Empires and China*, Oxford: Blackwell Publishers.
〔한국어판. 윤영인 옮김 (2009),《위태로운 변경》, 동북아역사재단〕

Barnish, S. (1992), "Old Kaspars: Attila's invasion of Gaul in the literary sources", in John Drinkwater and Hugh Elton, eds., *Fifth-Century Gaul: A Crisis of Identity?*, Cambridge: Cambridge University Press, 38-52.

Bashilov, V.A. and Yablonsky, L.T. (2000), "Some Current Problems concerning the History of Early Iron Age Eurasian Steppe Nomadic Societies", in Jeannine Davis-Kimball, Eileen M. Murphy, Ludmila Koryakova and Leonid T. Yablonsky, eds., *Kurgans, Ritual Sites, and Settlements: Eurasian Bronze and Iron Age*, Oxford: Archaeopress, 9-12.

Batsaikhan, Z. (2011), "The Xiongnu: Progenitors of the Classical Nomad Civilization", in U. Brosseder and B.K. Miller, eds., *Xiongnu Archaeology: Multidisciplinary Perspectives of the First Steppe Empire in Inner Asia*, Bonn: IAK, 121-8.

Batty, R. (2007), *Rome and the Nomads: The Pontic-Danubian Realm in Antiquity*, Oxford: Oxford University Press.

Bell-Fialkoff, A. (2000), *The Role of Migration in the History of the Eurasian Steppe: Sedentary Civilization vs. 'Barbarian' Nomad*, New York: Palgrave Macmillan.

Benjamin, C. (2007), *The Yuezhi: Origin, Migration and the Conquest of Northern Bactria*, Louvain: Brepols.

Biswas, A. (1973), *The Political History of the Hūṇas in India*, New Delhi: Munshiram Manoharlal Publishers.

Bivar, A.D.H. (1983), "The History of Eastern Iran", in E. Yarshater, ed., *The Cambridge History of Iran*, vol. 3 (1), Cambridge: Cambridge University Press, 181-231.

Bloch, M. (1961), *Feudal Society*, 2 vols., L.A. Manyon, trans., London: Routledge & Kegan Paul.
〔한국어판. 한정숙 옮김 (2001),《봉건사회》(전2권), 한길사〕

Blockley, R.C. (1983), *The Fragmentary Classicising Historians of the Later Roman Empire:* *Eunapius, Olympiodorus, Priscus and Malchus* 2, Liverpool: Francis Cairn.

Boak, A.E.R. (1955), *Manpower Shortage and the Fall of the Roman Empire in the West*, Ann Arbor: The Univesity of Michigan Press.

Bóna I. (1976), *The Dawn of the Dark Ages: The Gepids and the Lombards in the Carpathian Basin*, Budapest: Corvina Press.

Bóna I. (1991), *Das Hunnenreich*, Stuttgart: Konrad Theiss Verlag.

Bóna I. (2002), *Les Huns: Le grand empire barbare d'Europe* (IVe-Ve siècle), Katalin Escher, trans. Paris: Errance.

Brachmann, H. (1997), "Tribal organizations in Central Europe in the 6th-10th Centuries A.D. reflections on the Ethnic and Political Development in the Second Half of the First Millennium", in Przemysław Urbańczyk, ed., *Origins of Central Europe*, Warszawa: Scientific Society of Polish Archaeologists, 23-37.

Brosseder, U. (2011) "Belt Plaques as indicator of East West relations", in U. Brosseder and B.K. Miller, eds., *Xiongnu Archaeology: Multidisciplinary Perspectives of the First Steppe Empire in Inner Asia*, Bonn: IAK, 349-424.

Brosseder, U. and Miller, B.K. (2011) "State of Research and Future Directions of Xiongnu Studies", in U. Brosseder and B.K. Miller, eds., *Xiongnu Archaeology: Multidisciplinary Perspectives of the First Steppe Empire in Inner Asia*, Bonn: IAK, 19-33.

Brosseder, U. and Miller, B.K. (eds.) (2011) *Xiongnu Archaeology: Multidisciplinary Perspectives of the First Steppe Empire in Inner Asia*, Bonn: IAK.

Browning, R. (1975), *Byzantium and Bulgaria: A Comparative Study across the Early Medieval Frontier*, Berkeley, Los Angeles: London: Temple Smith.

Buchet, L. (1988), "La déformation crânienne en Gaule et dans les régions limitrophes pendant le haut Moyen Âge: son origine‾sa valeur historique", *Archéologie médiévale* 18, 55-71.

Bullough, D. (1965), "Germanic Italy: the Ostrogothic and Lombard kingdoms", in David Talbot Rice, ed., *The Dark Ages: the Making of European Civilization*, London: Thames and Hudson, 157-74.

Burns, T.S. (1980), *The Ostrogoths: Kingship and Society*, Wiesbaden: F. Steiner.

Burns, T.S. (1984), *A History of the Ostrogoths*, Bloomington: Indiana University Press.

Cameron, A. (1993), *The Mediterranean World in Late Antiquity, AD 395-600*, London: Routledge.

Campbell, B. (1999), "The Roman Empire", in Kurt Raaflaub and Nathan Rosenstein, eds., *War and Society in the Ancient and Medieval Worlds*, Cambridge MA: Harvard University

Press, 217–40.

Chakrabarti, K. (1996), "The Gupta Kingdom", in B.A. Litvinsky, et. al. eds., *History of Civilizations of Central Asia, vol. 3, The crossroads of Civilizations: A.D. 250–750*, Paris: UNESCO, 185–206.

Christensen, A.S. (2002), *Cassiodorus, Jordanes and the History of the Goths: Studies in a Migration Myth*. Copenhagen: Museum Tusculanum Press.

Christian, D. (1998), *A History of Russia, Central Asia and Mongolia* 1: *Inner Eurasia from Prehistory to the Mongol Empire*, London: Blackwell Publishers.

Christie, N. (1998), *The Lombards: The Ancient Longobards*, Oxford, UK; Malden, MA: Blackwell.

Claessen, J.M. and Skalnik, P. (eds.) (1978), "The Early State: Theories and Hypotheses", in Henri J. M. Claessen and Peter Skalnik, *The Early State*, New York: Mouton Publishers, 3–29.

Clauson, G. (1962), *Turkish and Mongolian Studies*. London: Royal Asiatic Society.

Collins, R. (1999), *Early Medieval Europe, 300–1000*, 2nd ed. Basingstoke; London: Palgrave.

Collins, R. (2000), "The Western Kingdoms, 425–600", in Averil Cameron, Bryan Ward-Perkins, and Michael Whitby, eds., *The Cambridge Ancient History*, vol. 14, Cambridge: Cambridge University Press, 112–34.

de Crespigny, R. (1984), *Northern Frontier: The Policies and Strategy of the Later Han Empire*, Canberra: Faculty of Asian Studies, Australian National University.

Cribb, R. (1991), *Nomads in Archaeology*, Cambridge: Cambridge University Press.

Croke, B. (1977), "Evidence for the Hun Invasion of Thrace in A.D. 422", *Greek, Roman and Byzantine Studies* 18, 347–67.

Croke, B. (1980), "Justinian's Bulgar Victory Celebration", *Byzantinoslavica* 41, 188–98.

Croke, B. (1981), "Anatolius and Nomus: Envoys to Attila," *Byzantinoslavica* 42, 159–79.

Croke, B. (1983), "A.D. 476: The Manufacture of a Turning Point", *Chiron* 13, 81–120.

Culican, W. (1965), ""The ends of the Earth": Spain under the Visigoths and Moors", in David Talbot Rice, ed., *The Dark Ages: The Making of European Civilization*, London: Thames and Hudson, 175–96.

Curta, F. (ed.) (2006), *Southeastern Europe in the Middle Ages 500–1250*, Cambridge: Cambridge University Press.

Czeglédy, K. (1971), "Pseudo-Zacharias Rhetor on the nomads", in Louis Ligeti, ed., *Studia Turcica*, Budapest: Akadémiai Kiadó, 133–48.

Czeglédy, K. (1983), "From East to West: The Age of Nomadic Migrations in Eurasia",

Peter B. Golden, trans., *Archivum Eurasiae Medii Aevi* 3, 25-125.

Dani, A.H., Litvinsky B.A. and Zamir Safi M.H. (1996), "Eastern Kushans, Kidarites in Gandhara and Kashmir, and Later Hephthalites", in B.A. Litvinsky, et. al. eds., *History of Civilizations of Central Asia*, vol. 3, Paris: UNESCO, 166-83

Danilov, S.V. (2011), "Typology of ancient settlement complexes of the Xiongnu in Mongolia and Transbaikalia," in U. Brosseder and B.K. Miller, eds., *Xiongnu Archaeology: Multidisciplinary Perspectives of the First Steppe Empire in Inner Asia*, Bonn: IAK, 129-36.

Demougeot, É. (1979), *La formation de l'Europe et les invasions barbares*, 2 Vols, Paris: Aubier.

Di Cosmo, N. (2011), "Ethnogenesis, Coevolution and Political Morphology of the Earliest Steppe Empire: The Xiongnu Question Revisited", in U. Brosseder and B.K. Miller, eds., *Xiongnu Archaeology: Multidisciplinary Perspectives of the First Steppe Empire in Inner Asia*, Bonn: IAK, 35-48.

Dixon, P. (1976), *Barbarian Europe*, Oxford: Elsevier Phaidon.

Doerfer, G. (1973), "Zur Sprache der Hunnen", *Central Asiatic Journal* 17.1, 1-50.

Enoki, K.(榎一雄) (1959), "On the Nationality of the Ephthalites", *Memoirs of the Research Department of the Toyo Bunko* 18, 1-58.

Érdy, M.(1995), "Hun and Xiong-nu Type Cauldron Finds Throughout Eurasia," *Eurasian Studies Yearbook* 67, 5-94.

Fanning, S. (1992), "Emperors and empires in fifth-century Gaul", in John Drinkwater and Hugh Elton, eds., *Fifth-Century Gaul: A Crisis of Identity?*, Cambridge: Cambridge University Press, 288-97.

Findley, C.V. (2004), *The Turks in World History*, Oxford: Oxford University Press.

Fine, J.V.A. (1983), *The Early Medieval Balkans: A Critical Survey from the Sixth to the Late Twelfth Century*, Ann Arbor: University of Michigan Press.

Frenkel, Y. (2005), "The Turks of the Eurasian Steppes in Medieval Arabic Writing", in Reuven Amitai and Michal Biran, eds., *Mongols, Turks, and Others. Eurasian Nomads and the Sedentary World*, Leiden: Brill, 201-41.

Frye, R.N. (1975), *The Golden Age of Persia: The Arabs in the East*. London: Weidenfeld and Nicolson.

Frye, R.N. (1996), *The Heritage of Central Asia: From Antiquity to the Turkish Expansion*. Princeton, N.J.: Markus Wiener Publishers.

Ganshof, F.L. (1971), *The Carolingians and the Frankish Monarchy: Studies in Carolingian History*, Janet Sondheimer, trans. Ithaca, NY: Cornell University Press.

Garipzanov, I.H. (2008), "Frontier Identities: Carolingian Frontier and the *gens Danorum*", in Ildar H. Garipzanov, et al. eds., *Franks, Northmen, and Slavs: Identities and State Formation in Early Medieval Europe,* Turnhout: Brepols Publishers, 113‒43.

Geary, P.J. (1988), *Before France and Germany: The Creation and Transformation of the Merovingian World,* New York; Oxford: Oxford University Press.
〔한국어판. 이종경 옮김 (2002), 《메로빙거 세계》, 지식의풍경〕

Geary, P.J. (1999), "Barbarians and Ethnicity", in Peter Brown, Glen Bowersock, and Andre Grabar, eds., *Late Antiquity: A Guide to the Postclassical World,* Cambridge, MA.; London: Harvard University Press, 107‒29.

Genito, B. (1992), "Asiatic Steppe Nomad Peoples in the Carpathian Basin: A Western Backwater of the Eurasian Nomadic Movement", in Gary Seaman, ed., *Foundations of Empire: Archaeology and Art of the Eurasian Steppes,* Los Angeles: USC Center for Visual Anthropology, 59‒67.

Goffart, W. (1988), *The Narrators of Barbarian History (A.D. 550‒800): Jordanes, Gregory of Tours, Bede, and Paul the Deacon,* Princeton, N.J.: Princeton University Press.

Golden, P.B. (1990), "The peoples of the south Russian steppes", in Denis Sinor, ed., *The Cambridge History of Early Inner Asia,* Cambridge: Cambridge University Press, 256‒84.

Golden, P.B. (1992), *An Introduction to the History of the Turkic Peoples: Ethnogenesis and State-formation in Medieval and Early Modern Eurasia and the Middle East,* Wiesbaden: O. Harrassowitz.

Golden, P.B. (1996), "Černii Klobouci", in Árpád Berta, Bernt Brendemoen, and Claus Schönig, eds., *Symbolae Turcologicae: Studies in Honour of Lars Johanson on His Sixtieth Birthday,* Stockholm: Swedish Research Institute in Istanbul, 97‒107.
〔rep. (2003), *Nomad and their Neighbours in the Russian Steppe: Turks, Khazars and Qipchaqs,* art. 8, Aldershot: Ashgate〕

Golden, P.B. (2000), "Nomads of the Western Eurasian Steppes: Oγurs, Onoγurs and Khazars", in Hans Robert Roemer, ed., *Philologiae et Historiae Turcicae Fundamenta = Philologiae Turcicae Fundamenta 3: History of the Turkic Peoples in the Pre-Islamic Period,* Berlin: Klaus Schwarz, 282‒302
〔rep. (2011), *Studies on the Peoples and Cultures of the Eurasian Steppes,* Bucureşti: Editura Academiei Române; Brăila: Editura Istros a Muzeului Brăilei, 135‒62〕

Golden, P.B. (2001), "Nomads in the Sedentary World: The Case of Pre-Chinggisid Rus' and Georgia", in Anatoly M. Khazanov, Andre Wink, eds., *Nomads in the Sedentary World,* London: Routledge, 24‒75.

Golden, P.B. (2006~2007), "Cumanica V: The Basmıls and Qıpčaqs", *Archivum Eurasiae Medii Aevi* 15, 13‒42.

Golden, P.B. (2009), "Ethnogenesis in the Tribal Zone: The Shaping of the Türks", *Archivum Eurasiae Medii Aevi* 16, 73-112.

Golzio, K. (1984), *Kings, Khans, and other rulers of early Central Asia: Chronological Tables*, Köln: Brill.

Greatrex, G. (2000), "Roman identity in the sixth century", in Stephen Mitchell and Geoffrey Greatrex, eds., *Ethnicity and Culture in Late Antiquity*, . London: Classical Press of Wales, 267-92.

Grenet, F. (2002), "Regional interaction in Central Asia and Northwest India in the Kidarite and Hephthalite periods", in Nicholas Sims-Williams, ed., *Indo-Iranian Languages and Peoples*, Oxford: Oxford University Press. 203-24.

Grenet, F. (2006) "Nouvelles données sur la localisation des cinq *yabghus* des Yuezhi: l'arrière plan politique de l'itinéraire des marchands de Maès Titianos", *Journal Asiatique* 294.2, 325-41.

Grenet, F., Podushkin, A. and Sims-Williams, N. (2007), "Les plus anciens monuments de la langue sogdienne: les inscriptions de Kultobe au Kazakhstan", *Comptes rendus des séances de l'Académie des Inscriptions et Belles-Lettres*, 151ᵉ année, N. 2, 1005-24.

Grierson, P. (1965), "The Great King: Charlemagne and the Carolingian achievement", in David Talbot Rice, ed., *The Dark Ages: The Making of European Civilization*, London: Thames and Hudson, 269-98.

Gringmuth-Dallmer, E. (2000), "Settlement Territories, Settlement and Economy among Western Slavs between the Elbe and Oder", in Alfried Wieczorek, and Hans-Martin Hinz, eds., *Europe's Centre Around AD 1000*, Stuttgart: Theiss, 65-68.

Gryaznov, M.P. (1969), *The Ancient Civilization of Southern Siberia*, J. Hogarth, trans., Geneva: Cowles Book Company.

Gyuzelev, V. (1979), *The Proto-Bulgarians: Pre-history of Asparouhian Bulgaria*. Sofia: Sofia Press.

Halphen, L. (1939), "The Barbarian Background", in *The Cambridge Ancient History*, vol. 12, Cambridge: Cambridge University Press, 92-108.

Halsall, G. (2007), *Barbarian Migrations and the Roman West*, Cambridge: Cambridge University Press, *376-568*

Hambis, L. (1958), "Le problème des Huns", *Revue Historique* 220, 249-70.

Harhoiu, R. (1980), "Das norddonauländische Gebiet im 5. Jahrhundert und seine Beziehungen zum spätrömischen Kaiserreich", in Herwig Wolfram and Falko Daim, eds., *Die Völker an der mittleren und unteren Donau im fünften und sechsten Jahrhundert*, Wien: Verlag der Österreichischen Akademie der Wissenschaften, 101-15.

Harmatta J. (1970), *Studies in the History and Language of the Sarmatians*, Szeged: [S.l].

Harmatta, J. and Litvinsky, B.A. (1996), "Tokharistan and Gandhara Under Western Turk Rule (650-750)", in B.A. Litvinsky, Zhang Guang-da, and R. Shabani Samghabadi, eds., *History of Civilizations of Central Asia*, vol. 3, Paris: UNESCO, 358-93

Haussig, H.W. (1953), "Theophylakts Exkurs über die skythischen Völker", *Byzantion* 23, 275-462.

Haussig, H.W. (2000), "Herkunft, Wesen und Schicksal der Hunnen", in Hans Robert Roemer, ed., *Philologiae et Historiae Turcicae Fundamenta*, vol. 3: *History of the Turkic Peoples in the Pre-Islamic Period*, Berlin: Klaus Schwarz, 256-81.

Heather, P. (1991), *Goths and Romans 332-489*. Oxford: Clarendon Press.

Heather, P. (1995), "Theoderic, king of the Goths", *Early Medieval Europe* 4.2, 145-73.

Heather, P. (1996a), *The Goths*, Oxford: Blackwell.

Heather, P. (1996b), "Afterward", in Edward A. Thompson, *The Huns*, Revised and with an afterword by Peter Heather, Oxford: Wiley-Blackwell, 238-64.

Heather, P. (2001) "The Late Roman Art of Client Management: Imperial Defence in the Fourth Century West", in Walter Pohl, Ian Wood, and Helmut Reimitz, eds., *The Transformation of Frontiers: From Late Antiquity to the Carolingians*, Leiden: Brill, 15-68.

Heather, P. (2006), *The Fall of the Roman Empire: A New History of Rome and the Barbarians*, Oxford and New York: Oxford University Press.
〔한국어판. 이순호 옮김 (2008),《로마제국 최후의 100년: 문명은 왜 야만에 압도당하였는가》, 뿌리와이파리〕

Heather, P. (2009), *Empires and Barbarians: The Fall of Rome and the Birth of Europe*, Oxford: Oxford University Press.
〔한국어판. 이순호 옮김 (2011),《로마제국과 유럽의 탄생: 세계의 중심이 이동한 천년의 시간》, 다른세상〕

Hill, J.E. (2009), *Through the Jade Gate to Rome: A Study of the Silk Routes during the Later Han Dynasty 1st to 2nd Centuries CE, An Annotated Translation of the Chronicle on the 'Western Regions' from the Hou Hanshu*, Lexington, Kentucky: BookSurge Publishing.

Holmes, Richard and Martin Marix Evans (2006), *Battlefield: Decisive Conflicts in History*, Oxford: Oxford University Press.

Holmgren, J. (1982), *Annals of Tai: Early T'o-pa history according to the first chapter of the Wei-shu*, Canberrra: Australian National University Press.

Honeychurch, W. and Amartuvshin, C. (2006), "States on Horseback: The Rise of Inner Asian Confederations and Empires", in Miriam T. Stark, ed., *Archaeology of Asia*, Malden MA. and Oxford: Blackwell, 255-78.

Hummer, H.J. (1998a), "The Fluidity of Barbarian Identity: The Ethnogenesis of Alemanni and Suebi, AD 200-500", *Early Medieval Europe* 7.1: 1-27.

Hummer, H.J. (1998b), "Franks and Alamanni: A Discontinuous Ethnogenesis", in Ian Wood, ed., *Franks and Alamanni in the Merovingian period: An Ethnographic Perspective*, Woodbridge: Boydell Press, 9-32.

Invernizzi, A. (ed.) (1995), *In the Land of the Gryphons: Papers on Central Asian Archaeology in Antiquity*, Firenze: Le lettere.

James, E. (1988) *The Franks*, Oxford: Blackwell.

Jenkins, R.J.H. (ed.) (1962), *Constantine Porphyrogenitus: De Administrando Imperio*, vol. II, *Commentary*, London: Athlone Press.

Jones, A.H.M. (1964), *The Later Roman Empire 284-602*, 3 Vols, Oxford: Basil Blackwell.

Kaiser, R. (1993), *Das römische Erbe und das Merowingerreich*, München: Oldenbourg Wissenschaftsverlag.

Kazanski, M. (1991), *Les Goths (Ier-VIIe s. ap. J.C.)*, Paris: Errance.

Kazanski, M. (1993), "The Sedentary Elite in the 'Empire' of the Huns and Its Impact on Material Civilisation in Southern Russia during the Early Middle Ages (5th-7th Centuries AD)", in John Chapman, and Pavel Markovich Dolukhanov, eds., *Cultural Transformations and Interactions in Eastern Europe*, Aldershot: Avebury, 211-35.

Kelly, C. (2004), *Ruling the Later Roman Empire*, Cambridge MA and London: Harvard University Press.

Kelly, C. (2008), *Attila the Hun: Barbarian Terror and the Fall of the Roman Empire*, London: Bodley Head.

Khazanov, A.M. (1984), *Nomads and the Outside World*, Julia Crookenden, trans. Cambridge: Cambridge University Press.
[한국어판. 김호동 옮김 (2000), 《유목사회의 구조: 역사인류학적 접근》, 지식산업사]

Khazanov, A.M. (2001), "Nomads in the History of the Sedentary World", in Anatoly M. Khazanov, and Andre Wink, eds., *Nomads in the Sedentary World*: Padstow, Cornwall: Routledge, 1-23.

Khudyakov, Y.S. (1997), "Problems of the Genesis of Culture of the Hunnic Period in the Altai Mountains", in *Ancient Civilizations from Scythia to Siberia*, 3, 2-3, 329-46.

Kollautz, A., and Miyakawa, H.(宮川尚志) (1970), *Geschichte und Kultur eines volker wanderungszeitlichen Nomadenvolkes: Die Jou-Jan der Mongolei und die Awaren in Mitteleuropa*, 2 Vols, Klagenfurt: Rudolf Habelt.

Kononov, A.N. (1977), "Terminology of the Definition of Cardinal Points at the Turkic Peoples", *Acta Orientalia Academiae Scientiarum Hungaricae*, 31/1, 61-76.

Krader, L. (1958), "Feudalism and the Tatar Polity of the Middle Ages", *Comparative Studies in Society and History* 1, 76-99.

Krader, L. (1978), "The Origin of the State Among the Nomads of Asia", in Henri J.M. Claessen and P. Skalnik, eds., *The Early State*: The Hague: De Gruyter Mouton, 93-108.

Kradin, N.N. (2002), "Nomadism, Evolution and World-Systems: Pastoral Societies in Theories of Historical Development", *Journal of World-Systems Research* 8, 368-88.

Kradin, N.N. (2011), "Stateless Empire: The Structure of the Xiongnu Nomadic Super-Complex Chiefdom", in U. Brosseder and B.K. Miller, eds., *Xiongnu Archaeology: Multidisciplinary Perspectives of the First Steppe Empire in Inner Asia*, Bonn: IAK, 77-96.

Kristó, G. (2000), "The Arpads and the Hungarians", in Alfried Wieczorek and Hans-Martin Hinz, eds., *Europe's Centre Around AD 1000*, Stuttgart: Theiss, 370-2.

Kürşat-Ahlers, E. (1994), *Zur frühen Staatenbildung von Steppenvölkern*, Berlin: Duncker und Humblot.

Kwanten, L. (1979), *Imperial Nomads: A History of Central Asia, 500-1500*, Philadelphia: University of Pennsylvania Press.
〔한국어판. 송기중 옮김 (1984),《遊牧民族帝國史》, 민음사〕

Kyzlasov, L.R. (1996) "Northern Nomads", in B.A. Litvinsky, Zhang Guang-da, and R. Shabani Samghabadi, eds., *History of Civilizations of Central Asia*, vol. 3, Paris: UNESCO, 315-25.

Lakatos, P. (1973) *Quellenbuch zur Geschichte der Gepiden*, Szeged: Acta Universitatis Szegediensis.

Lasko, P. (1965), "The Frankish Kingdom from the Merovingians to Pepin", in David Talbot Rice, ed., *The Dark Ages: The Making of European Civilization*, London: Thames and Hudson, 197-218.

Lattimore, O. (1979), "Herdsmen, Farmers, and Urban Culture", in L'Equipe écologie et anthropologie des sociétés pastorales, ed., *Pastoral Production and Society=Production Pastorale et Societe: Proceedings of the International Meeting on Nomadic Pastoralism, Paris 1-3 Dec.1976*, Cambridge: Cambridge University Press, 479-90.

La Vaissière, É. de (2003) "Is There a "Nationality of the Hephtalites"?" in *Hephtalites, Bulletin of the Asia Institute*, New Series 17, 119-32.

La Vaissière, É. de (2005), "Huns et Xiongnu", *Central Asiatic Journal* 49/1, 3-26.

La Vaissière, É. de (2015), "The Steppe World and the Rise of the Huns", in Michael Maas, ed., *The Cambridge Companion to the Age of Attila*, Cambridge: Cambridge University Press, 175-92.

Lee, A.D. (2000), "The Eastern Empire: Theodosius II to Anastasius", in Averil Cameron,

Bryan Ward-Perkins, and Michael Whitby, eds., *The Cambridge Ancient History: Late Antiquity: Empire and Successors, AD 425-600*, vol. 14, Cambridge: Cambridge University Press, 33-62.

Lenski, N. (2002), *Failure of Empire: Valens and the Roman State in the Fourth Century A.D.* Berkeley, Los Angeles and London: University of California Press.

Lenski, N. (2015) "Captivity among the Barbarians and Its Impact on the Fate of the Roman Empire", in Michael Maas, ed., *The Cambridge Companion to the Age of Attila*, Cambridge: Cambridge University Press, 230-46.

Lerner, J.A., and Sims-Williams, N. (2011), *Seals, Sealings, and Tokens from Bactria to Gandhara (4th to 8th century CE)*, Vienna: Austrian Academy of Sciences Press.

Leube, A. (1978), "Die Gesellschaft, Entwicklung und Strukturen", in Bruno Krüger, ed., *Die Germanen: Geschichte und Kultur der germanischen Stämme in Mitteleuropa*, vol. 1, Berlin: Akademie Verlag, 508-28.

Liebeschuetz, J.H.W.G. (1990), *Barbarians and Bishops: Army, Church, and State in the Age of Arcadius and Chrysostom*, Oxford: Clarendon Press.

Liebeschuetz, J.H.W.G. (2007), "The Lower Danube Region under Pressure: From Valens to Heraclius", in Andrew Poulter, ed., *East and West in Late Antiquity: Invasion, Settlement, Ethnogenesis and Conflicts of Religion*, Oxford: British Academy, 101-34.

Litvinsky, B.A. (1996), "The Hephtalite Empire", B.A. Litvinsky, Zhang Guang-da, and R. Shabani Samghabadi, eds., *History of Civilizations of Central Asia*, vol. 3, Paris: UNESCO, 135-62.

Lübke, C. (1997), "Forms of political organization of the Polabian Slavs (until the 10th century A.D.)", in Przemysław Urbańczyk, ed., *Origins of Central Europe*, Warszawa: Scientific Society of Polish Archaeologists, 115-24.

Maenchen-Helfen, J.O. (1973), *The World of the Huns: Studies in Their History and Culture*, Berkeley; Los Angeles; London: University of California Press.

Marin, J. (1990), *Attila, les influences danubiennes dans l'ouest de l'Europe au Ve siècle*, Caen: Musée de Normandie.

Marquart, J. (1903), *Osteuropäische und ostasiatische Streifzüge: ethnologische und historisch-topographische Studien zur Geschichte des 9. und 10. Jahrhunderts (ca. 840-940)*. Leipzig: Dieterich'sche Verlagsbuchhandlung, T. Weicher.

Matthews, J. (1989), *The Roman Empire of Ammianus*, London: Johns Hopkins University Press.

Mckitterick, R. (1983) *The Frankish Kingdoms Under the Carolingians, 751-987*, Harlow: Longman.

Melyukova, A.I. (1990), "The Scythians and Sarmatians", in Denis Sinor, ed., *The Cambridge History of Early Inner Asia*, Cambridge: Cambridge University Press, 97-117.

Merrills, A.H. (2005), *History and Geography in Late Antiquity*, Cambridge: Cambridge University Press.

Merrills, A. and Miles, R. (2010), *The Vandals*, Chichester: Wiley-Blackwell.

Moravcsik, G. (1983), *Byzantinoturcica*, 2 vols. 2nd ed. Leiden: Brill.

Muhlberger, S. (1990), *The Fifth-Century Chroniclers: Prosper, Hydatius, and the Gallic Chronicler of 452*, Leeds: Francis Cairns Ltd.

Murray, Alexander Callander (ed. and trans.) (2000), *From Roman to Merovingian Gaul: A Reader*. Peterborough, Ontario: University of Toronto Press.

Musset, L. (1975), *The Germanic Invasions: The Making of Europe AD 400-600*, Edward James and Columba James, trans. London: Elek.

Narain, A.K. (1990), "Indo-Europeans in Inner Asia", in Denis Sinor, ed., *The Cambridge History of Early Inner Asia*, Cambridge: Cambridge University Press, 151-76.

Németh, G. (1990), *A honfoglaló magyarság kialakulása*, Budapest: Hornyánszky.

Olbrycht, M.J. (2000), "Remarks on the Presence of Iranian Peoples in Europe and Their Asiatic Relations", in Jadwiga Pstrusińska and Andrew Fear, eds., *Collectanea Celto-Asiatica Cracoviensia*, Kraków: Institute of Oriental Philology Jagiellonian University, 101-40.

Oosten, J. (1996), "Ideology and the Development of European Kingdoms", in Henri J.M. Claessen and Jarich G. Oosten, eds., *Ideology and the Formation of Early States*, Leiden: Brill, 220-41.

Parker, G. (1995), *The Cambridge Illustrated History of Warfare: The Triumph of the West*, Cambridge: Cambridge University Press.

Payne, R. (2015), "The Reinvention of Iran: The Sasanian Empire and the Huns", in Michael Maas, ed., *The Cambridge Companion to the Age of Attila*, Cambridge: Cambridge University Press, 282-99.

Perin, P. and Feffer, L. (1987), *Les Francs*, 2 Vols, Paris: Armand Colin.

Pohl, W. (1980), "Die Gepiden und die Gentes an der mittleren Donau nach dem Zerfall des Attilareiches," in Herwig Wolfram and Falko Daim, eds., *Die Völker an der mittleren und unteren Donau im fünften und sechsten Jahrhundert*, Wien: Verlag der Österreichischen Akademie der Wissenschaften, 239-305.

Pohl, W. (1988), *Die Awaren: Ein Steppenvolk in Mitteleuropa 567-822 n., Chr.* München: C.H.Beck.

[(2018), *The Avars: A Steppe Empire in Central Europe*, Ithaca: Cornell University Press,

567-822)

Pohl, W. (1997), "The role of the steppe peoples in Eastern and Central Europe in the first millennium A.D.", in Przemysław Urbańczyk, ed., *Origins of Central Europe*, Warsaw: Scientific Society of Polish Archaeologists, Institute of Archaeology and Ethology Polish Academy of Sciences, 65-78.

Pritsak, O. (1953), "Die Karachaniden", *Der Islam* 31, 17-68.

Pritsak, O. (1954a) "Orientierung und Farbsymbolik: Zu den Farbenbezeichnungen in den altaischen Völkernamen", *Saeculum* V, 376-83.

Pritsak, O. (1954b), "Die 24 Ta-ch'ên: Studie zur Geschichte des Verwaltungsaufbaus der Hsiung-nu Reiche", *Oriens Extremus* 1, 178-202.

Pritsak, O. (1955a) *Die bulgarische Fürstenliste und die Sprache der Protobulgaren*, Wiesbaden: Harrassowitz.

Pritsak, O. (1955b) "Qara. Studien zur türkischen Rechtssymbolik", in *60. doğum yılı münasebetiyle Zeki Velidi Togan'a armağan*, İstanbul: Maarif Basımevi.

Pritsak, O. (1956) "Der Titel Attila", in Margarete Woltner and Herbert Bräuer, eds., *Festschrift für Max Vasmer zum 70. Geburtstag am 28. Februar 1956*: Berlin: O. Harrassowitz, 404-19.

Pritsak, O. (1968), "Two Migratory Movements in the Eurasian Steppes in the 9th-11th centuries", in *Proceedings of the 26th Congress of Orientalists, New Delhi 1964*, vol. 2, New Delhi: Organising Committee XXVI International Congress of Orientalists, 157-63.

Pritsak, O. (1976a) *The Pečenegs: A Case of Social and Economic Transformation*, Lisse: Peter de Ridder Press

Pritsak, O. (1976b), "From the Säbirs to the Hungarians", in Gyula Káldy-Nagy, ed., *Hungaro-turcica: Studies in Honour of Julius Németh* Budapest, Eötvös Loránd University, 17-30.

Pulleyblank, E.G. (1962), "The Consonantal System of Old Chinese", *Asia Major* 9, 58-144, 206-65.

Pulleyblank, E.G. (1983), "The Chinese and Their Neighbors in Prehistoric and Early Historic Times", in David N. Keightley, ed., *The Origins of Chinese Civilization*, Berkeley: University of California Press, 411-66.

Pulleyblank, E.G. (2000a), "The Hsiung-nu", in Hans Robert Roemer, ed., *Philologiae et Historiae Turcicae Fundamenta* 1, Berlin: Klaus Schwarz, 52-75.

Pulleyblank, E.G. (2000b), "The Nomads in China and Central Asia in the Post-Han Period", in Hans Robert Roemer, ed., *Philologiae et Historiae Turcicae Fundamenta* 1,

Berlin: Klaus Schwarz, 76-94.

Rahman, A., Grenet, F. and Sims-Williams, N. (2006) "A Hunnish Kushan-shah", *Journal of Inner Asian Art and Archaeology* 1, 125-31.

Reynolds, R.L. and Robert S. Lopez. (1946), "Odoacer: German or Hun?", *The American Historical Review*, 52/1, 36-53.

Reynolds, S. (1994) *Fiefs and Vassals: The Medieval Evidence Reinterpreted*, Oxford: Oxford University Press.

Rice, T.T. (1965), *Ancient arts of Central Asia*, London: Thames and Hudson.

Roesdahl, E. (1982), *Viking Age Denmark*, London: British Museum Publications.

Róna-Tas A. (1999), *Hungarians and Europe in the Early Middle Ages: An Introduction to Early Hungarian History*, Budapest: Central European University Press.

Rudenko, S.I. (1970), *Frozen tombs of Siberia: The Pazyryk burials of Iron Age Horsemen*, M.W. Thompson, trans., London: Dent.

Schäfer, T. (2014a), "Balamber und Balamer: Könige der Hunnen", *Historia: Zeitschrift für Alte Geschichte* 63.2, 243-56.

Schäfer, T. (2014b), *Die Hunnen und ihre Nachbarn: Geschichte einer hunnischen Gruppe von der Mongolei bis zur Bretagne*, Herne: Gabriele Schäfer Verlag.

Scheidel, W. (2011) "The Xiongnu and the Comparative Study of Empire", in U. Brosseder and B.K. Miller, eds., *Xiongnu Archaeology: Multidisciplinary Perspectives of the First Steppe Empire in Inner Asia*, Bonn: Vor- und Frühgeschichtliche Archäologie, Rheinische Friedrich-Wilhelms-Universität, 111-20.

Schlütz, F. and Lehmkuhl, F. (2007), "Climatic change in the Russian Altai, southern Siberia, based on palynological and geomorphological results, with implications for climatic teleconnections and human history since the middle Holocene", *Vegetation History and Archaeobotany* 16, 101-18.

Schmidt, B. (1983), "Die Thüringer", in Bruno Krüger, et al. eds., *Die Germanen: Geschichte und Kultur der germanischen Stämmen im Mitteleuropa*, vol. 2, Berlin: Akademie Verlag, 502-47.

Schönfeld, M. (1911), *Wörterbuch der altgermanischen personen-und völkernamen*, Heidelburg: C. Winter.

Schramm, G. (1969), "Eine hunnisch-germanische Namenbeziehung?", *Jahrbuch für fränkische Landesforschung* 20, 129-55.

Schutz, H. (2000), *The Germanic Realms in Pre-Carolingian Central Europe, 400-750*, New York: Peter Lang.

Sims-Williams, Nicholas (2002), "Ancient Afghanistan and its invaders: Linguistic evidence from the Bactrian documents and inscriptions", in Nicholas Sims-Williams, ed., *Indo-Iranian Languages and Peoples*, Oxford: Oxford University Press, 224-42.

Sinor, D. (1946~1947), "Autour d'une migration de peuples au Ve siècle", *Journal Asiatique*, Paris, 1-78.

Sinor, D. (1982), "The Legendary Origins of the Türks", in Egle Victoria Žygas and Peter Voorheis, eds., *Folklorica: Festschrift for Felix J. Oinas*, (IUUA, 141), Bloomington: Indiana University, 223-57.

Sinor, D. (1990a), "The Hun Period", in Denis Sinor, ed., *The Cambridge History of Early Inner Asia*, Cambridge: Cambridge University Press, 177-205.

Sinor, D. (1990b), "The Establishment and Dissolution of the Türk Empire", in Denis Sinor, ed., *The Cambridge History of Early Inner Asia*, Cambridge: Cambridge University Press, 285-316.

Steinhübel, J. (2000), "The Nitran principality in Great Moravia and Hungary", in Alfried Wieczorek, and Hans-Martin Hinz, eds., *Europe's Centre Around AD 1000*, Stuttgart: Theiss, 200-1.

Stepanov, T. (2001), "The Bulgar Title ΚΑΝΑΣΥΒΙΓΙ: Reconstructing the Notion of Divine Kingship in Bulgaria, AD 822-836", *Early Medieval Europe* 10, 1-19.

Sulimirski, T. (1970), *The Sarmatians*, Southampton: Praeger Publishers.

Sulimirski, T. (1985), "The Scyths", in Ilya Gershevitch, ed., *The Cambridge History of Iran 2: The Median and Achaemenian Periods*, Cambridge: Cambridge University Press, 149-99.

Szádeczky-Kardoss, S. (1990), "The Avars", in Denis Sinor, ed., *The Cambridge History of Early Inner Asia*, Cambridge: Cambridge University Press, 206-55.

Tapper, R. (1991) "The Tribes in the Eighteenth-and Nineteenth-century Iran", in P. Avery, G.R.G. Hambly, and C. Melville, eds., *The Cambridge History of Iran*, vol. 7, Cambridge: Cambridge University Press, 506-41.

Tekin, T. (1968), *A Grammar of Orkhon Turkic*, Bloomington: Indiana University. [한국어판. 이용성 옮김 (2012),《돌궐어 문법》, 한국학술정보]

Thompson, E.A. (1948), *A History of Attila and the Huns*, Oxford: Clarendon Press.

Thompson, E.A. (1996), *The Huns*, Revised and with an afterword by Peter Heather, Oxford: Wiley-Blackwell.

Todd, M. (1992), *The Early Germans*, 1st ed. Guildford: Blackwell.

Tremblay, X. (2001), *Pour une histoire de la Sérinde: Le manichéisme parmi les peuples et religions d'Asie Centrale d'après les sources primaires*, Vienne: Verlag der Österreichischen Akademie der Wissenschaften.

Třeštík, D. (2000), "The onset of the creation of a Slavic empire: the Great Moravian example", in Alfried Wieczorek, and Hans-Martin Hinz, eds., *Europe's Centre Around AD 1000*, Stuttgart: Theiss, 193-95.

Urbańczyk, P. (1997), "Changes of power structure during the 1st millennium A.D. in the northern part of Central Europe", in Przemysław Urbańczyk, ed., *Origins of Central Europe*, Warszawa: Scientific Society of Polish Archaeologists, 39-44.

Urbańczyk, P. (2005) "Early State Formation in East Central Europe", in Florin Curta, ed., *East Central and Eastern Europe in the Early Middle Ages*, Ann Arbor: University of Michigan Press, 139-51.

Vernadsky, G. (1951), "Der sarmatische Hintergrund der germanischen Völkerwanderung", *Saeculum* 2, 340-92.

Vovin, A. (2000) "Did the Xiong-nu Speak a Yeniseian Language?" *Central Asiatic Journal* 44/1, 87-104.

Wagner, N. (1998), "Der Name des Amalers Hulmul," *Beiträge zur Namenforschung* 33.4, 403-8.

Wallace-Hadrill, J.M. (1958), *Fredegar and the History of France*. Manchester, Manchester University Press.

Wallace-Hadrill, J.M. (1962), *The Long-Haired Kings: And Other Studies in Frankish History*, London: Methuen.

Werner, J. (1956), *Beiträge zur Archäologie des Attila-Reiches*, München: Verlag der Bayerischen Akademie der Wissenschaften.

Whitby, M. (2000a), "The Army, c. 420-602", in Averil Cameron, Bryan Ward-Perkins, and Michael Whitby, eds., *The Cambridge Ancient History: Late Antiquity: Empire and Successors, AD 425-600*, vol 14, Cambridge: Cambridge University Press, 288-314.

Whitby, M. (2000b), "Armies and Society in the Later Roman World", in Averil Cameron, Bryan Ward-Perkins, and Michael Whitby, eds., *The Cambridge Ancient History*, vol. 14, Cambridge: Cambridge University Press, 469-95.

Whitby, M. (2000c) "The Balkans and Greece 420-602", in Averil Cameron, Bryan Ward-Perkins, and Michael Whitby, eds., *The Cambridge Ancient History*, vol. 14, Cambridge: Cambridge University Press, 701-30.

Wickham, C. (1981), *Early Medieval Italy: Central Power and Local Society, 400-1000*, London: Macmillan.

Wickham, C. (2009) *The Inheritance of Rome: A History of Europe from 400 to 1000*, New York: Allen Lane.

Widdowson, M. (2009) "Merovingian partitions: a 'genealogical charter'?" *Early Medieval*

Europe 17.1, 1-22.

Williams, S. (1985), *Diocletian and the Roman Recovery*, London: Routledge.

Wolfram, H. (1988), *History of the Goths*, Thomas Dunlap, trans. Berkeley: University of California Press.

Wolfram, H. (1997) *The Roman Empire and Its Germanic Peoples*, Thomas Dunlap, trans. Berkeley: University of California Press.

Wood, I. (1994), *The Merovingian Kingdoms 450-751*, London and New York: Longman.

Wright, D.C. (1997) "The Hsiung-nu-Hun Equation Revisited", *Eurasian Studies Yearbook* 69, 77-112.

Yarshater, E. (1983), "Iranian National History", in Ehsan Yarshater, ed., *The Cambridge History of Iran: The Seleucid, Parthian and Sasanid Periods*, Vol. 3 (1), Cambridge: Cambridge University Press, 341-58.

Yatsenko, S.A. (2003), "Peculiarities of Social Development of the Sarmato-Alans and Their Image in the Evidence of Other Cultures", in Nikolay N. Kradin, Dmitiri M. Bondarenko, and Thomas J. Barfield, eds., *Nomadic Pathways in Social Evolution*, Lac-Baeuport: MeaBooks Inc, 88-99.

Yü Y.S. (1990), "The Hsiung-nu", in Denis Sinor, ed., *The Cambridge History of Early Inner Asia*, Cambridge: Cambridge University Press, 118-50.

Zadneprovskiy, Y.A. (1994), "The Nomads of Northern Central Asia after the Invasion of Alexander", in János Harmatta, B.M. Puri, and G.F. Etemadi, eds., *History of civilizations of Central Asia*, vol. 2, Paris: UNESCO, 457-72.

Zeimal, E.V. (1996) "The Kidarite Kingdom in Central Asia", in B.A. Litvinsky, ed., *History of civilizations in Central Asia*, vol. 3, Paris: UNESCO, 123-37.

Zieme, P. (2006), "Hybrid names as a special device of Central Asian naming", in Lars Johanson and Christiane Bulut, eds., *Turkic-Iranian Contact Areas: Historical and Linguistic Aspects*, Wiesbaden: Harrassowitz Verlag, 114-27.

번역 참고 문헌

《册府元龜》: 王欽若·楊億 等 編纂 (2006),《册府元龜》, 周勛初 等 校訂, 南京: 鳳凰出版社.

르네 그루세, 김호동·유원수·정재훈 옮김,《유라시아 유목제국사》, 사계절, 1998.

사와다 이사오, 김숙경 옮김,《흉노: 지금은 사라진 고대 유목국가 이야기》, 아이필드, 2007.

정재훈,《흉노 유목제국사: 기원전 209~216》, 사계절, 2023.

흉노와 훈

서기전 3세기부터 서기 6세기까지,
유라시아 세계의 지배자들

1판 1쇄 2024년 3월 15일
1판 2쇄 2024년 11월 15일

지은이 | 김현진
옮긴이 | 최하늘

펴낸이 | 류종필
편집 | 이은진, 이정우, 권준
경영지원 | 홍정민
표지 디자인 | 석운디자인
본문 디자인 | 박애영

펴낸곳 | (주) 도서출판 책과함께
　　　　주소 (04022) 서울시 마포구 동교로 70 소와소빌딩 2층
　　　　전화 (02) 335-1982
　　　　팩스 (02) 335-1316
　　　　전자우편 prpub@daum.net
　　　　블로그 blog.naver.com/prpub
　　　　등록 2003년 4월 3일 제2003-000392호

ISBN 979-11-92913-62-9 93900